Wirtschaft und Recht für Mittelstand und Handwerk

Studien und Dissertationen aus dem Ludwig-Fröhler-Institut für Handwerkswissenschaften

herausgegeben von

Prof. Dr. oec. publ. Gunther Friedl,
Technische Universität München

Prof. Dr. iur. Martin Burgi,
Ludwig-Maximilians-Universität München

Band 5

Rupprecht Podszun

Handwerk in der digitalen Ökonomie

Rechtlicher Rahmen für den Zugang zu Daten, Software und Plattformen

Mitarbeit: Philipp Offergeld & Clemens Pfeifer

 Nomos

Diese Untersuchung wurde mit Unterstützung des Ludwig-Fröhler-Instituts für Handwerkswissenschaften, München, erstellt.

Prof. Dr. Rupprecht Podszun ist Inhaber des Lehrstuhls für Bürgerliches Recht, deutsches und europäisches Wettbewerbsrecht an der Heinrich-Heine-Universität Düsseldorf und Direktor des Instituts für Kartellrecht. Er ist zudem Affiliated Research Fellow am Max-Planck-Institut für Innovation und Wettbewerb, München. Philipp Offergeld und Clemens Pfeifer sind Wissenschaftliche Mitarbeiter an der Heinrich-Heine-Universität Düsseldorf.

Die hier vertretenen Auffassungen repräsentieren nicht notwendig die der genannten Institutionen.

Die Untersuchung wurde im Februar 2021 abgeschlossen.

Kontakt: https://lfi-muenchen.de/

Die Deutsche Nationalbibliothek verzeichnet diese Publikation in der Deutschen Nationalbibliografie; detaillierte bibliografische Daten sind im Internet über http://dnb.d-nb.de abrufbar.

1. Auflage 2021

© Rupprecht Podszun

Publiziert von
Nomos Verlagsgesellschaft mbH & Co. KG
Waldseestraße 3–5 | 76530 Baden-Baden
www.nomos.de

Gesamtherstellung:
Nomos Verlagsgesellschaft mbH & Co. KG
Waldseestraße 3–5 | 76530 Baden-Baden

ISBN (Print): 978-3-8487-8329-8
ISBN (ePDF): 978-3-7489-1148-7

DOI: https://doi.org/10.5771/9783748911487

Onlineversion
Nomos eLibrary

Vorwort

Ein Handwerker, der die Heizung in einem digital vernetzten Gebäude reparieren soll, braucht nicht mehr nur Zangen und Wasserwaage und Schraubendreher im Werkzeugkasten. Er braucht möglicherweise auch einen „digitalen Schlüssel", um Zugang zur Steuerungssoftware oder zu den Heizungsdaten zu erhalten. Wenn der Zugang zum „Smart Home" von einem Digitalkonzern kontrolliert wird, droht eine Gefahr: Der Inhaber des digitalen Schlüssels wird zum „Gatekeeper", der entscheiden kann, wer überhaupt noch wirtschaftlich tätig werden kann. Handwerksbetriebe, seit Jahrhunderten als selbstständige Unternehmen eine Säule des europäischen Wirtschaftsmodells, könnten in die Abhängigkeit von Datenmonopolisten geraten.

Das „Smart Home" ist nur ein Beispiel dafür, wie sich das wirtschaftliche Umfeld für das Handwerk durch die Digitalisierung ändert. Je nach Gewerk mag die Lage ganz unterschiedlich sein. Neben Risiken gibt es auch Chancen: Innovative Unternehmen können dank der Digitalisierung effizienter werden, spannende Kooperationen eingehen und neue Leistungen entwickeln. Der Zugang zu Daten, Plattformen und Software bleibt aber auch bei der Wahrnehmung dieser Chancen ein entscheidendes Thema.

In dieser Untersuchung wird die Zugangsproblematik aus rechtlicher Perspektive beleuchtet: Welche Regeln gelten – und wie sollte der rechtliche Rahmen zukünftig ausgestaltet sein? Es geht nicht darum, mit neuen Vorschriften Innovationen auszubremsen, neue Bürokratie zu schaffen oder einzelne Branchen protektionistisch zu schützen. Im Gegenteil: Mich leitet die Überzeugung, dass die Wirtschaft am besten funktioniert, wenn es einen freien und fairen Leistungswettbewerb gibt. Über Erfolg oder Misserfolg von Unternehmen sollen die Verbraucher entscheiden – sie sind die Schiedsrichter im Wettbewerb, nicht die digitalen Gatekeeper. Leistungswettbewerb und Konsumentensouveränität brauchen aber einen rechtlichen Rahmen, und dieser muss von Zeit zu Zeit neuen wirtschaftlichen Phänomenen angepasst werden.

Das Ludwig-Fröhler-Institut für Handwerkswissenschaften hat diese Untersuchung angeregt und unterstützt. Zu danken ist dem Direktor des Instituts, meinem sehr geschätzten Kollegen Prof. Dr. Martin Burgi, sowie seinem Team. Die Projektpartner des Ludwig-Fröhler-Instituts – Handwerkskammern, Verbände und Ministerien – haben die Untersuchung begleitet, aber keinen Einfluss auf ihren Inhalt genommen. Eine Studie aus wirtschaftswissenschaftlicher Sicht zu der Thematik wird im Volkswirtschaftlichen Institut für Mittelstand und Handwerk an der Universität Göttingen vorbereitet.

Philipp Offergeld und Clemens Pfeifer, Wissenschaftliche Mitarbeiter an der Heinrich-Heine-Universität Düsseldorf, haben intensiv an dieser Untersuchung mitgearbeitet. Ihnen danke ich herzlich.

Düsseldorf, im März 2021   Prof. Dr. Rupprecht Podszun

Wesentliche Ergebnisse

Kapitel A: Ausgangspunkte
1. Der digitale Wandel erfasst das Handwerk. Anwendungsbeispiele sind etwa
   - notwendiger Datenzugang bei der Kfz-Reparatur;
   - vorausschauende Wartung von vernetzten Geräten;
   - Leistungserbringung im Smart Home oder in der Smart Factory;
   - Vertrieb von Handwerksleistungen über digitale Plattformen;
   - Zusammenarbeit in Wertschöpfungsnetzwerken auf B2B-Plattformen.
2. Charakteristika der digitalen Ökonomie sind Plattformen, Daten und eine zunehmende Vernetzung von Produkten, Leistungen, Kunden, Märkten. Plattformmärkte tendieren zu Marktmacht. Immer stärker werden Plattformen zu digitalen Ökosystemen ausgebaut, insbesondere seitens der digitalen Infrastrukturanbieter.
3. Die Plattformökonomie bringt eine Disruption des marktwirtschaftlichen Wettbewerbsmodells mit sich: Leistungserbringende Unternehmen (z.B. Handwerk) verlieren die unmittelbare Kundenschnittstelle. Diese wird zunehmend von digitalen Gatekeepern besetzt. Sie steuern wirtschaftliche Entscheidungen und prägen sie vor. Das Paradigma des freien und fairen Leistungswettbewerbs mit dem Nachfrager als „Schiedsrichter" wird durch zentrale, datenbasierte Steuerung verdrängt.
4. Zugleich bietet die datenbasierte Ökonomie auch Chancen für das Handwerk. Diese sind gekennzeichnet durch besonders individuelle Leistungen, einen engen Kundenkontakt und hohes Innovationspotential. Diese Qualitäten können durch Datenanalyse bereichert werden.

Kapitel B: Zuordnung und Zugang im geltenden Recht
5. Für das Handwerk wird entscheidend sein, Zugang zu Plattformen, Daten und Software zu erlangen. Zudem sind eigene erbrachte Leistungen davor zu schützen, durch Plattformunternehmen ohne angemessene Gegenleistung ausgebeutet zu werden.
6. Der Ausschluss anderer von der Nutzung ergibt sich v.a. durch rein faktische Herrschaft, vereinzelt auch aus anderen Rechtszuweisungen.
7. Das primäre Instrument zur Verschaffung von Zugang im geltenden Recht sind vertragliche Vereinbarungen. Diese sind grundsätzlich vor-

teilhaft, setzen aber ein ungefähres Verhandlungsgleichgewicht der Vertragsparteien voraus.

8. Wird Zugang nicht auf vertraglicher Basis gewährt, kommen zwangsweise Zugangsansprüche in Betracht. Der Gesetzgeber hat mit der Novellierung des Kartellrechts 2021 dem Grunde nach weitreichende Zugangsansprüche gewährt. Die zwangsweise Durchsetzung kartellrechtlicher Zugangsansprüche ist in der Praxis jedoch schwerfällig. Weitere Zugangsansprüche ergeben sich aus sektorspezifischen Regelungen und künftig möglicherweise aus dem Digital Markets Act gegenüber digitalen Gatekeepern. Für eine flächendeckende, strukturelle Lösung von Zugangsproblemen sind jedoch die Zugangsansprüche in ihrer aktuellen Ausgestaltung nicht geeignet, da die Durchsetzung zu schwierig ist.

Kapitel C: Parameter einer Neugestaltung

9. Die Erweiterung des Zugangs von Handwerksbetrieben zu Plattformen, Software und Daten sollte sich nicht in einer unreflektierten Forderung nach „Zugang zu Daten" erschöpfen. Relevant sind vielmehr ganz allgemein die Ermöglichung der Leistungserbringung, der unmittelbare Zugang zum Kunden und der Zugang zu Kooperationen. Dabei muss einerseits die Chance des Handwerks gewahrt bleiben, sich in einem fairen Wettbewerb zu bewähren (Leistungswettbewerb), andererseits die Chance der Kunden, ihre eigenen Auswahlentscheidungen zu treffen (Konsumentensouveränität). Handwerksbetriebe dürfen nicht zu abhängigen Auftragserfüllern von IT-Konzernen werden.

10. Die Erweiterung des Zugangs kann legitimiert werden mit Blick auf ein Marktversagen (ökonomische Sicht), den Ausgleich von Interessen (zivilrechtliche Sicht) oder als Ausdruck einer Wertbindung der Wirtschaftsordnung (normative Sicht).

11. Bei der Gestaltung sind die Schnittstellen zu anderen Rechtsgebieten zu berücksichtigen, insbesondere Kartellrecht, Datenschutz, Immaterialgüterrecht und Geheimnisschutz. Diese Hürden sind für viele Anwendungsfälle nicht unüberwindlich hoch und dürfen nicht als Vorwand zur Verweigerung des Zugangs geltend gemacht werden. Allerdings stößt insbesondere die Zusammenarbeit in IoT- und B2B-Netzwerken an Grenzen.

Kapitel D: Rechtliche Lösungen für erweiterten Zugang

12. Zugangsprobleme werden schon im Ausgangspunkt vermieden, wenn technische Barrieren erst gar nicht entstehen. Durch gesetzgeberische Incentivierung und durch intensive Zusammenarbeit in den betroffenen Branchen sollten daher Interoperabilitäts-, Standardisierungs- und Portabilitätslösungen etabliert werden.

13. Die vertragliche Eröffnung von Zugang würde durch eine bessere Abbildung entsprechender Verträge im Gesetz und durch die Vorbereitung von (branchenspezifischen) Muster-Verträgen gefördert.

14. Neben die bereits sehr weitgehenden kartellrechtlichen Zugangsansprüche könnten als zwangsweise durchsetzbare Ansprüche auch allgemeine oder sektorspezifische regulatorische Zugangsansprüche treten. Lösungen, die automatisiert Zugang verschaffen (etwa durch verpflichtend offene Schnittstellen bei Smart Homes) sind in der Praxis besonders hilfreich.

15. Entscheidend für die Wirksamkeit der Zugangsansprüche ist jedoch die rasche und praxisnahe Klärung der Modalitäten der Zugangseröffnung und der Vergütung. Um dies zu gewährleisten, sollten schnell agierende Streitschlichtungsmechanismen oder Ombudsverfahren vorgesehen werden.

16. Eine Schaffung von Rechten an Daten (z.B. in Form von Dateneigentum) ist nicht zu empfehlen.

17. Weitergehende regulatorische Überlegungen zu offenen Datenräumen (ggf. sektorspezifisch), wie sie insbesondere von der EU-Kommission ins Spiel gebracht werden, können hilfreich sein. Wichtig ist, dass für die Governance solcher Datenräume der Bedarf kleinerer und mittlerer Unternehmen berücksichtigt wird.

18. Das Handwerk könnte durch die Zusammenarbeit in Datenpools, IoT-Netzwerken und B2B-Kooperationen erheblich profitieren. Dazu sind ggf. Lockerungen im Kartell- und Datenschutzrecht erforderlich.

Kapitel E: Schlussfolgerungen

19. Die Herausforderungen der digitalen Ökonomie setzen Anstrengungen der Handwerks-Unternehmen, ihrer Verbände und Körperschaften, insbesondere der Handwerkskammern, und der Politik voraus.

20. Das Handwerk wird die digitale Revolution überstehen. Die Gestaltung der Rahmenbedingungen entscheidet aber darüber, ob die Individualität, die Innovationskraft und die Unabhängigkeit dieser Säule unseres Wirtschaftsmodells – und unserer Gesellschaft – erhalten bleiben.

Inhaltsverzeichnis

A. Ausgangspunkte

„Das Handwerk wird smarter, digitaler und vernetzter. Und das Handwerk wird dadurch in der Zukunft sogar noch besser seine seit jeher große Stärke einer individualisierten und engen Beziehung zum Kunden ausspielen.“[1]

Ein Handwerksmeister, der heute in einem Gebäude tätig werden will, hat meist den Computer als selbstverständliches Arbeitsmittel dabei. Ohne geht es kaum mehr, denn in vielen Häusern und Fabriken, Anlagen, Autos und Arbeitsbereichen sind Chips verbaut: Wer hier tätig werden will, braucht den Zugang zu relevanten Daten – der digitale Schlüssel gehört zur Werkzeugkiste. Die Daten- und Plattformökonomie revolutioniert die Abläufe in der Wirtschaft, auch im Handwerk. Doch wer kontrolliert den Zugang zu Plattformen, Software und Daten, die für das Handwerk in Deutschland relevant sind? Wie ist der Zugang rechtlich ausgestaltet? Und welche Regelungsoptionen empfehlen sich für die Zukunft? Das sind die Fragen, die in dieser Untersuchung beantwortet werden sollen.

I. Handwerk in der Plattformökonomie

Das Handwerk, dieser klassische Zweig der gewerblichen Aktivitäten mit einer jahrtausendealten Geschichte, ist in vielen Vorstellungen noch geprägt von klassischen Bildern: Der Zimmerer, die Bäckerin, der Schornsteinfeger, die Stuckateurin – Menschen, die mit ihrer Hände Arbeit und mal grobem, mal feinem Werkzeug individuelle Aufträge erfüllen. Der digitale Wandel, der die komplette Wirtschaft verändert, hat aber längst auch das Handwerk erreicht: Digitale Werkzeuge, der Umgang mit Software und Daten, sind selbstverständlicher Bestandteil der Berufsbilder geworden.

---

[1] *Hans Peter Wollseifer*, Präsident des Zentralverbands des Deutschen Handwerks, im Interview, veröffentlicht in: Zentralverband des deutschen Handwerks, Jahrbuch 2018/19: Ist das noch Handwerk?, 2019, S. 32.

1. Digitaler Wandel im Handwerk

Für viele moderne Handwerksberufe liegt das auf der Hand: Wer als Informationstechniker, als Augenoptikerin oder als Karosserie- und Fahrzeugbauer ausgebildet ist, ist schon seit Jahren auch Computer-Experte und Pionier des digitalen Fortschritts.[2] Aber auch die „klassischeren" Handwerksberufe sind längst in der digitalen Realität angekommen. Zimmerer simulieren und modellieren ihre Bauten mit Building Information Modeling (BIM);[3] in manchen Backstuben werden einzelne betriebliche Prozesse digital gesteuert – von der Digitalisierung an der Kasse und der Kommunikation mit potenziellen Kunden ganz zu schweigen;[4] wer im Bereich der Energietechnik arbeitet, misst die Energieeffizienz auf smarte Weise; Stuckateure arbeiten mit 3D-Druck.

In der 2006 erlassenen Verordnung über die Berufsausbildung zum Tischler/zur Tischlerin, um nur ein Beispiel zu nennen, wird als fünfter Punkt der zu erlangenden Fertigkeiten, Kenntnisse und Fähigkeiten verlangt: „Umgang mit Informations- und Kommunikationssystemen" (§ 4 Nr. 5). Für die Gesellenprüfung wird auch die „Nutzung von Anwenderprogrammen" (§ 9 Abs. 2) verlangt. Jeder Handwerker, jede Handwerkerin muss selbstverständlich digital arbeiten können. Für das Handwerk ist der zunehmende Einsatz digitaler „tools" einerseits praktische Selbstverständlichkeit, andererseits eine ökonomische Chance und Herausforderung.

Die digitale Entwicklung ist längst nicht abgeschlossen, sondern bringt immer wieder neue Phänomene hervor,[5] die auch juristische Fragen aufwerfen. Im Fokus dieser Untersuchung stehen die ökonomischen Umwälzungen durch den Aufstieg von Plattformen. Das Geschäftsmodell „Plattform", das in den letzten Jahren einen rasanten Siegeszug vom Silicon Valley aus rund um die Welt angetreten ist, ist längst nicht mehr beschränkt auf soziale Netzwerke wie Facebook oder Handelsplätze wie Amazon. Im-

---

2 Vgl. Landtag NRW, Enquetekommission zur Zukunft von Handwerk und Mittelstand, Abschlussbericht, 3.3.2017, LT-Drucks. 16/14200, S. 61 (i.F. zitiert als Enquetekommission NRW, 2017, LT-Drucks. 16/14200).
3 Vgl. nur Roland Berger, Turning point for the construction industry – The disruptive impact of Building Information Modeling (BIM), 2017.
4 Vgl. Handwerkskammer Erfurt, Auswirkungen der Digitalisierung auf das Handwerk, 2018, S. 142 ff.
5 Die ökonomischen Seiten werden genauer in einer Studie beleuchtet, die das Volkswirtschaftliche Institut für Mittelstand und Handwerk an der Universität Göttingen (ifh) parallel zum Abschluss dieser Untersuchung vorbereitet.

mer stärker wird der Plattform-Gedanke auch für traditionellere Anwendungen kommerzialisiert.

Bevor die Plattformökonomie näher betrachtet wird, ist festzustellen: Das Handwerk (samt der handwerksähnlichen Berufe) ist so vielfältig in seinen Ausprägungen, dass Aussagen, die im Folgenden getätigt werden, nicht immer Anspruch darauf erheben können, für alle Segmente des Handwerks in gleicher Form zu gelten. Chancen, Risiken und rechtliche Einschätzungen werden je nach Tätigkeit, Anforderungsprofil, Marktstrukturen und Wettbewerbsparametern unterschiedlich zu treffen sein, ohne dass das im Rahmen dieser Untersuchung stets abgebildet werden kann.

Häufig wird darauf verzichtet, das Handwerk als Überbegriff zu definieren.[6] Eine (überkommene) Annäherung bietet folgende Definition:

> „Handwerk ist selbständige Erwerbstätigkeit, gerichtet auf die Befriedigung individualisierter Bedürfnisse durch Leistungen, die ein Ergebnis der Persönlichkeit des gewerblichen Unternehmers, seiner umfassenden beruflichen Ausbildung und des üblichen Einsatzes seiner persönlichen Mittel und Kräfte sind."[7]

Die persönliche, individuelle Leistungserbringung gegenüber dem Kunden bleibt ein wesentliches Kennzeichen des Handwerks.[8] Im deutschen Recht gibt die Handwerksordnung per Legaldefinition vor, welche Berufe als Handwerk im Rechtssinn zu gelten haben: Die Liste in Anlage A der Handwerksordnung, die die zulassungspflichtigen Handwerke verzeichnet, stellt eine positiv-rechtliche Definition dar.[9] Die Liste spiegelt ein breites Spektrum vom Maurer und Betonbauer über den Elektrotechniker bis zum Orgel- und Harmoniumbauer. Anlage B ergänzt dies um zulassungsfreie Handwerke (z.B. Uhrmacher, Bestatter) und handwerksähnliche Berufe (z.B. Fuger im Hochbau, Maskenbildner). Es liegt auf der Hand, dass Angehörige dieser Berufsgruppen in unterschiedlicher Weise mit digitalen Themen in Berührung kommen – selbst innerhalb eines Gewerbes kann es

---

6 *Knauff*, Öffentliches Wirtschaftsrecht, 2015, S. 109.

7 *Lagemann et al.*, Determinanten des Strukturwandels im deutschen Handwerk, Band I (Schlussbericht), 2004, S. 10.

8 Siehe auch *Haucap/Rasch*, Ökonomische Aspekte der Novellierung der HwO 2004, ZDH-Studie, 2019, S. 4 ff.; *Badura*, Wirtschaftsverfassung und Wirtschaftsverwaltung, 4. Auflage 2011, S. 330 ff.

9 Von dieser Legaldefinition geht auch die Enquetekommission NRW in ihrem Abschlussbericht aus, Enquetekommission NRW, 2017, LT-Drucks. 16/14200, S. 2.

erhebliche Unterschiede nach der Größe der Betriebe und ihrer Spezialisierung geben.[10]

Der Zentralverband des Deutschen Handwerks (ZDH) gibt für 2019 die Zahl der handwerklichen und handwerksähnlichen Betriebe in Deutschland mit ca. 1 Mio. an.[11] Rund 5,58 Mio. Personen sind im Handwerk beschäftigt inklusive ca. 369.000 Lehrlinge (12 % aller Erwerbstätigen, 28 % aller Auszubildenden). Der von diesen Unternehmen erwirtschaftete Umsatz wird für das Jahr 2019 mit rund 640 Milliarden Euro (ohne USt.) angegeben.

Im Folgenden werden zunächst Ausgangsszenarien analysiert. „Zugang" stellt sich dabei als entscheidender Parameter heraus. Zum Hintergrund werden die Charakteristika der Plattformökonomie dargestellt (A.II) und es werden Risiken und Chancen für das Handwerk aufgezeigt (A.III).

In Teil B wird „Zugang" als Schlüsselfrage rechtlich analysiert. Dabei werden drei Schritte unternommen: Zunächst wird sortiert, wer derzeit Zugang hat. Dieser Zugang wird über den Topos Zuordnung vermittelt (B.I). Zweitens werden bestehende Zugangsansprüche vorgestellt (B.II). Schließlich wird erörtert, wie weitergehender Zugang zu Plattformen, Software oder Daten legitimiert werden kann (B.III). Hier gibt es verschiedene Wege, die zu unterschiedlichen Regelungsoptionen führen können.

In Kapitel C werden sodann die Parameter für eine künftige Regelung aufgeführt: Will man den deutschen oder europäischen Gesetzgeber zum Handeln bewegen, sollte klar gemacht werden, an welchen Stellschrauben sich Erfolg oder Misserfolg der Regelung entscheiden und welche Probleme zu überwinden sind.

In Teil D werden sodann verschiedene rechtliche Lösungen für einen moderat erweiterten Zugang aufgezeigt. Diese unterscheiden sich nach der zugrundeliegenden Argumentation und folglich auch nach der rechtlichen Einordnung.

In Teil E werden abschließende Empfehlungen gegeben.

---

10 Vgl. umfassend *Glasl/Maiwald/Wolf*, Handwerk – Bedeutung, Definition, Abgrenzung, 2008, S. 32. Siehe auch *Cramer/Müller* in: dies., Quo vadis Handwerk?, 2011, S. 1, 6.
11 Alle Zahlen nach ZDH, Daten und Fakten zum Handwerk für das Jahr 2019, abrufbar unter https://www.zdh.de/daten-fakten/kennzahlen-des-handwerks/.

2. Ausgangsszenarien

Die in Nordrhein-Westfalen eingesetzte Enquetekommission zur Zukunft des Handwerks identifizierte „Digitalisierung und Vernetzung" als einen der fünf Megatrends von überragender Bedeutung für das Handwerk.[12] Ausgangspunkt dieser Überlegung ist die folgende Feststellung:

> „Digitalisierung bedeutet, dass Arbeits-, Betriebs- und Kommunikationsstrukturen digital erfasst und abgebildet werden, um danach in maschinenlesbarer Form verarbeitet zu werden. Dies führt zu einer immer komplexeren Vernetzung von Menschen, Maschinen und Informationen bis hin zu künstlichen Intelligenzformen. Diese Entwicklung verändert Wertschöpfungsketten und zieht tiefgreifende Wandlungsprozesse nach sich."[13]

Damit ist der Ausgangspunkt treffend umschrieben: Digitalisierung bedeutet letztlich „Datafizierung" und damit die Möglichkeit, Produkte, Anlagen, Unternehmen, Akteure, Präferenzen und Märkte zu vernetzen. Es entstehen neue Verbindungen und Netzwerke. Dadurch geraten etablierte Wertschöpfungsketten unter Druck.

Digitalisierung hat zahlreiche Aspekte, die Enquetekommission befasst sich in ihrem umfassenden Report u.a. auch mit digitalen Assistenzsystemen oder Crowdworking. Die vorliegende Untersuchung widmet sich primär dem Wandel der Geschäftsmodelle.[14] Welche Erfolgsaussichten haben Handwerksbetriebe in der Daten- und Plattformökonomie? Als Treiber der digitalen Disruption in diesem Bereich wird der Aufstieg der Plattformen später noch näher beschrieben. Fünf beispielhafte Szenarien sollen aber hier verdeutlichen, wie sich geschäftliche Beziehungen und damit Erfolgschancen im Handwerk verschieben. Diese Beispiele sollen nicht den Blick darauf verstellen, dass in allen Branchen erhebliche Disruptionen durch die Digitalisierung eintreten und jeweils sektorenspezifisch besondere Probleme auftreten.[15]

---

12 Enquetekommission NRW, 2017, LT-Drucks. 16/14200, S. 59.
13 Enquetekommission NRW, 2017, LT-Drucks. 16/14200, S. 59.
14 Zu dieser Thematik siehe Enquetekommission NRW, 2017, LT-Drucks. 16/14200, S. 80 ff.
15 In Sassenberger/Faber, Rechtshandbuch Industrie 4.0 und Internet of Things, 2. Auflage 2020, werden beispielhaft die Sektoren Gesundheitswesen, Automotive, Energiesektor (Smart Grids), Versicherungswirtschaft (InsureTech), Elektroindustrie (Smart Factory), Bankenwelt (FinTech) und Aviation (Unbemannte Luftfahrzeuge) vorgestellt (S. 497 ff.).

a) Kfz-Reparatur

Das Standardbeispiel für einen schon eingetretenen digitalen Wandel bietet der Kfz-Bereich: Fahrzeuge, ob PKW oder Landmaschinen, sind inzwischen mit zahlreichen Sensoren ausgestattet, sammeln unzählige Daten und werden zentral über einen „Bordcomputer" gesteuert, der die verschiedenen Funktionen, Daten und Elemente verknüpft.[16] Fahrzeuge können ohne Zugriff auf die Software des Fahrzeugs nicht mehr repariert oder umgebaut werden. Zugang zur Software wird zentral durch einen Betreiber vermittelt, dies wird in der Regel der Fahrzeughersteller sein (solange noch nicht IT-Unternehmen, die ebenfalls daran arbeiten, die Oberhand in der Fahrzeugproduktion gewonnen haben). Vertragswerkstätten können dann ggf. auf die Software zugreifen. Freie Werkstätten haben erheblich schlechtere Ausgangschancen, wenn ihnen das Recht nicht hilft: Sie benötigen den Zugang zur Fahrzeugsoftware. Erhalten sie den digitalen Schlüssel nicht, sind sie in vielen Fällen nicht in der Lage, die gewünschte Leistung zu erbringen.

Die gesammelten Daten sind jedoch nicht nur für das naheliegende Beispiel der Fahrzeugreparatur von Bedeutung, sondern können durch Auswertung, Zusammenführung, Veredelung auch die Basis für individuelle Zusatzleistungen, Kooperationen oder Innovationen sein. Damit hat der der Operateur der Fahrzeugsoftware, soweit er auf die Daten zugreifen kann, einen Vorteil bei weitergehenden Geschäftsstrategien: Er ist der essentielle Ansprechpartner für das vernetzte Fahren; er kann Produkte oder Leistungen anbieten, die auf das individuelle Fahrverhalten des Fahrers zugeschnitten sind; er kann auch aus den Daten Muster erkennen oder Hinweise erhalten, aus denen sich vertieftes Know How oder Innovationen ergeben.

Schon an diesem Beispiel zeigt sich die doppelte Wirkung von digitalen *devices*, die Produkte verändern: Erstens führen sie zu einer vereinfachten Marktabschottung (im Beispiel gegenüber den freien Werkstätten), zweitens ermöglichen sie auf Basis der Datenkenntnis erhebliche Wertschöpfungsmöglichkeiten, die exklusiv demjenigen zustehen, der Zugang zu den Daten hat.

---

16 Näher *Metzger*, GRUR 2019, 129, 130.

b) Wartung einer vernetzten Heizung

Wenn früher eine Heizungsanlage verkauft wurde, waren Hersteller und Verkäufer nach der Ablieferung beim Kunden im Wesentlichen mit dem Geschäft fertig. Wenn heute eine Heizungsanlage eingebaut wird, ist das möglicherweise nur ein Bestandteil eines umfassenden Geschäftsprozesses: Die Heizung ist mit Sensoren und Chips ausgestattet, sie ist mit dem Internet verbunden und sendet und empfängt Informationen. Sie kann dem Lieferanten in Echtzeit Daten über Zahl, Zeit und Art der Heizvorgänge, über den Verschleiß einzelner Bauteile, den Energieverbrauch und über Umweltbedingungen im Gebäude zuspielen. Die Heizung wird zum internetfähigen Computer – smart, digital, vernetzt.

Was passiert, wenn eine solche Heizung reparaturbedürftig ist?

Früher hätte der Eigentümer (oder Nutzer) des Gebäudes einen Installateur und Heizungsbauer seiner Wahl angerufen und mit der Reparatur beauftragt. Im Prinzip hatte jeder Installateur die Möglichkeit, Heizungen zu reparieren, Heizungsanlagen zu warten oder zu erweitern. Das ist bei smarten Energiesystemen in dieser Weise nicht mehr ohne weiteres möglich: Will der gerufene Installateur die Heizung reparieren oder neu einstellen, wird er in vielen Fällen zunächst Zugang zur Steuerungssoftware und zu den Sensordaten der Heizkörper benötigen. Möglicherweise hat der Eigentümer des Gebäudes Zugriff auf die Software und die Daten. Im Regelfall jedoch wird es eher der ursprüngliche Lieferant oder Installateur sein, der sich den Zugriff vorbehalten hat. Er hat, möglicherweise, einen entsprechenden Vertrag geschlossen – der auch in AGB enthalten sein kann. Der Abnehmer der Heizungsanlage wird in vielen Fällen gar nicht wissen, was er unterschrieben hat. Behält sich der ursprüngliche Lieferant die Reparatur vor, kann er – indem er dem gerufenen Installateur den Datenzugang nicht eröffnet – diesen vom konkreten Geschäft ausschließen.

In den moderneren Szenarien kommt es allerdings zu diesem Moment schon gar nicht mehr: Intelligente Heizungssysteme merken vor dem Nutzer des Gebäudes, dass sie einer Wartung bedürfen, sodass es zu einem Ausfall und einer dann notwendigen Reparatur gar nicht mehr kommt. Dieses Phänomen wird englisch als „predictive maintenance" beschrieben, vorausschauende Wartung. Die Prognose basiert auf der Datenauswertung und auf der Kenntnis vergleichbarer Konstellationen, die wiederum durch eine Vielzahl von aggregierten Datensätzen gewonnen wird.

Die vorausschauende Wartung (oder auch nur die sofortige Alarmierung des Lieferanten bei Fehlfunktionen) ist ein enormer Fortschritt und für den Kunden eine große Erleichterung: Der Schadensfall wird vermieden oder quasi automatisiert behoben.

Wirtschaftlich allerdings liegt darin eine erhebliche Verschiebung, denn in einem System, das auf vorausschauende Wartung oder sofortige Alarmierung eines bestimmten, exklusiven Lieferanten setzt, werden Geschäftsmöglichkeiten, die dem Heizungseinbau nachgelagert sind, für andere Anbieter abgeschnitten. Es kann sehr leicht zu einer Monopolisierung der Wartungsaufträge für den ursprünglichen Lieferanten (oder von ihm lizenzierte Betriebe) kommen.

Das Beispiel der smarten, digitalen, vernetzten Heizungsanlage ist eines von vielen derartigen Beispielen. „Predictive maintenance" ist längst zu einem zentralen Stichwort moderner Geschäftsprozesse bei zahlreichen Geräten und Anlagen geworden.

c) Smart Home

Die unter b beschriebene Konstellation kann noch weiter gedacht werden: Was passiert, wenn die Heizung Teil eines Gesamtsystems ist, das als „smart home" oder „smart factory" charakterisiert werden kann?

Als Smart Home gilt ein Wohngebäude, dessen Geräte und Bauteile mit Sensoren ausgestattet sind, die untereinander und nach außen vernetzt sind. Dabei können beispielsweise Elektrogeräte, Musikanlage, Kühlschrank, Schließanlagen, Photovoltaikanlage, Heizung und Strom, Jalousien, Beleuchtung, Lüftung usw. verbunden werden. Die Steuerung erfolgt typischerweise zentral, etwa über das Smartphone. Ein Bestandteil der Automatisierung ist das Smart Metering, also die computergestützte Messung des Verbrauchs. Während der Nutzer des Gebäudes die konkrete Steuerung übernehmen kann (Standardbeispiel: Die Heizung wird von unterwegs per Smartphone angestellt, sodass es bei Ankunft zuhause warm ist), ist die dahinterliegende Software samt der Informationen, die gesammelt werden, in den Händen eines zentralen Operators des Smart Homes. Dies kann beispielsweise eine Google-Tochtergesellschaft sein. Google-Mutter Alphabet ist im Segment Smart Home mit seinem Unternehmensteil Google Home/Nest aktiv. Auch Amazon und Apple arbeiten im Bereich „Connected Home".

Ist die Heizungsanlage Teil eines Smart Homes (oder einer smarten Fabrik) ist es möglicherweise nicht mehr der Lieferant oder Installateur der Heizung, der den Zugriff auf die Daten der Heizungsanlage hat. Diese werden ins Steuerungssystem des Smart Homes eingespeist, das zentral betrieben wird. Wer den Schlüssel zu den Daten der entsprechenden Cloud hat, entscheidet darüber, wer im Fall der Warnung der Heizung, dass eine Wartung erforderlich ist, gerufen wird – und wer ultimativ Zugang erhält. Der digitale Operateur, der wie eine Spinne im Netz die Verbindungsfäden zusammenhält, die im informationstechnologisch durchgeplanten Smart Home verlaufen, kann den Zugang zum Smart Home steuern – nicht nur für konkrete Personen, sondern auch in ökonomischer Hinsicht.

d) Digitale Vertriebsplattformen

Eine bereits etablierte Praxis ist die Nutzung von Vertriebsplattformen.[17] War hier zunächst der typische Anwendungsfall der klassische Retail-Bereich, sind zunehmend auch handwerkliche Leistungen auf solchen Vertriebsplattformen angeboten worden. Die Plattformen agieren in erster Linie als Vermittler zwischen Verbrauchern und Anbietern einer Leistung. Der Plattformbetreiber übernimmt Beratungs- und Vermittlungsleistungen, wird aber nicht zwingend selbst tätig, sondern dient als Intermediär zwischen Handwerksbetrieb und Kunden.

Die Geschäftsmodelle variieren allerdings und sind je nach Ausgestaltung mit unterschiedlichen kommerziellen Risiken für die Handwerkerschaft verbunden:

Agiert der Plattformbetreiber als unabhängiger Vermittler, führt er ggf. Aufträge zu, die sonst nicht erreichbar wären. Dies kann gerade bei schwacher Auftragslage eine erhebliche Chance für Handwerker wie für Verbraucher sein – Suchkosten werden reduziert, die Plattform vermag effizienzsteigernd zu wirken. Allerdings wird der Vermittler eine Provision verlangen, die mit steigender Marktmacht der Plattform (und entsprechender Abhängigkeit der Nutzer) immer höher werden kann.

Agiert der Plattformbetreiber in einer Doppelrolle („hybrid"), indem er einerseits vermittelt, andererseits selbst auch Handwerksleistungen erbringt, besteht ein gefährliches Vermittlungs- und Konkurrenzverhältnis. Der Plattformbetreiber hat hier Möglichkeiten, seine Doppelrolle zu missbrauchen.

In jüngster Zeit werden Vertriebsplattformen auch von Industrieherstellern etabliert, die so direkt an den Endverbraucher herantreten, diesen an ein bestimmtes Produkt binden und dazugehörige Handwerksleistungen in der Folge vermitteln. In solchen Konstellationen entgeht dem Hand-

---

17 Enquetekommission NRW, 2017, LT-Drucks. 16/14200, S. 80 ff.

werksbetrieb im Zweifel nicht nur das Verkaufsgeschäft. Er ist vielmehr darauf angewiesen, in das Vertragsnetzwerk des Herstellers einzutreten, insbesondere wenn dieser für seinen konkreten Bereich eine hohe Marktmacht hat

In allen drei genannten Fällen hat der jeweilige Plattformbetreiber einen privilegierten Zugang zum Kunden und zu Daten, selbst zu solchen, die traditionell geheim gehalten werden sollten – denn auch diese Daten laufen über die Plattforminfrastruktur.

e) B2B-Plattformen

Ein letztes Beispiel für die Rolle von Plattformen und Datennetzen bieten B2B-Plattformen (business to business). B2C-Plattformen (business to consumer) vermitteln den Kontakt eines gewerblichen Nutzers zum Endverbraucher.[18] Im Schatten revolutionär erfolgreicher B2C-Plattformen haben sich mehr und mehr B2B-Plattformen etabliert, auf denen die Wertschöpfung zwischen gewerblichen Nutzern durch enge Kooperation und Datenauswertung erleichtert werden soll. Unterschieden werden typischerweise datenzentrierte Plattformen (Fokus auf dem Austausch von Daten, Zusammenarbeit im Internet of Things[19], Vernetzung von Wertschöpfungsprozessen) und transaktionszentrierte Plattformen (Online-Marktplätze, Handelsplattformen, Logistik- und Zuliefermanagement).[20] Durch die Senkung von Transaktionskosten eröffnen sich für die jeweils beteiligten Unternehmen erhebliche Effizienzvorteile. Der Zugewinn an Datenkenntnis kann bisherige Geschäftsmodelle bereichern oder neue ermöglichen.[21]

Solche Plattformen können auch Handwerksbetriebe betreffen, die in größere Wertschöpfungsnetzwerke eingebunden sind – oder gerade nicht. So wurde beispielsweise die Plattform ADAMOS (kurz für: Adaptive Manufacturing Open Solutions) mit Sitz in Darmstadt bekannt, die die Digi-

---

18 Siehe *Haucap/Kehder/Loebert*, B2B-Plattformen in Nordrhein-Westfalen: Potenziale, Hemmnisse und Handlungsoptionen, 2020, S. 12 ff.
19 Zur Einordnung siehe *Henseler-Unger* in: Sassenberg/Faber, Rechtshandbuch Industrie 4.0 und Internet of Things, 2. Auflage 2020, § 1. Die Autorin identifiziert als Schwerpunktfragen für Industrie 4.0 und IoT die Themen Daten, Konnektivität, Standardisierung und Interoperabilität, Arbeitswelt und Rechtssicherheit.
20 In der BDI-Informationsbroschüre „Deutsche digitale B2B-Plattformen" (2020) werden 78 deutsche B2B-Plattformen vorgestellt, das Spektrum wird deutlich; siehe auch *Podszun/Bongartz*, BB, 2020, 2882.
21 Vgl. auch Bitkom, Digitale Plattformen, Chartbericht, 2020, S. 23.

talisierung im Maschinen- und Anlagenbau als sog. „Industrial Internet of Things"-Plattform vorantreiben will.[22] Ein anderes Beispiel ist die Agrar-Plattform Unamera.[23] Sind Handwerksbetriebe Teil des B2B-Netzwerks haben sie (je nach Erfolg der Plattform) Chancen, an Entwicklungen rasch zu partizipieren oder neue Geschäftskontakte zu knüpfen. Ist die Plattform äußerst bedeutsam, besteht aber kein Zugang, entsteht ein entsprechendes Risiko, von Marktentwicklungen ausgeschlossen zu werden.

Wird für einen bestimmten Werkstoff oder eine bestimmte Technologie ein B2B-Cluster gebildet oder wird eine zentrale Dienstleistungs-Plattform großer Abnehmer bestimmter Leistungen aufgebaut, kann für Aufträge, aber auch für Innovationen wesentlich sein, wer an diesen Plattformen mitwirkt und wer sie steuert. Schon jetzt sind für Handwerker auch gezielt diese adressierende Beschaffungsplattformen relevant, die zum Teil von einzelnen Unternehmen der Marktgegenseite aufgebaut werden. Wiederum gibt es Chancen und Risiken für das Handwerk.

3. Schlüsselthema Zugang

Die fünf hier entwickelten Szenarien weisen eine Gemeinsamkeit auf: Für die Handwerksunternehmen geht es um Zugang zu Daten, Plattformen und Software. Zugang ist das Schlüsselthema der digitalen Ökonomie. Zugang meint, nach einer Definition der Europäischen Kommission, „die Verarbeitung der von einem Dateninhaber weitergegebenen Daten durch einen Datennutzer im Einklang mit bestimmten technischen, rechtlichen oder organisatorischen Anforderungen, ohne dass diese Daten hierzu zwingend übertragen oder heruntergeladen werden müssen".[24]

In der vorliegenden Untersuchung geht es jedoch nicht nur um den Zugang zu Daten – diese sind manchmal für Handwerksunternehmen gar nicht der entscheidende Punkt. Daten sind möglicherweise nicht gut lesbar, die Informationen in diesem Format können wertlos sein. Dann ist es aber ggf. der Zugang zu Plattformen, zu Software oder zu Analysetools,

---

22 Vgl. Bundeskartellamt, Tätigkeitsbericht 2017/2018, 2019, S. 72 f.
23 Vgl. Bundeskartellamt, Pressemitteilung vom 5.2.2020, Keine Einwände gegen Start einer digitalen Agrarplattform, abrufbar unter: https://www.bundeskartella mt.de/SharedDocs/Meldung/DE/Pressemitteilungen/2020/05_02_2020_Unamera. html.
24 Europäische Kommission, Vorschlag für eine Verordnung über europäische Daten-Governance (Daten-Governance-Gesetz), 25.11.2020, COM(2020) 767 final, Art. 2 Nr. 8.

der über die Marktchancen und die Möglichkeiten des Tätigwerdens entscheidet. Der Zugang wird durch „Torwächter" (Gatekeeper) vermittelt, die den nachgelagerten Markt über eine digitale Schnittstelle kontrollieren. Als Beispiel kann hierfür noch einmal der Markt für Kfz-Reparaturleistungen genannt werden: Die Reparatur von modernen Fahrzeugen ist nur für denjenigen möglich, der Zugang zur dazugehörigen Software des Fahrzeugherstellers hat.

So stellen die soeben definierten Szenarien typische „use cases" dar, mit denen Unternehmen des Handwerks in Zukunft konfrontiert sein können und in denen sie den „digitalen Schlüssel" benötigen. Dabei ist entscheidend, wie zu zeigen sein wird, dass nicht nur Zugang gewährt wird, sondern dass die zahlreichen damit verbundenen Folgefragen geklärt werden.

Zugang, „Access", ist eines der Megathemen des 21. Jahrhunderts,[25] die rechtliche Einräumung von Zugang ist in vielen Bereichen umstritten.[26] Das gilt auch für den Rahmen, der für das Handwerk im deutschen und europäischen Recht angesichts der digitalen Herausforderungen gesetzt wird. Festzuhalten ist aber: Es ist nicht primär eine Frage der Datenökonomie, die hier wirtschaftlich verhandelt wird, sondern eine Frage des Zugangs zu nachgelagerten Märkten, die digital kontrolliert werden. „Daten", Schnittstellen, Dienste, Software sind lediglich die Mittel, mit dem der Fahrzeughersteller/der Plattformbetreiber/das IT-Unternehmen eine faktische Kontrolle über die weitere wirtschaftliche Tätigkeit herstellt. Um beim Beispiel der Fahrzeugreparatur zu bleiben: Die Kernprobleme wären die gleichen, wenn die Beschränkung des Marktzugangs nicht über eine notwendige Software realisiert werden würde, sondern der Motor mechanisch nur mit einem Spezialwerkzeug geöffnet werden könnte, welches ausschließlich der Fahrzeughersteller produzieren kann. In beiden Fällen hat der Drittunternehmer das gleiche Problem, wenn sich der Hersteller weigert, die Software oder das Spezialwerkzeug bereitzustellen. Solche Konstellationen sind aus der Vergangenheit durchaus nicht unbekannt – zum Beispiel wurden immaterialgüterrechtliche Schutzrechte ins Feld geführt, um Marktzutrittsschranken zu errichten und den geschäftlichen Erfolg exklusiv einem Unternehmen zuzuweisen.[27]

---

25 Zuerst populär aufgegriffen von *Rifkin*, Access – Das Verschwinden des Eigentums, 2000.

26 Grundlegend *Wielsch*, Zugangsregeln, 2008.

27 Vgl. zum Patentrecht als Marktzutrittshürde und Innovationshemmnis *Boldrin/Levine*, 27(1) Journal of Economic Perspectives 2013, S. 3.

Das Neue ist die Dimension der Abschottungsmöglichkeit: Die Beschränkung des Marktzutritts ist auf informationstechnischer Ebene leicht durchzusetzen und betrifft mittlerweile zahllose Einsatzgebiete, die sich auf mechanischem Wege gar nicht abschotten ließen. Ziel der Handwerksunternehmen ist es nicht, Daten zu erhalten. Ihr Ziel ist es, unternehmerische Chancen wahrnehmen zu können. Ein Regulierungsansatz darf sich daher nicht im vordergründigen Wirrwarr der Datenökonomie verlieren, sondern muss feststellen: Hier geht es um Verteilungskonflikte, um die neue Zuweisung von unternehmerischen Möglichkeiten. Der Ausschluss bestimmter Unternehmen von Märkten führt zu Marktabschottung. Marktabschottung verhindert Wettbewerb; damit werden Innovation und Effizienz beeinträchtigt, die Leistungsgerechtigkeit in der Wirtschaft und eine faire Chancenverteilung für Unternehmen aller Art gehen verloren. Deshalb ist es so wichtig, Zugangsfragen zu lösen – weil sie der wettbewerbsfeindlichen Marktabschottung entgegenstehen. Zugang wird damit zu einer Schlüsselfrage der Wirtschaft, gerade weil es in der digitalen Ökonomie so einfach geworden ist, Märkte zu verschließen. Zugangsfragen sind diesen Besonderheiten der digitalen Ökonomie unterworfen.

II. Charakteristika der digitalen Ökonomie

Der rasante Aufstieg digitaler Plattformen spiegelt sich in den unternehmerischen Kennzahlen der erfolgreichsten Vertreter des sog. Silicon Valley-Kapitalismus: Apple, Microsoft, Amazon und die Google-Muttergesellschaft Alphabet haben bis zum Jahr 2020 eine Marktkapitalisierung von über einer Billion US-Dollar erreicht. Facebook hat 2019 einen Gesamtumsatz von 70,7 Milliarden US-Dollar und einen Gewinn von 18,49 Milliarden US-Dollar erzielt. Auf dem Amazon Marketplace, der Dritten offensteht, haben sich allein im Oktober 2018 – in nur einem Monat – 16.635 neue Händler angemeldet.[28] Google erhält täglich ca. 3,5 Milliarden Suchanfragen[29] – und damit Gelegenheit, aus 3,5 Milliarden Datensätzen Informationen über Nutzer zu gewinnen und deren nächsten Schritt im Internet zu erkennen und zu prägen. Die Bar-Reserven von Apple (liquide Mittel und börsengängige Wertpapiere) beliefen sich zum März 2020 auf

---

28 https://www.statista.com/statistics/1176026/amazon-monthly-new-sellers-germany/.

29 https://www.seo-suedwest.de/5431-google-liefert-offizielle-zahlen-zum-taeglichen-suchevolumen.html.

192,8 Mrd. US-Dollar.[30] Dieser geradezu schwindelerregende Blick ignoriert noch die asiatischen Plattformunternehmen wie Alibaba. Diese Unternehmen, die in ihrem Fokus bislang sehr stark auf Endverbraucher und
digitale Dienste ausgerichtet waren, stehen für den Aufstieg der Plattformökonomie.

Ihren Siegeszug wollen diese Unternehmen nun auch in Bereichen fortsetzen, die bislang weniger in ihrem Fokus standen, z.B. bei Dienstleistungen und im gewerblichen Bereich. Von Amazon und Google wird bereits
gemeldet, dass diese Handwerkerdienstleistungen vermitteln wollen.[31] Das
steht ganz in der Logik der Bildung von „digitalen Ökosystemen": Strategie ist es, Nutzer immer länger im eigenen System zu halten und möglichst viele wirtschaftliche und persönliche Prozesse über die miteinander
verknüpften Plattformen abzuwickeln. Das Kundenkonto beim digitalen
Gatekeeper wird zum Einstieg in eine reichhaltige Auswahl an Leistungen
und Umgebungen. In diese Umwelt, in der *user* immer länger festgehalten
und in die sie immer stärker eingebunden werden, wird die Versorgung
mit Handwerksleistungen integriert. Einige der mächtigsten Unternehmen
der Welt mit einem extrem guten Zugang zum Endkunden rücken damit
in eine Vermittlungsposition für das Handwerk – sie würden sich zwischen Handwerk und Verbraucher schieben und die Kundenschnittstelle
besetzen.

Aber auch ohne die Beteiligung der „GAFA"-Unternehmen[32] gilt: Das
Modell der datenbasierten Digitalplattform greift damit zunehmend in
den Kernbereich des Handwerks ein.

1. Plattformmärkte

Ein Plattformmarkt ist ein Markt, in dem der Betreiber einer Plattform potenzielle Kunden und potenzielle Lieferanten zusammenbringt und den
Service anbietet, die beiden miteinander zu verbinden, ggf. zusammen mit
weiteren Diensten. Es wird also ein Vermittler (Intermediär) zwischen Angebot und Nachfrage geschaltet oder als eine Art Informationsbroker ein-

---

30 https://www.macprime.ch/a/news/apples-gigantische-barreserven-q2-2020.
31 Vgl. https://www.handwerk-digitalisieren.de/google-und-amazon-werden-in-zuku
    nft-handwerker-vermitteln-und-bewerten/; https://www.deutsche-handwerks-zeit
    ung.de/amazon-kann-ein-komplettes-oekosystem-handwerk-organisieren/150/310
    1/396609.
32 GAFA steht für Google – Amazon – Facebook – Apple. Häufig ist auch Microsoft
    mitgemeint.

bezogen. Plattformen sind dann erfolgreich, wenn sie die verschiedenen Akteure optimal aufeinander abstimmen und deren Such- und Informationsaufwand (Transaktionskosten) reduzieren. Die Verwendung von Daten und Algorithmen ist notwendig, um diese Aufgabe zu erfüllen. Vermittelt werden Austauschgeschäfte, aber auch Aufmerksamkeit, Kontakte oder Informationen. Stets handelt es sich aber um ein digitales Forum, einen „Marktplatz", der von einem zentralen Akteur betrieben wird.[33]

a) Grundlegender Mechanismus von Plattformen

Angenommen, ein Unternehmen baut eine Plattform für Dachdecker auf. Diese Plattform könnte als Vermittlungsplattform zwischen Dachdeckern und Endkunden, also Nachfragern von Dachdecker-Leistungen, operieren (B2C). Die Plattform könnte auch Dachdecker-Betriebe untereinander für Kooperationen, Benchmarking und Informationsaustausch[34] sowie mit Materiallieferanten verbinden (B2B).

Der Erfolg dieser Dachdecker-Plattform hängt davon ab, wie gut und schnell der Betreiber in der Lage ist, Teilnehmer auf jeder Seite der Plattform zu binden. Dabei kommt es auf die Bedeutung und die Zahl dieser Teilnehmer an. Je mehr Verbraucher ihre Dachdecker-Leistungen über die Plattform suchen, desto attraktiver wird die Teilnahme für Dachdecker-Betriebe, je mehr Dachdecker-Betriebe zur Auswahl stehen, desto interessanter wird die Suche für Verbraucher. Für das B2B-Geschäft gilt das ebenso: Je größer die Beteiligung, desto höher der Wert der eigenen Teilnahme. Dieses Zusammenspiel wird als indirekter Netzwerkeffekt bezeichnet: Der Wert der Plattform steigt mit der Zahl der Nutzer auf der anderen Seite der Plattform. Die Netzwerkeffekte sind umso stärker, je bedeutsamer auch einzelne Beteiligte sind.

Plattformbetreiber operieren zudem mit rechtlichen und geschäftlichen Mechanismen, um den Wert ihrer Plattform rasch zu steigern. Dazu zählen etwa Exklusivitätsbindungen, Rabattsysteme, Bestpreisklauseln oder die Beschränkung der Nutzung bestimmter Kommunikationswege. Für Nutzer wird es so unattraktiver oder unmöglich, geschäftliche Aktivitäten

---

33 Vgl. *Podszun*, Gutachten F zum 73. Deutschen Juristentag: Empfiehlt sich eine stärkere Regulierung von Online-Plattformen und anderen Digitalunternehmen?, 2020, S. F10 ff. m.w.N. Die Literatur zu Plattformen aus rechtlicher Sicht, auch zur Kritik am Begriff, ist inzwischen beinahe unüberschaubar.
34 Zu den kartellrechtlichen Grenzen siehe unten C.III.

außerhalb der Plattform zu pflegen oder zu entfalten oder an der Plattform vorbei Geschäfte zu machen. Diese Maßnahmen tragen dazu bei, dass Wechselkosten steigen, Plattformen ihren Zugriff weiter ausdehnen und ein „multi homing" für Nutzer erschwert wird. „Multi homing" (im Gegensatz zu „single homing") bezeichnet die Situation, dass Nutzer auf mehreren Plattformen parallel „zuhause" sind.[35] Bei Betriebssystemen etwa ist Exklusivität bereits technisch in der Regel gesichert, in der Folge verleiht das Betriebssystem seinem Betreiber exzellente Möglichkeiten, die Nutzer zu binden. Zu beobachten ist dies etwa beim Google-Betriebssystem Android für Android-Smartphones ebenso wie beim Apple-Betriebssystem iOS auf iPhones.[36]

Die Mechanismen von Plattformen wurden in bahnbrechenden Arbeiten von Nobel-Preisträger *Jean Tirole* und anderen Ökonomen analysiert.[37] *Jean-Charles Rochet* und *Tirole* hoben hervor, welche Steuerungsmöglichkeiten Plattformbetreiber durch geschicktes Design ihrer Anreizsysteme haben (etwa indem die Teilnahme einer Marktseite vom Betreiber subventioniert wird, um die Attraktivität für die andere Marktseite zu steigern, die sodann zahlen muss).[38] Das Design von Plattformen wurde in den vergangenen Jahren optimiert. In der Folge können in immer mehr Märkten Plattformbetreiber die Magie ihrer Vermittlungsleistungen spielen lassen und immer mehr Nutzer auf verschiedenen Seiten zusammenbringen.[39] Das funktioniert, da die Reduzierung der Transaktionskosten in fast allen Bereichen enorme Gewinne freisetzt. Wer hätte gedacht, dass es möglich ist, mit wenigen Klicks einen Großteil der in der Welt verfügbaren Informationen zugänglich zu haben? Oder ein Kaufhaus zu haben, in dem eine schier unendliche Produktvielfalt gegeben ist, die mit wenigen Schritten zielgerichtet durchforstet werden kann? *„Platformisation"*, die Transforma-

---

35 Vgl. Bundeskartellamt, Arbeitspapier – Marktmacht von Plattformen und Netzwerken, 2016, S. 9 ff.; OECD, The Digital Economy, 2012, S. 9, abrufbar unter: http://www.oecd.org/daf/competition/The-Digital-Economy-2012.pdf.

36 Siehe die Fälle der Europäischen Kommission, in denen Praktiken im Zusammenhang mit dem Betriebssystem untersucht werden, Europäische Kommission, 18.7.2018, C(2018) 4761, C 402/19, Google Android; Pressemitteilung der Europäischen Kommission zu der Untersuchung des Verhaltens von Apple im Zusammenhang mit Apple Pay vom 16.6.2020, abrufbar unter https://ec.europa.e u/commission/presscorner/detail/de/ip_20_1075.

37 Zum Beispiel *Rochet/Tirole*, JEEA 2003, 990 ff.; *Rochet/Tirole*, RJE 2006, 645; *Evans*, Yale Journal on Regulation, 2003, 325.

38 Vgl. *Rochet/Tirole*, JEEA 2003, 990, 993.

39 Vgl. zu ähnlichen Märkten *Roth*, Who Gets What — and Why: The New Economics of Matchmaking and Market Design, 2015.

tion von Märkten zu Plattformmärkten, ist der wesentliche strategische Antrieb hinter den Geschäftsmodellen der Silicon Valley-Unternehmen.[40] Diese werden nach den großen Erfolgen in vielen Bereichen (man denke nur an Hotel- und Immobiliensuche, Essenslieferdienste, Einzelhandel, Partnervermittlung oder Mediennutzung) in den industriellen und handwerklichen Bereich ausgedehnt. Dass für die traditionellen Branchen der Einzug der Plattformen disruptiv wirkte, bedarf hier keiner Erläuterung.

Die Digitalisierung war für diesen Erfolg Voraussetzung, da das Zusammenführen verschiedener Akteure und Leistungen umso besser funktioniert, je berechenbarer diese sind. Die „Datafizierung"[41] aller Personen, Objekte und Leistungen macht diese berechenbar und damit in einem Plattformmodell vermittelbar.

b) Tendenz zur Marktmacht

Da Plattformen mit Netzwerkeffekten arbeiten, gibt es eine Tendenz, dass größere Plattformen einen Spiral-Effekt erreichen, indem sie immer erfolgreicher werden.[42] Ab einem gewissen Punkt wird dieser Erfolg selbstverstärkend, teilweise unabhängig von Leistung oder Innovation: Netzwerkeffekte können so wichtig werden, dass sie andere Aspekte der Plattform übertreffen. Es ergibt keinen Sinn, auf einer erfolglosen Dachdecker-Plattform gelistet zu sein, wenn es eine andere Plattform gibt, auf der alle potenziellen Kunden suchen. Daher wird die Skalierung, also die Erzielung von Größenvorteilen so wichtig. Da die Grenzkosten für den Plattformbetreiber extrem niedrig sind (ein weiterer Nutzer der Plattform kostet so gut wie nichts),[43] lassen sich rasch Skalierungseffekte erzielen: Eine Plattform kann in kürzester Zeit rasant wachsen. Dass eine Plattform sich durch spiralartiges Wachstum durchsetzen kann, ist indes nicht gesagt. Das hängt von verschiedenen Faktoren ab, etwa der Resilienz nicht-plattformgebundener Vermittlungsmodelle, der Kundenbindung oder regulatorischen Rahmenbedingungen. Zudem ist entscheidend, ob es Multi Homing gibt,

---

40 Zur Strategie der „platformisation" siehe etwa *Parker/Van Alstyne/Choudary*, Platform Revolution: How Networked Markets Are Transforming the Economy and How to Make Them Work for You, 2016.

41 Der Begriff geht zurück auf *Cukier/Mayer-Schönberger*, Foreign Affairs, 2013, 28 ff. („datafication").

42 Siehe *Ezrachi/Stucke*, Virtual Competition, 2016, S. 174.

43 Man spricht in Anlehnung an *Rifkin*, The Zero Marginal Cost Society, 2015, vom "zero marginal cost"-Modell (Grenzkosten null).

ob die wichtigsten Marktteilnehmer auf der Plattform vertreten sind und wie hoch die Wechselkosten zu anderen Plattformen sind. Letzteres kann sich etwa daran entscheiden, ob Daten, Bewertungen, Bilder usw. technisch und rechtlich portabel sind, also zu anderen Anbietern mitgezogen werden können. Schließlich festigen Unternehmen derart erlangte Positionen durch strategische Zukäufe (z.B. „killer acquisitions", mit denen potentielle Wettbewerber vom Markt weggekauft werden)[44] und durch das Einschnüren von anderen Anbietern (sog. envelopment)[45]. Die Pandemie hat für digitale Geschäftsmodelle, und damit für Plattformen, noch einmal einen erheblichen Aufschwung bedeutet. Das Bestellen von Leistungen über Internet hat sich zwangsläufig bis in den letzten Haushalt durchgesetzt und wird für immer mehr Dienste als normal angesehen.

c) Digitale Infrastrukturanbieter

Einzelne Plattformen haben es geschafft, zu Infrastrukturanbietern des Internets zu werden, ohne die der digitale Wirtschaftskreislauf kaum noch funktioniert. Eine derartige Infrastruktur-Bedeutung wird in der Regel Google (und Mutterkonzern Alphabet), Apple, Facebook (samt WhatsApp und Instagram), Amazon (als Marktplatz und Cloud-Anbieter) sowie Microsoft zugeschrieben (oft abgekürzt als „GAFA plus Microsoft"). Sie gelten als „Superplattformen", die aufgrund ihrer Marktmacht und Finanzkraft eine entscheidende Rolle in vielen Märkten spielen können.[46] Die Europäische Kommission spricht in einem Gesetzgebungsvorschlag von „Gatekeepern", die „zentrale Plattformdienste" erbringen.[47]

---

44 Economist, The world's most valuable resource, 6.5.2017, S. 7; vgl. auch „Killer Acquisitions" im Fokus der Kartellbehörden – Gefahr für innovative Start-ups?, 2019, abrufbar unter https://blog.handelsblatt.com/rechtsboard/2019/09/04/killer-acquisitions-im-fokus-der-kartellbehoerden-gefahr-fuer-innovative-start-up/.

45 Vgl. *Bourreau/de Streel*, Digital Conglomerates and EU Competition Policy, 2019, S. 14.

46 *Ezrachi/Stucke*, Virtual Competition, 2016, S. 145 ff.; der deutsche Gesetzgeber reagiert in § 19a GWB (2021) mit der Einführung eines Tatbestands, der an Unternehmen gerichtet ist, die „überragende marktübergreifende Bedeutung für den Wettbewerb" haben.

47 Europäische Kommission, 15.12.2020, Vorschlag für eine Verordnung des Europäischen Parlaments und des Rates
über bestreitbare und faire Märkte im digitalen Sektor (Gesetz über digitale Märkte), COM(2020) 842 final (Digital Markets Act, DMA).

Das Wall Street Journal hat 2015 plastisch formuliert, welche Macht diese Unternehmen ausüben:

> „Wer zum Beispiel eine Marke aufbaut, kann das aktive Facebook-Publikum von einer Milliarde Menschen nicht ignorieren. Jeder, der ein Unternehmen gründet, muss sicherstellen, bei Google gefunden werden zu können."[48]

Die Unternehmen haben es geschafft, Schlüsselrollen der Wirtschaft zu besetzen: Facebook für soziale Interaktion und Identitätsmanagement, Google für die Suche, die Zugang zur Online-Welt bietet, Amazon für den Handel. Apple, Microsoft und Google steuern einflussreiche Betriebssysteme, ihnen gehört die Schaltzentrale, über die das wirtschaftliche Tun der Individuen gesteuert wird. Zunehmend kommen dabei digitale Assistenten zum Einsatz (z.B. in Form von Amazons Alexa, der Apple Watch oder als Googles Fitnessarmband Fitbit). Damit rücken diese Unternehmen angesichts einer immer stärker digital abgewickelten Wirtschaft – ein Trend, der durch Corona verstärkt wurde – in eine ökonomische Kontrollposition, von der aus sie über den Erfolg oder Misserfolg anderer Unternehmen entscheiden können. Sie stellen die Infrastruktur des Netzes und agieren als „Gatekeeper". Im B2B-Bereich sind derartige Positionen noch nicht in gleicher Weise gefestigt, hier bestehen durchaus noch Marktchancen.

2. Daten

Die zweite grundlegende Verschiebung im geschäftlichen Umfeld, neben der „Plattformisierung", besteht in der massiven Sammlung, Nutzung und Auswertung von Daten. Daten sind alle Arten von Informationen.[49] In einem Verordnungsvorschlag aus dem Jahr 2020 definiert die Europäische Kommission Daten als „jede digitale Darstellung von Handlungen, Tatsachen oder Informationen sowie jede Zusammenstellung solcher Handlungen, Tatsachen oder Informationen auch in Form von Ton-, Bild- oder audiovisuellem Material".[50]

---

48 *Clark/McMillan*, "Facebook, Amazon and Other Tech Giants Tighten Grip on Internet Economy", Wall Street Journal, 5.11.2015.
49 Vgl. Cambridge Dictionary. Zu weiteren Definitionsversuchen vgl. *Voß*, Was sind eigentlich Daten?, 2013; *Specht/Kerber*, Datenrechte, 2017, S. 12.
50 Europäische Kommission, Vorschlag für eine Verordnung über europäische Daten-Governance (Daten-Governance-Gesetz), 25.11.2020, COM(2020) 767 final, Art. 2 Nr. 1.

Daten werden grundlegend unterschieden in personenbezogene Daten, die aus der Privatsphäre von Einzelpersonen stammen, und nicht-personenbezogene Daten.[51] Erstere beziehen sich auf eine natürliche, identifizierbare Person, sie stehen häufig im Mittelpunkt der öffentlichen Diskussion und werden umfassend durch die DS-GVO geregelt. Für das Handwerk sind persönliche Daten insbesondere bei individuellen Kundenaufträgen und in der Kommunikation mit Kunden von Belang. Daneben treten nicht-personenbezogene Daten, die für handwerkliche und industrielle Anwendungen besonders wichtig sein können. Dazu zählen etwa Maschinendaten (z.B. Leistungsdaten eines Geräts, Zahl der bearbeiteten Vorgänge, Energieverbrauch usw.), aber auch Wetterdaten, Straßendaten usw.[52] Die Systematik und Dimension, mit der Daten gesammelt und ausgewertet werden, hat sich durch den Fortschritt der Computertechnik, immer kleinere Geräte und immer größere Rechenleistungen, in den vergangenen Jahren massiv verändert.

Die Steuerung von Vorgängen, die Individualisierung von Leistungen, die Koordination von Abläufen, all das kann wesentlich besser erfolgen, wenn möglichst viele Daten vorliegen. Daten müssen nicht mehr mühsam erhoben werden, sondern liegen ggf. automatisiert vor, selbst in Bereichen, in denen früher Handwerker auf Schätzungen oder ihr Gespür angewiesen waren, weil es möglicherweise gar keine Gelegenheit gab, Daten zu erheben. Alle Vorgänge und Abläufe werden damit präzisiert, sie werden berechenbar gemacht mit allen Vorteilen, die das bietet: Kundenwünsche können präziser erfüllt werden, die vorherige Modellierung und die Abstimmung mit anderen wird vereinfacht, große Bauprojekte lassen sich zentral steuern. Daten liefern eine digitalisierte und damit berechenbare Version der Realität.[53] Das ermöglicht die Verbindung von Akteuren, Produkten und Leistungen in umfassende digitalisiert abgebildete Wertschöpfungsnetzwerke.[54] Beispielhaft dafür stehen das vernetzte Fahren oder das Smart Home.

---

51 Ein anderes Konzept zur Differenzierung findet sich bspw. bei *Liebhart*, Die glorreichen sieben Datenarten, Netzwoche 13/2010, S. 21, welcher zwischen Metadaten, Referenzdaten, unternehmensweiten Strukturdaten, Transaktionsstrukturdaten, Inventardaten, Transaktionsdaten und Auditdaten unterscheidet.

52 https://www.forbes.com/sites/janakirammsv/2017/08/27/how-machine-learning-enhances-the-value-of-industrial-internet-of-things/#3beee3733f38.

53 Sie erstellen ein "Portrait unserer täglichen Aktivitäten", so *Stucke/Grunes*, Big Data and Competition Policy, 2016, Rn. 4.33.

54 Siehe das Beispiel des „Collaborative Condition Monitoring" der Plattform Industrie 4.0, Kollaborative datenbasierte Geschäftsmodelle, 2020.

Um die Bedeutung von Daten zu unterstreichen, wird gelegentlich der Vergleich zu Gold oder Rohöl gezogen, auch wenn diese Produkte mit der Natur von Informationen wenig gemein haben. Dass Daten aber als umwälzender Faktor der Wirtschaft wahrzunehmen sind, ist zutreffend. Insbesondere bedeutet dies, dass Unternehmen, die keinen Zugang zu bestimmten Daten haben, aus Wertschöpfungsnetzwerken ausgeschlossen werden können. Diese Möglichkeit wird dadurch immer bedeutsamer, dass neben rechtlichen Abschottungsstrategien auch technische Ausschließungsmöglichkeiten gegeben sind – wer den Code nicht kennt, kann Daten nicht auslesen. Hinzukommt, dass immer mehr Waren ohne Datenzugriff gar nicht mehr steuerbar, reparabel oder betriebsbereit sind: Ein Softwareschaden ist für ein Auto heute genauso gravierend wie ein Motorschaden. Der Unterschied ist, dass viele Motorschäden unabhängig vom Fabrikat von einem Fahrzeugmechaniker behoben werden können, sobald die Motorhaube geöffnet ist. Der Softwarefehler kann nur behoben werden, wenn der Reparateur Zugriff auf die Software hat – und die lässt sich nicht ohne weiteres „öffnen".

Betreiber von Plattformen profitieren besonders stark von der Datensammlung, da sie in einer zentralen Position sind, um Daten zu erfassen. Sie können in der Regel auf die Transaktionsdaten zugreifen, wenn die Transaktionen über ihre Software abgewickelt werden. Sie haben es auch in der Hand, den Informationsfluss zu den anderen Plattformakteuren zu steuern. Wer beispielsweise eine Dachdecker-Plattform betreibt, kann die verschiedene Leistungen, Kontakte und Transaktionen, ggf. auch Geräte, Anwendungen und Dienste miteinander verknüpfen und so eine große Menge Daten zusammenführen und für sich auswerten. Die Marktkenntnis wird dadurch enorm, ggf. werden auch individuelle Präferenzen und interessante Korrelationen deutlich. Auf der Grundlage solcher und weiterer Daten können Plattformbetreiber oder andere Dateninhaber das Design der Plattform optimieren und dabei auf ihre eigenen Gewinnerzielungsinteressen ausrichten. Die Teilnehmer auf der Plattform, zum Beispiel Handwerksunternehmen und Endverbraucher, können bestmöglich zusammengeführt, aber auch ausgebeutet werden – ohne dass sie dies zwingend merken, da sie die Vergleichsdaten in der Regel gar nicht zur Verfügung haben werden.

Besonders heikel wird diese Situation, wenn der Plattformbetreiber selbst auch Wettbewerber ist und so die überlegene Datenkenntnis im Wettbewerb ausnutzen kann. So wird beispielsweise behauptet, dass einige Plattformbetreiber, die in derartiger Weise „hybrid" tätig sind, die Transaktionen der auf ihrer Plattform tätigen Anbieter systematisch auswerten und in besonders lukrativ scheinende Bereiche dann selbst einsteigen. Dank ihrer privilegierten Datenkenntnis können sie die bisherigen Anbieter verdrängen.[55] Die Kenntnis der fremden Daten ermöglicht eine perfekt abgestimmte Marktstrategie.

Die Datenökonomie löst insbesondere drei Entwicklungen aus: Erstens werden Daten in der digitalen Wirtschaft zu einem Schlüsselinput in allen Sektoren. Sie sind mit Rohstoffen oder finanziellen Mitteln gleichwertig und bieten eine „berechenbare" Version der Realität, die kommerzialisiert werden kann. Zweitens werden durch Daten Transaktionskosten reduziert. Das ermöglicht erhebliche Gewinne, die aber tendenziell auf den Inhaber der Datenmacht verschoben werden können, auch wenn die Daten durch Dritte generiert werden. Drittens profitieren Plattformbetreiber in besonderer Weise davon, dass sie die Daten von verschiedenen Marktteilnehmern sammeln können; sie „produzieren" aber auch besonders viele Daten und tragen zur Fortentwicklung der Datenökonomie (mit ihren Innovationspotenzialen) bei.[56]

3. Vernetzung

Durch die Einbindung von Plattformen und die massive Datennutzung kommt es zu einem weiteren neuartigen Element in der Wertschöpfungskette der digitalen Wirtschaft: Leistungen, Akteure und Märkte werden vernetzt. Zum Teil bilden sich „digitale Ökosysteme".

Die Nutzung sogenannter „smarter" Geräte und Produkte nimmt erheblich zu. Nach Statista ist davon auszugehen, dass 2020 etwa 4,385 Mrd. Euro in Deutschland mit Smart Homes umgesetzt wurden. Für 2021 wird prognostiziert, dass in 4,76 Mio. Haushalten in Deutschland das Energiemanagement „smart" betrieben wird.[57] Zwischen 2010 und 2017 haben

---

55 Vgl. Europäische Kommission, Pressemitteilung vom 10.11.2020, Kommission richtet Mitteilung der Beschwerdepunkte an Amazon wegen Nutzung nichtöffentlicher Daten unabhängiger Verkäufer und leitet zweite Untersuchung der E-Commerce-Geschäftspraxis des Unternehmens ein, abrufbar unter: https://ec.eur opa.eu/commission/presscorner/detail/de/ip_20_2077.

56 Siehe auch *Schweitzer/Haucap/Kerber/Welker*, Modernisierung der Missbrauchsaufsicht für marktmächtige Unternehmen, 2018, S. 158 ff.

57 Alle Angaben von https://de.statista.com/outlook/279/137/smart-home/deutschla nd#market-revenue.

Bosch und Volkswagen je über 1000 Patente zum vernetzten Fahren angemeldet, Google über 500.[58]

Smarte Geräte sind mit Sensoren ausgestattet, erfassen also Daten, und leiten diese über eine Internetverbindung weiter an eine zentrale Operationsstelle. Durch den Einsatz solcher Geräte lassen sich vielfältige Vernetzungen herstellen: Fahrzeuge kommunizieren untereinander und mit den Straßenanlagen, in Fabriken werden Produktionsstätten, Maschinen und die Umgebung vernetzt, im Smart Home wirken verschiedene Haushaltsgeräte, das Energiemanagement, Komfort- und Licht-Segmente oder Schließsysteme zusammen.

Wirtschaftlich entscheidend ist, dass dadurch eine Vernetzung von Produkten und Leistungen möglich ist, die bislang nicht gegeben war. Märkte, die früher völlig unabhängig voneinander waren, lassen sich so miteinander verbinden und in Abhängigkeit voneinander bringen: Eine „intelligente" oder „smarte" oder „vernetzte" Heizung in einem Gebäude wird durch Zufügen eines digitalen Geräts zu einer Datensammelstelle, die mit einer Cloud verbunden ist. Als smarte Komponente ist die Heizung als Hardware nun zugleich ein smartes Element mit Sensoren und Prozessoren, das Daten an eine „Plattform" überträgt und so in ein größeres Ganzes, z.B. ein zentrales Energiemanagement oder ein Smart Home eingebunden wird.[59] In der Folge wird der Verbraucher stärker an dieses – durchaus komfortable – Ökosystem oder Wertschöpfungsnetzwerk gebunden. Einzelne wirtschaftliche Entscheidungen (z.B. zur Reparatur der Heizung) sind dann aber nicht mehr unabhängig von Entscheidungen zum Gesamtsystem. Wechselkosten steigen, die Daten- und Gewinnbasis des Betreibers des entsprechenden Netzwerks wird verbreitert.[60] Es wird eine „Architektur" um das Gerät herumgebaut, die weitere Profitmargen eröffnet.[61] Smarte Geräte können Software selbst herunterladen und Statusupdates, Servicebedarf, Fehlermeldungen usw. absetzen, ohne dass noch eine Aktion des Verbrauchers erforderlich ist. Daran geknüpfte wirtschaftliche Leistungen (z.B. Nachkauf, Wartung) werden dann aber auch zentral über das Netzwerk gesteuert.

---

58 Angaben nach https://de.statista.com/statistik/daten/studie/557059/umfrage/anza hl-der-patentanmeldungen-zum-autonomen-fahren-nach-unternehmen-und-herk unftsland/.
59 *Porter/Heppelmann*, HBR 2014, 64, 67.
60 *Porter/Heppelmann*, HBR 2014, 64, 73.
61 *Porter/Heppelmann*, HBR 2014, 64, 69 ff.

Im typischen Fall für den Anwendungsbereich des Handwerks kommt in einem solchen System für Einbauten, Reparaturen, Wartung oder Zusatzleistungen nur ein Handwerker zum Zug, der in das Gesamtsystem eingebunden ist. Das bedeutet praktisch: Das Handwerksunternehmen wird einen Rahmenvertrag mit dem Betreiber des Smart Homes oder des jeweiligen Ökosystems benötigen. Marktzutrittshürden für unabhängige Dritte werden erheblich erhöht. Der Nutzer des digitalen Ökosystems, also der Verbraucher, wird häufig nicht mehr frei entscheiden können, , wer als Handwerker des Vertrauens herangezogen wird.

Aus der Vernetzung immer weiterer Leistungen und Produkte wächst ein digitales Ökosystem, in dem sich Nutzer möglichst lange aufhalten, und in dem sie – aus Sicht des Betreibers – möglichst viele wirtschaftliche Entscheidungen treffen. Zum Teil werden solche Ökosysteme als „walled gardens", also umzäunte Gärten, bezeichnet, da durch sog. Lock-in-Effekte versucht wird, Nutzer möglichst in dieses Ökosystem „einzusperren".[62] Das funktioniert zunächst am effektivsten bei Betriebssystemen, etwa auf Handys, die zum Nadelöhr für alle ökonomischen Entscheidungen werden können, die über das Handy getroffen werden. Über das Handy können nur Leistungen erbracht werden, die vom Betreiber des Systems nicht gesperrt sind. Besonders große Kontrolle über Transaktionen kann durch die Kontrolle der Bezahlschnittstellen ausgeübt werden. Würde beispielsweise ein Handwerksbetrieb den Erstkontakt zu einem Endverbraucher in einem GAFA-Universum herstellen und würde das GAFA-Unternehmen die Bezahlung über die Plattform verlangen, wäre es nicht mehr möglich, eigenständige, vom GAFA-Unternehmen nicht kontrollierte Zahlungsströme außerhalb der Plattform zu veranlassen.[63]

Die GAFAs dehnen ihre Ökosysteme zunehmend aus, zum einen über die erweiterte Nutzung von Geräten wie Uhren, persönlichen Assistenten, Browsern und anderen Apps, zum anderen durch eine immer weitergehende Integration von Daten (z.B. Gesundheitsdaten) und eine Verknüpfung dieser Daten mit eigenen Diensten (z.B. Gesundheitsportalen, Kalendern, Mediendiensten usw.). Immer stärker wird der Verbraucher angeleitet, den eigenen Alltag nur noch über ein zentrales Tor zu steuern.

---

62 Vgl. zum Begriff *Wolk*, 19(3) Cornell Journal of Law and Public Policy 2010, S. 795, 797.
63 Um eine derartige Problematik dreht sich der Streit zwischen Apple und dem Unternehmen Epic (Fortnite), der 2020 ausgebrochen ist; vgl. die Darstellung bei *Bostoen* im Lexxion Competitions Blog, abrufbar (in mehreren Teilen) unter https://www.lexxion.eu/coreblogpost/epic-v-apple-1/.

Das wiederum erhöht die Einflussmöglichkeiten des Gatekeepers für die Auswahlentscheidung des Verbrauchers ebenso wie für die Zugangsmöglichkeiten des Unternehmers: Soll die Heizung gewartet werden, kann der Betreiber des Smart Homes den Verbraucher daran erinnern und einen Vorschlag für ein auszuwählendes Unternehmen machen – oder gleich dieses Unternehmen beauftragen und in den digitalen Kalender eintragen samt künftiger Bezahlung über den eigenen Bezahldienst. Ist der beauftragte Handwerker zur Wartung auf Daten oder den Zugriff auf ein Kontrollpanel angewiesen, ist ein Vertrag mit dem Plattformbetreiber unausweichlich – inklusive möglicher Provisionsgebühr. Für den Endverbraucher wird dieses System immer bequemer, je weitergehend alle Leistungen miteinander integriert sind. Viele dieser Verknüpfungen werden sogar zunächst effizient sein.

Für den die Leistung erbringenden Unternehmer wird die Beteiligung an diesen digitalen Ökosystemen immer unausweichlicher, je schlechter seine Möglichkeiten sind, den Endverbraucher sonst zu erreichen oder je schlechter sein Zugriff auf die erforderlichen Daten sonst ist. Handwerksbetriebe können so in die Abhängigkeit eines Plattformbetreibers geraten. Anfangs locken hier zusätzliche Gewinne, weil typischerweise ein weiterer Kundenkreis erreicht werden kann oder weil besonders lukrative Aufträge winken. Rasch kann dies jedoch in Abhängigkeiten umschlagen, die sodann mit hohen Provisionen ausgenutzt werden können.

Die Integration von Märkten kann dazu führen, dass Unternehmen Zugang zum Ökosystem benötigen, selbst wenn sie sich sonst den digitalen Plattformen gern verweigern, etwa weil sie durch starke Nachfrage bereits ausgelastet sind: Je digitaler die Leistungen, desto unausweichlicher wird die Zusammenarbeit mit den dominanten Digitalanbietern. Das eigene Angebot kann dann irgendwann nicht mehr selbstständig gesteuert werden, sondern wird in eine Wertschöpfungskette eingebunden. Handwerker werden zu Zulieferern für zentrale Betreiber eines digital kontrollierten Gesamtsystems. Je stärker das Ökosystem ist, desto leichter wird es sein, andere Unternehmen „wie ein Korallenriff" anzuziehen und also in das eigene Netzwerk zu integrieren.[64] Die Selbstständigkeit, die in der Definition des Handwerks immer noch mitschwingt, die Entscheidungssouveränität eines starken Mittelstands, der in Deutschland so wichtig ist, wird damit zunehmend in Frage gestellt.

Die digital ausgelöste Vernetzung verändert Geschäftsmodelle und wirtschaftliche Aussichten: Kunden entscheiden sich oft für ein bequemes

---

64 *Ezrachi/Stucke*, Virtual Competition, 2016, S. 149.

Ökosystem und schneiden sich damit selbst die Entscheidungshoheit über eine Vielzahl von ökonomischen Folgeentscheidungen ab. Unternehmen können zunehmend darauf angewiesen sein, ihre Leistungen in ein Wertschöpfungsnetzwerk (oder ein Ökosystem) einzubringen, das typischerweise von einem datenstarken IT-Unternehmen zentral gesteuert wird und auf dessen Profit es ausgerichtet ist. Für Handwerksbetriebe steht damit möglicherweise ein Wechsel an: Es kann sein, dass sie von unabhängigen Marktakteuren mit individuellen Leistungen für persönlich verbundene Kunden (klassisches Bild des Handwerks) zu einem austauschbaren Dienstleister werden, der im Rahmen einer vernetzten Wertschöpfungskette tätig wird. Die Leistung besteht dabei im Zweifel auf einer datenbasiert vorgegebenen Maßnahme, die vom zentralen Plattformbetreiber in Auftrag gegeben, vorgezeichnet und ausgewählt wird.

III. Risiken und Chancen

Die aufgezeigten Entwicklungen und Phänomene stellen Risiken und Chancen dar. Mit der Digitalisierung geht ein Umbruch im hergebrachten Wettbewerbsmodell der Marktwirtschaft einher. Das kann das Handwerk und die mittelständische Wirtschaft zwar besonders treffen, bietet aber auch Möglichkeiten der Weiterentwicklung. Die Digitalisierung wird nicht verschwinden. Wer sich anpasst, wird auch erfolgreich sein können. Ob die Digitalisierung eher Chance oder Risiko ist, hängt aber von den regulatorischen Rahmenbedingungen ab. Die Weichen werden jetzt gestellt.

1. Die Disruption des marktwirtschaftlichen Wettbewerbsmodells

Die Digitalisierung der Wirtschaft hat ein enormes Potential freigesetzt: Transaktionskosten wurden gesenkt, Effizienzen gehoben. Verbraucherwünsche können besser erfüllt werden. Die tiefgreifende Modernisierung, die mit der Digitalisierung in vielen Branchen einhergeht, ist ein willkommener Aufbruch. Nicht verschwiegen werden soll freilich, dass bislang – anders als bei bisherigen technologischen Revolutionen dieses Ausmaßes – kein Produktivitätssprung zu verzeichnen ist: Die Digitalisierung führt bislang nicht dazu, dass erheblich höherer Output bei gleichbleibendem Einsatz oder erheblich sinkende Kosten bei gleichbleibendem Output zu beobachten sind. Dieses Phänomen wird bereits als Produktivitätsparadox der Digitalisierung beschrieben.[65]

Plattformen, Daten und Vernetzung verändern aber das wettbewerbliche Modell, das der Marktwirtschaft in der EU und speziell auch in Deutschland zugrunde liegt.[66] Nach diesem Modell treffen sich Angebot und Nachfrage auf Märkten, wo sie – koordiniert durch die berühmte „unsichtbare Hand" – einen Preis bilden. Normative Basis für diesen ständig aufs Neue stattfindenden Marktprozess sind freie und gut informierte Entscheidungen der Marktakteure. Die besten Ergebnisse, sowohl ökonomisch (optimale Ressourcenallokation, Anreiz für Effizienz und Innovation, hohe Dynamik und neue Marktchancen u.a.) als auch normativ (größte Freiheitsverwirklichung, Gerechtigkeit durch Leistungsprinzip, faire Verhältnisse im Vertragsmechanismus u.a.), werden erzielt, wenn sich die Unternehmen im Wettbewerb um die Kunden bemühen. Bei diesem Prozess veranlassen Anbieter und Nachfrager den Austausch von Leistung und Gegenleistung. Das Unternehmen, das den Nachfrager am besten überzeugen kann, gewinnt im Wettbewerb; der Kunde ist der Schiedsrichter im Markt (Prinzip der Konsumentensouveränität).

a) Verlust der Kundenschnittstelle

Dieses Modell wird grundlegend verändert: Die Zuordnung von Leistung und Gegenleistung findet nicht mehr primär in der freien Begegnung am Markt statt, wo sich Nachfrager für ein Angebot entscheiden. Es wird vielmehr intensiv vom Betreiber der Plattform gesteuert. Wird über eine Plattform nachgefragt, können überhaupt nur noch solche Angebote eingesehen werden, die auf der Plattform vertreten sind. Diesen Zugang regelt der Plattformbetreiber (Gatekeeper) zu seinen Bedingungen. Bezieht sich die Leistung auf ein smartes Gerät oder eine vernetzte Leistung, sind nur noch solche Anbieter in der Auswahl, die Zugang zu dem dahinterstehenden (Daten-)Netzwerk haben.

Das trifft auch Handwerksbetriebe, die zwar die eigentlich erwünschte Leistung (z.B. die Reparatur der Heizung, die Einstellung des Hörgeräts, den Einbau im Wohnhaus, die Einrichtung der Kühlanlage usw.) erbringen. Sie verlieren aber die Kundenschnittstelle. Für die Leistungserbrin-

---

65 Vgl. *Ark*, The Productivity Paradox of the New Digital Economy, 2016.
66 Zum „Digitalwirtschaftsverfassungsrecht" siehe umfassend *Krönke*, Öffentliches Digitalwirtschaftsrecht, 2020, S. 35 ff.

gung sind sie darauf angewiesen, dass Dritte ihnen Zugang zum Kunden ermöglichen und ggf. Daten/Software zur Verfügung stellen bzw. deren Nutzung ermöglichen. Wettbewerb findet nicht mehr auf dem Markt mit Nachfragern im direkten Austausch statt, sondern wird an den Rand gedrängt: Handwerker müssen in diesem Modell darum kämpfen, Zugang zur Plattform, zum Netzwerk, zu den Daten zu erhalten. Ihr erster Ansprechpartner ist der Inhaber des Zugangscodes, nicht der Verbraucher oder Abnehmer, zu dem unter Umständen gar kein direkter Kontakt hergestellt wird.

b) Steuerung wirtschaftlicher Entscheidungen

Die Steuerung der Transaktionen durch den Inhaber des Zugangs zur Plattform oder zum digitalen Gerät lohnt eine nähere Betrachtung. Dieser Gatekeeper hat eine zentrale Steuerungsfunktion, die auf verschiedene Weisen ausgeübt werden kann:
– Wirtschaftliche Angebots- und Nachfrageentscheidungen werden gar nicht mehr erforderlich, da sie schon vorgenommen wurden.
– Die wirtschaftlichen Entscheidungen werden erheblich vorgeprägt, etwa durch Voreinstellungen, eine begrenzte Auswahl oder Hinführung zu bestimmten Vertragspartnern.
– Die für informierte wirtschaftliche Entscheidungen erforderlichen Informationen werden nicht oder nur lückenhaft zur Verfügung gestellt bzw. die Informationen werden selektiv zur Verfügung gestellt.
Ein typisches Mittel zur Steuerung von ökonomischen Entscheidungen ist das Ranking von Suchergebnissen, das enorm einflussreich für die Auswahlentscheidung des Kunden sein kann. Laut Studien, die von der Europäischen Kommission im Fall *Google Shopping* zitiert wurden, erhalten die ersten zehn Suchergebnisse etwa 95 % aller Klicks von Google-Nutzern.[67] So sind Websites (und Angebote) dem Google-Suchalgorithmus ausgeliefert: Wenn sie nicht in den ersten sieben Ergebnissen präsentiert werden, kann das Unternehmen pleitegehen. Durch vorgeschaltete Werbeplätze und Infoboxen wird die Click-Through-Rate für später gelistete

---

[67] Europäische Kommission, Pressemitteilung vom 27.6.2017, Kartellrecht: Kommission verhängt Geldbuße in Höhe von 2,42 Mrd. EUR gegen Google wegen Missbrauchs seiner marktbeherrschenden Stellung als Suchmaschine durch unzulässige Vorzugsbehandlung des eigenen Preisvergleichsdienst, abrufbar unter: http://europa.eu/rapid/press-release_MEMO-17-1785_en.htm.

(und typischerweise kleinere Unternehmen) noch stärker erschwert.[68] Ein anderes Mittel ist das Vorenthalten wesentlicher Daten, etwa maschinengenerierter Nutzungsdaten. Es handelt sich dabei um Gatekeeping-Probleme mit dem Potenzial zu diskriminierendem und strategischem Verhalten.

Systematisch wird so die Entscheidungsfreiheit und Informationshoheit der wirtschaftlichen Akteure untergraben. Sie sind immer weniger in der Lage, ökonomische Entscheidungen zu treffen und müssen vielmehr auf den Pfaden dahingleiten, die ihnen vorgegeben werden. Für Verbraucher ist das häufig bequem, sie müssen nur den Vorgaben folgen. Für Unternehmer ist es eine erhebliche Einschränkung ihrer Wettbewerbsfreiheit. Pikanterweise kann von beiden Gruppen mangels Information nicht einmal mehr erwartet werden, dass sie das überhaupt kritisch hinterfragen – die Transaktionen bleiben eine Black Box, da die einzige Informationsquelle in der Regel der Gatekeeper ist, der die Steuerung der Informationen in seinen Händen hat. So verlieren Märkte auch ihre zentrale Signalfunktion: Wer beispielsweise als Dachdecker seine Leistungen über eine digitale Plattform anbietet oder wer Haushaltsgeräte nur noch als Vertragspartner eines Smart Home-Universums betreibt, erhält langfristig keine Signale zur Zahlungsbereitschaft der Abnehmer mehr. Es kommt zu einem Verlust ökonomischer Autonomie.[69] Das ist normativ bedenklich, da das marktwirtschaftliche Wirtschaftssystem auf der freien Entscheidung der souverän handelnden Marktteilnehmer basiert. Es ist ökonomisch bedenklich, da wesentliche Signale und Parameter nicht mehr durch die Entscheidung der unmittelbaren Leistungserbringer ausgesendet werden, sondern durch einen Intermediär vermittelt werden. Nicht mehr der individuelle Nachfrager ist „Schiedsrichter im Wettbewerb", sondern der Zugangsvermittler.

c) Abkehr vom Wettbewerbsparadigma

Wolfgang Fikentscher und Knut Borchardt haben Wettbewerb definiert als

> „das selbständige Streben sich gegenseitig im Wirtschaftserfolg beeinflussender Anbieter oder Nachfrager (Mitbewerber) nach Geschäftsver-

---

68 Ein instruktives Beispiel liefert LG München I, 10.2.2021, Az. 37 O 15720/20 und 37 O 15721/20, WuW 2021, 190 – *Nationales Gesundheitsportal*.

69 Vgl. *Podszun*, GRUR 2020, 1268, 1274.

45

bindungen mit Dritten (Kunden) durch Inaussichtstellen möglichst günstiger Geschäftsbedingungen."[70]

Dieses Ringen im Wettbewerb miteinander setzt voraus, dass der Zugang zu den potentiellen Geschäftsverbindungen mit Dritten überhaupt möglich ist.

Je stärker die Macht des Dateninhabers oder Gatekeepers ist, desto abhängiger werden Leistungserbringer, wie etwa Handwerksbetriebe, von diesem. Die Konzentrationstendenzen, die Plattformen aufgrund der Spiralwirkung von Netzwerkeffekten innewohnen, sind daher Gift für den freien Zugang zum Kunden. Das gleiche gilt für die Abschottungsmöglichkeiten bei smarten Produkten: Allein die technische Möglichkeit, Zugang auf einfache Weise zu verhindern, verschiebt die Rolle des Handwerkers. Der Fahrzeugmechaniker, der früher einfach die Motorhaube öffnen konnte, braucht nun den Zugangscode zum Fahrzeugcomputer. Die Marktzutrittsschranken sind also erheblich erhöht worden, insbesondere für kleinere und mittlere Unternehmen. Einige Plattformanbieter, insbesondere die GAFAs, können sich aufgrund ihrer Markt- und Finanzmacht gegen wettbewerbliche Angriffe hingegen schon immunisieren. Die Idee, dass sich im Wettstreit um das beste Preis-Leistungsverhältnis der effizienteste und innovativste Handwerksbetrieb durchsetzt, wird damit immer stärker zurückgedrängt. An die Stelle tritt ein datenbasiertes, gesteuertes Zuteilungssystem, in dem nicht mehr der individuelle Verbraucher, sondern ein zentraler Softwareoperateur die Entscheidungen trifft.[71] Es findet eine Abkehr von dem selbstständigen Ringen um potentielle Geschäftsverbindungen zu Dritten, wie Fikentscher/Borchardt es formuliert hatten, statt: Das Wettbewerbsparadigma wird zurückgedrängt.

Wettbewerbliche Gefahren sind insbesondere dort groß, wo Intermediäre zugleich Leistungserbringer sind (etwa wenn der industrielle Hersteller eines smarten Produkts zugleich darauf bezogene Dienstleistungen anbietet) oder wenn die Netzwerkeffekte bei einer Plattform so stark sind, dass Märkte „kippen". Es kommt zu einem „tipping", wobei nur ein relevanter Anbieter übrig bleibt.[72] Im Sinne einer „Winner takes it all"-Konstellation

---

70 *Borchardt/Fikentscher*, Wettbewerb, Wettbewerbsbeschränkung, Marktbeherrschung, 1957, S. 15.

71 Vgl. *Podszun*, Gutachten F zum 73. Deutschen Juristentag, 2020, S. F40 ff.

72 Bundeskartellamt, The Market Power of Platforms and Networks, Arbeitspapier, 2016, S. 8 f.; *van Gorp/Batura*, Challenges for Competition Policy in a Digitalised Economy, Studie für das ECON Komitee, 2015, S. 67; *Katz/Shapiro*, 8 The Journal of Economic Perspectives, 106 (1994).

kann dieser Anbieter in der Folge die wesentlichen Marktentscheidungen prägen.[73] Die Suchmaschine von Google hat sich beispielsweise so durchgesetzt. Der Intermediär ist in solchen Fällen in der Position, alle Marktseiten kontrollieren und steuern zu können, etwa durch selektive Informationsbereitstellung.

Peter Thiel, ein wichtiger Investor im Silicon Valley, hat die dahinterstehende ökonomische Philosophie auf den Punkt gebracht: „Competition is for losers."[74] Damit ist gemeint, dass die daten- und plattformgestützten Geschäftsmodelle gar nicht darauf eingerichtet sind, längerfristig in einem Wettbewerbsmodell um Kunden zu kämpfen. Sie sollen vielmehr durch schnelles, aggressives Wachstum eine Monopolstellung erringen, die dann in der Folge monetarisiert werden kann. Verbunden wird diese Sichtweise mit einem Glauben an datenbasierte Zuteilung als ein Modell der Verteilung knapper Ressourcen, das dem freien Wettbewerbsmodell überlegen sein soll (sog. Marktdesign).[75]

Die Wiederherstellung von Wettbewerb wird dadurch erschwert, dass sich marktmächtige Unternehmen besonders gut absichern können. Dazu dient vor allem die Einbindung in Ökosysteme mit Lock-in-Effekten und hohen Wechselkosten für diejenigen, die zu anderen Anbietern wechseln wollen.[76] Ist einmal das erste smarte Gerät eines Herstellers installiert, liegt es nahe, weitere kompatible Geräte zu installieren – so wächst die Bindung an einen Hersteller. In ähnlicher Form wächst die Abhängigkeit von einem Betreiber eines digitalen Ökosystems, wenn immer mehr Dienste aufeinander abgestimmt werden, wie beispielsweise bei einem Apple-dominierten IT-Universum.

Im Ergebnis führen die hier skizzierten Tendenzen dazu, dass die Kernfunktion von Märkten, das Zusammenführen von Angebot und Nachfrage samt Ermittlung des Preises, immer weiter in die Einflusssphäre des Intermediärs verschoben wird. Der Einfluss der eigentlichen Leistungserbringer (z.B. die Dachdeckerin, der Installateur) und der Verbraucher wird zurückgedrängt.

Der Leistungswettbewerb wird dadurch geschwächt, da es nicht mehr der unmittelbare Leistungsempfänger ist, der die Selektionsaufgabe des

---

73 *Podszun/Kreifels*, EuCML 2016, 33, 38; *van Gorp/Batura*, Challenges for Competition Policy in a Digitalised Economy, Studie für das ECON Komitee, 2015, S. 8.
74 *Thiel*, Competition is for Losers, Wall Street Journal, 12.9.2014.
75 Vgl. *Roth*, Who gets what – and why?, 2015.
76 *Haucap/Heimeshoff*, Google, Facebook, Amazon, eBay: Is the Internet Driving Competition or Market Monopolization?, DICE Discussion Paper No. 83, 2013, S. 8.

Wettbewerbs ausführt, sondern der Intermediär. Damit werden zwar Effizienzen bei der Anbahnung der Transaktion gehoben. Auf der Ebene der digitalen Vermittlung liegen auch erhebliche Innovationen vor. Effizienzen und Innovationen bei der Leistungserbringung bleiben jedoch außer Betracht. Außerdem kommt es zu einem Verlust wirtschaftlicher Chancen und freier Betätigungsräume, wenn immer mehr Entscheidungen vorgeprägt oder abgenommen werden. Das „offene Entdeckungsverfahren" des Wettbewerbs (um eine Formulierung von Friedrich von Hayek aufzugreifen) wird außer Kraft gesetzt.[77]

2. Chancen des Handwerks

Die bisherigen Ausführungen könnten für das Handwerk so gedeutet werden, dass eine wenig verheißungsvolle Zukunft bevorsteht. Das wäre allerdings eine Fehlinterpretation. Auch die Digitalisierung wird die jahrtausendealte Tradition des Handwerks nicht zum Verglühen bringen. Es ändern sich jedoch die ökonomischen Rahmenbedingungen und damit Verdienstmöglichkeiten. Die Herausforderungen sind real, auch wenn sie in manchen Branchen so noch nicht spürbar geworden sind.

Die Enquetekommission NRW stellte 2017 fest:

„Global agierende Unternehmen sind bereits in Handwerksbranchen vorgedrungen: Amazon vermittelt seit dem Jahr 2015 Handwerkerleistungen in den USA. Auch Google beschäftigt sich mit vernetzter Haustechnik. Wenn sich in der Folge milliardenschwere Konzerne mit neuen, teilweise disruptiven – also schnell verdrängenden – Geschäftsmodellen befassen und so in Bereichen tätig werden, die bislang dem Handwerk vorbehalten waren, müssen sich auch die mittelständisch geprägten Handwerksbetriebe und deren Beschäftigte in Nordrhein-Westfalen diesen Entwicklungen stellen. Ein Blick auf andere Dienstleistungsbranchen wie das Taxigewerbe (Uber), die Hotelbranche (Airbnb) oder den Einzelhandel (Amazon) mit einem stark steigenden Umsatzanteil des Online-Versandhandels machen deutlich, wie schnell etablierte Marktteilnehmer durch digitale Geschäftsmodelle unter Druck geraten können, wenn sie sich nicht früh genug und in geeigneter Weise mit der Digitalisierung auseinandersetzen."[78]

---

77 *Hayek*, Wettbewerb als Entdeckungsverfahren, 1968.
78 Enquetekommission NRW, 2017, LT-Drucks. 16/14200, S. 60.

Diese Warnung ist nach den Feststellungen bislang berechtigt. Es ist hier nicht der Ort, um Ratschläge zu erteilen. Allerdings lassen sich aus der Parallelwertung zu den bisherigen Entwicklungen in der digitalen Wirtschaft durchaus auch Chancen für das Handwerk aufzeigen:

– Handwerkliche Leistungen sind häufig gekennzeichnet durch hohe Individualität der Leistungserbringung, starken Material- und Produktbezug sowie einen direkten Kundenkontakt bei der Leistungserbringung. Das wird sich nur in einigen wenigen Teilbereichen ändern, soweit Fernwartung möglich ist. Damit bleibt im Kern aber die handwerkliche Leistung gleich. Hinzukommt, dass individuelle Leistungen und ein persönlicher Kontakt geschätzt werden – künftig möglicherweise sogar wieder stärker als bislang.

– Handwerkliche Betriebe sind durch hohe Innovationskraft in der Anwendung und durch große Flexibilität dank meist kleiner Einheiten gekennzeichnet. Diese Dynamik ermöglicht rasche Umstellungsprozesse und eine selbstbestimmte Steuerung der Anpassung. Damit sind Handwerksbetriebe im Vorteil gegenüber „großen Tankern" oder Leistungserbringern in verkrusteten Strukturen, die vom Wandel schlicht überrollt werden.

– Die digitale Entwicklung ist noch offen. Zwar sind die ersten Schritte gegangen, es ist aber noch längst nicht ausgemacht, welche Plattformen oder Datenformate sich durchsetzen. Eine beherzte, unternehmerische Reaktion kann hier die Marktchancen der Handwerksbetriebe wahren und sie zu Profiteuren der Digitalisierung machen. Dabei besteht der Vorteil, dass angesichts der zahlreichen Vorerfahrungen das Handwerk nicht blind in die Digitalisierung stolpert. Vor dem besinnungslosen Hinterherhecheln von „Hypes" dürften Handwerksbetriebe genauso gefeit sein wie vor der „Schockstarre", die manch traditionelle Unternehmen früher beim Thema Digitalisierung erfasst hat.

Die Möglichkeiten müssen aber ergriffen werden.[79] Dabei werden Kooperationen, Digitalisierungsinitiativen, Aktivitäten der Verbände und Kammern wichtig sein. Positiv ist, dass bei den Gesetzgebern in Deutschland und in der EU inzwischen eine hohe Sensibilität für die Thematik gegeben ist. Werden die regulatorischen Weichen jetzt richtig gestellt, kann die di-

---

79 Zu den Herausforderungen siehe Handwerkskammer Erfurt, Auswirkungen der Digitalisierung auf das Handwerk, 2018, Enquetekommission NRW, 2017, LT-Drucks. 16/14200, S. 60; siehe auch *Ax*, Erhalt und Verbesserung der Wettbewerbsfähigkeit des Handwerks – unter besonderer Berücksichtigung der Digitalisierung, 2016, S. 48 ff.

gitale Disruption vom Handwerk zumindest auch als Chance begriffen werden.

3. Die rechtspolitische Diskussion

Die Enquetekommission des Landtags NRW gab politische Empfehlungen, die in gewisser Weise auch als rechtspolitische Leitsterne für die vorliegende Schrift angesehen werden können. So heißt es in den Empfehlungen unter anderem:

> „Die Enquetekommission empfiehlt der Landesregierung darauf hinzuwirken, dass die wettbewerbsrechtlichen Rahmenbedingungen für die digitale Wirtschaft mittelstandsfreundlich gestaltet werden. (…) Grundlegend für einen fairen Leistungswettbewerb ist insbesondere, dass die Kundinnen und Kunden die Hoheit über ihre Daten behalten und handwerkliche Unternehmen mit der Wartung und Reparatur von Geräten und Fahrzeugen unter Nutzung der relevanten Daten beauftragen können. (…) Die Enquetekommission empfiehlt, das deutsche wie das europäische Wettbewerbs- und Kartellrecht auf die neuen Gegebenheiten der globalen Plattformökonomie anzupassen. Damit mittelständische Unternehmen die Chancen der Globalisierung, Europäisierung und Digitalisierung ergreifen können, gehört dazu insbesondere, dass regelmäßig die Marktmacht international tätiger Internetkonzerne geprüft und faire Wettbewerbsbedingungen für KMU so ausgestaltet werden, dass Marktvielfalt erhalten und die Verbraucherinteressen geschützt bleiben. Gleichzeitig soll die in Unternehmen konzentrierte Informations- und Datenmacht sowie der Umgang eines Unternehmens mit diesen Informationen als Prüf- und Genehmigungskriterium berücksichtigt werden."[80]

Es wird im Folgenden gezeigt, dass Zugang die Schlüsselfrage für das Handwerk in regulatorischer Hinsicht ist. Die Gesetzgeber in Brüssel und Berlin haben bereits eine Vielzahl von Initiativen entwickelt, um die Plattform- und Datenökonomie regulatorisch zu erfassen.

Konzeptioneller Ausgangspunkt für Zugangsfragen ist das Kartellrecht, das den freien Wettbewerb sichert. Es ist in Art. 101, 102 AEUV auf europäischer Ebene und im Gesetz gegen Wettbewerbsbeschränkungen auf

---

80 Enquetekommission NRW, 2017, LT-Drucks. 16/14200, Empfehlungen Nr. 4, 6, 25 (jew. Auszüge).

deutscher Ebene geregelt. Beispielsweise dürfen marktbeherrschende Unternehmen ihre Marktmacht nicht missbrauchen, um andere Unternehmen von nachgelagerten Märkten auszuschließen oder als Gatekeeper zu diskriminieren.[81]

– In Deutschland ist das Kartellrecht zum Jahr 2021 reformiert worden. Leitend war dabei der Gedanke, die Auswüchse der Plattform- und Datenökonomie besser zu regulieren.[82]
– Auf europäischer Ebene hat die Europäische Kommission einen Digital Markets Act vorgeschlagen, der eine Liste verbotener Praktiken für Gatekeeper vorsieht.[83]
– Schon in Kraft ist die sog. P2B-Verordnung, die das Verhältnis von Plattformen zu gewerblichen Nutzern regelt und vor allem Transparenzpflichten vorsieht.[84]
– Die EU und die Bundesregierung haben jeweils Datenstrategien vorgelegt.[85]

Noch 2017 hat das Bundesministerium für Verkehr und digitale Infrastruktur eine Studie zu den Datenflüssen im Mobilitätssektor vorgelegt.[86] Sie steht beispielhaft für den Stand der rechtspolitischen Diskussion (der sich allerdings, zugegebenermaßen, ständig weiterentwickelt). Einer der in der Studie behandelten *use cases* entspricht dem eingangs bereits zitierten Reparaturbeispiel:

> „Herr Mustermann ist Eigentümer eines Autos. Während er fährt, meldet sein Auto eine Motorstörung, zeigt sie ihm an und sendet sie zugleich automatisiert an den Hersteller. Seine Werkstatt kontaktiert Herrn Mustermann nach der Fahrt, um einen Service-/Wartungstermin zu vereinbaren."[87]

---

81 Vgl. *Jones/Sufrin*, EU Competition Law, 6. Auflage 2016, S. 559 ff.
82 GWB-Digitalisierungsgesetz, BGBl. I, Nr. 1, S. 2 v. 18.1.2021.
83 Europäische Kommission, 15.12.2020, Vorschlag für eine Verordnung des Europäischen Parlaments und des Rates
über bestreitbare und faire Märkte im digitalen Sektor (Gesetz über digitale Märkte), COM(2020) 842 final (Digital Markets Act, DMA).
84 Verordnung (EU) 2019/1150 des Europäischen Parlaments und des Rates vom 20. Juni 2019 zur Förderung von Fairness und Transparenz für gewerbliche Nutzer von Online-Vermittlungsdiensten.
85 Europäische Kommission, 19.2.2020, Eine europäische Datenstrategie, COM(2020) 66 final; Datenstrategie der Bundesregierung, 27.1.2021.
86 Bundesministerium für Verkehr und digitale Infrastruktur, „Eigentumsordnung" für Mobilitätsdaten?, 2017.
87 Bundesministerium für Verkehr und digitale Infrastruktur, „Eigentumsordnung" für Mobilitätsdaten?, 2017, S. 21.

Interessanterweise werden in der Behandlung dieses Beispiels die ökonomischen Interessen der Werkstatt gänzlich außer Acht gelassen. Die Fahrzeugdaten werden an den Hersteller des Fahrzeugs geleitet, der die für die Reparatur erforderlichen Daten an die Werkstatt weiterleitet. Hervorgehoben wird, dass die Werkstatt die Diagnosedaten bereits erhält, bevor der Kunde eintrifft und sich entsprechend passgenau vorbereiten kann. Dass die Werkstatt den direkten Kundenkontakt verliert und auf den Gatekeeper, hier den Fahrzeughersteller, angewiesen ist, um überhaupt einen Auftrag zu erhalten, wird nicht näher als Eingriff in die unternehmerischen Chancen des Handwerks thematisiert. Im Gegenteil heißt es unter der Überschrift „Ökonomische Betrachtung":

> „Durch eine Verknüpfung der Sensor- bzw. Diagnosedaten mit den jeweiligen Kundendaten und die Einbindung einer Werkstatt ergibt sich für den Hersteller zudem die Möglichkeit, eine engere Kunden- bzw. Markenbindung herzustellen."[88]

Positiv hervorgehoben wird zudem, dass die Werkstatt

> „ausschließlich Zugriff auf die im Rahmen des Auftrags übermittelten Daten sowie die während des Werkstatttermins „offline" vom Fahrzeug (via Diagnoseschnittstelle) und vom Kunden erhobenen Daten hat. Sie hat keinen Zugriff auf weitere beim Fahrzeugherstelle gespeicherte Kunden- oder Fahrzeugdaten."[89]

Das Beispiel ist realistisch. Seine Behandlung zeigt jedoch die Notwendigkeit, im politischen Raum noch stärker für die Interesse des freien Wettbewerbs zu werben: In geradezu außergewöhnlicher Weise wird verkannt oder ignoriert, welche Folgen die plattformbasierte Abwicklung des Reparaturfalls für das Handwerk hat. Es wird nicht angesprochen, dass die Werkstatt in dem Beispiel in komplette Abhängigkeit vom Hersteller geraten kann und so ihre Selbstständigkeit im Wettbewerb verliert. Das Wettbewerbsparadigma – Wettbewerb als Ringen um den Zuschlag des Kunden durch die beste Leistung – wird für diese Ebene außer Kraft gesetzt. Dass das auch negative volkswirtschaftliche Wirkungen haben kann, bleibt unberücksichtigt.

---

88 Bundesministerium für Verkehr und digitale Infrastruktur, „Eigentumsordnung" für Mobilitätsdaten?, 2017, S. 23.
89 Bundesministerium für Verkehr und digitale Infrastruktur, „Eigentumsordnung" für Mobilitätsdaten?, 2017, S. 23.

Zudem wird die Datenweitergabe unterkomplex dargestellt. Je weniger Daten transferiert werden, desto besser – so die Stoßrichtung. Um welche Art von Daten es geht, ob überhaupt ein Personenbezug vorliegt, welche sonstigen Schutzinteressen entstehen könnten oder ob der Kunde möglicherweise ein Interesse daran hat, dass seine Werkstatt möglichst viele Daten erhält, wird ausgeblendet. Damit gerät außer Blick, dass die Verfügbarkeit von Daten wesentlich für die weitere Entwicklung sein kann – sei es zur Wahrnehmung geschäftlicher Chancen durch die Handwerksbetriebe oder für Innovationen. Gerade der Innovationsgedanke sollte eine Triebfeder der Datenstrategien sein: Die Entdeckungen und Erfindungen, die durch Datenauswertung möglich sind, müssen genutzt werden können. Dazu müssen Daten aber auch zugänglich sein.

Die Debatte muss diese beide Punkte erheblich besser reflektieren, als es in dem hier zitierten Beispiel geschehen ist.

Bei der Schaffung von Zugangsansprüchen sollte der Blick daher auf die Frage gerichtet werden: Wer ist der Erbringer der eigentlich nachgefragten Leistung (*Modell des Leistungswettbewerbs*) und wen wünscht sich der Kunde als seinen Dienstleister (*Modell der Konsumentensouveränität*)? Die Antworten auf diesen Fragen muss der Markt liefern, nicht ein datenbasierter Algorithmus in den Händen des Inhabers eines digitalen Schlüssels. Folglich müsste jeder Zugang erlangen, der die nachgefragte Leistung erbringen will und der vom Kunden damit beauftragt wird. Nur so kann das Wettbewerbsprinzip verwirklicht werden und die Entscheidungshoheit der Akteure (Verbraucher wie Leistungserbringer) erhalten bleiben. Das Wettbewerbsprinzip war über Jahrzehnte der Garant für Effizienz, Fortschritt und Wohlstand in der deutschen Volkswirtschaft. Es hat nicht ausgedient.

Der Politik ist Folgendes deutlich zu machen: Am Ende ist es nicht die Vermittlungsleistung eines IT-Unternehmens, die für eine warme Wohnung sorgt, sondern die Reparatur der Heizung durch den Installateur. Das Dach wird nicht durch ein paar Klicks gedeckt, sondern durch den Einsatz der Dachdeckerin. Vermittler und Dateninhaber bieten wertvolle Dienste an, doch sind dies Hilfsdienste, um das zu ermöglichen, was unmittelbar den Bedarf des Kunden deckt. Eine Dominanz des digitalen Hilfsdienstes gegenüber der realen Leistungserbringung wäre eine groteske Verzerrung dessen, was der Nachfrager sucht. Das muss sich auch in den rechtlichen Rahmenbedingungen spiegeln.

B. Zuordnung und Zugang im geltenden Recht

In der digitalen Ökonomie werden Marktabschottungen zum Problem, weil es einige neuralgische Punkte in der Wertschöpfungskette gibt, die von einzelnen Unternehmen, Gatekeepern, besetzt werden können. Das zentrale Thema für andere Unternehmen ist: Zugang. Der Zugang zu Kunden und Märkten belebt den Wettbewerb. In den beispielhaften Szenarien, die in A.2 skizziert wurden, ist für Handwerksunternehmen Zugang das Schlüsselthema. Die rechtliche Einordnung von Zugang führt ins Feld der Zuordnung von Ressourcen und Gegenständen zu bestimmten Personen und zu den vielfältigen Zugangsansprüchen, durch die der Ausschluss anderer von der Nutzung überwunden wird.

Im Folgenden wird Zuordnung als rechtliches Thema beleuchtet (B.I). Ein Wechsel in der Zuordnung und die Gewährung von Zugang funktionieren primär über vertragliche Mechanismen (B.II). Gelegentlich wird aber auch mit hoheitlichen Zugangsansprüchen eingegriffen (B.III).

I. Zuordnung

Wenn es um die Verteilung von unternehmerischen Chancen geht, ist das Idealbild in einer wettbewerblich strukturierten Marktwirtschaft geprägt von großer Offenheit: „Möge der Beste gewinnen!", ist der Leitspruch derjenigen, die sich einer freien Koordination der Kräfte am Markt, wie im Modell von Ökonomen seit Adam Smith beschrieben, verpflichtet fühlen.

Zugang wird nicht ungehindert gewährt. Es gibt rechtliche und faktische Exklusivitätspositionen, die Zugang vereiteln können. Dem Zugang aller steht der Zugriff Einzelner gegenüber, der durch die faktische oder rechtliche Zuordnung gewährt wird.[90]

---

90 Instruktiv die diversen Beiträge in Jahrbuch Junger Zivilrechtswissenschaftler 2005, Zugang und Ausschluss als Gegenstand des Privatrechts, 2006. Zu Daten siehe *Fritzsche* in: FS Harte-Bavendamm, 2020, S. 33 ff.; *Specht/Kerber*, Datenrechte, 2017, S. 17 ff. Grundlegend *Wielsch*, Zugangsregeln, 2008, der Zugangsregeln als „Garantie dezentraler Wissensteilung" versteht (S. 6) und leitet daraus die Forderung einer „Konstitutionalisierung wissensteiliger sozialer Prozesse" ab (S. 273). Für Zugang in der Datenökonomie lässt sich daraus wohl die Forderung

1. Ausschluss als faktische und rechtliche Möglichkeit

Vorrangstellungen, die den freien Zugang erschweren, ergeben sich aus verschiedenen Quellen. Ausschluss kann faktisch und rechtlich begründet werden: Ein Ausschluss kann etwa darüber erfolgen, dass spezielle, herstellerspezifische Werkzeuge für die Arbeiten erforderlich sind, auf welche manche Handwerker schlicht keinen Zugriff haben. Als Werkzeug kommt zunehmend Software zum Einsatz, die für die Durchführung von Reparaturen erforderlich wird, beispielsweise um ein Ersatzteil in ein bestehendes Gesamtsystem einzubinden. So hat etwa Apple mit dem iPhone 12 eine Sperre eingeführt, welche die Funktionalität des Gerätes beschränkt, wenn ein Ersatzteil nicht mit Apples eigener Software aktiviert wird – selbst, wenn es sich um ein originales Bauteil handelt.[91]

Für bestimmte Reparaturen können Daten/Informationen erforderlich sein, etwa Sensordaten des Gerätes oder Protokolle über die bisherige Nutzung. Insbesondere relevant ist dies für den Bereich der vorausschauenden Wartung, in welchem der Tausch bestimmter Verschleißteile oder andere Wartungsarbeiten in Abhängigkeit von der tatsächlichen Intensität der Nutzung erfolgt. Wer die Daten nicht auslesen kann, ist ausgeschlossen.

Ein Ausschluss kann auch erfolgen, wenn der Zutritt auf eine Plattform verweigert wird, indem die Einrichtung eines Kundenkontos verwehrt wird. Die Verschlüsselung von APIs[92], also Schnittstellen, ist ein weiteres Modell, um andere von Nutzungsmöglichkeiten auszuschließen.

In diesen Konstellationen stellt sich die Frage, was die Parteien überhaupt ermächtigt, Dritte auszuschließen – immerhin wird damit das freie Wettbewerbsmodell ausgebremst.

a) Faktische Herrschaft

An erster Stelle steht eine rein faktische Zuordnung im Sinn einer tatsächlichen Herrschaft über die Sachen, die Zugang vermitteln können: Wer Zugang zu einem Fahrzeug haben will, muss das Fahrzeug erst einmal in

---

ableiten, Macht und subjektive Rechte durch weitgehende Nutzungs-/Zugangsmöglichkeiten zu kompensieren.

91 https://de.ifixit.com/News/45921/is-this-the-end-of-the-repairable-iphone; https://www.connect.de/news/iphone-12-reparatur-kamera-display-apple-3201278.html; https://9to5mac.com/2020/10/30/iphone-12-camera-repair/.

92 API steht für application programming interface. Damit wird die Schnittstelle bezeichnet, über die zwei Programme miteinander kommunizieren können.

seinen Einflussbereich bringen: Tatsächliche Sachherrschaft – Besitz im Sinne von § 854 BGB – ist die unmittelbarste Form des Zugriffs und damit des möglichen Ausschlusses Dritter. Das Konzept von Herrschaft über eine Sache ist geprägt von der Vorstellung vertretbarer Sachen im Sinne von § 91 BGB: Bewegliche Gegenstände, die anfassbar, zählbar, messbar sind – so wie ein Auto.

Eine faktische Herrschaft kann sich auch in der Plattformökonomie über den Besitz bestimmter Geräte ergeben, z.B. in Form eines Smartphones, eines Chips, eines Datenträgers oder eines Tokens. Die Sachherrschaft darüber liegt häufig beim Endverbraucher.

Faktische Herrschaft (noch ohne rechtliche Zuordnung) kann sich aber auch an Daten oder Softwareprogrammen ergeben. Entgegen der konzeptionellen Vorstellung von überall verfügbaren Daten sind diese faktisch eben nicht frei verfügbar. Sie sind vielmehr regelmäßig geschützt gespeichert, etwa in einer Cloud. Zugang zu den Daten ist nur für den möglich, der das Login kennt, ein Passwort oder eine andere Form von digitalem Schlüssel hat. Faktischen Zugriff hat derjenige, der die Daten erhebt und speichert.

In allen genannten Fällen ist diese rein faktische Herrschaftsmacht unabhängig von der rechtlichen Frage, ob diese Macht zurecht besteht.

b) Rechtliche Zuordnung

Zugriff kann rechtlich vermittelt sein. Aufbauend auf der faktischen Herrschaft kann rechtliche Herrschaft gewährt werden. Die entsprechende Zuordnung kann der Gesetzgeber vornehmen. Sie kann aber auch privat durch autonome Vereinbarungen gesetzt sein.

Exklusive Rechte entstehen bei unkörperlichen Gegenständen wie etwa Daten nicht automatisch durch die Kreation oder die Datenerhebung an sich. Wer eine Software programmiert, ist nicht automatisch rechtlich befugt, andere von der Nutzung eben dieser Software auszuschließen. Wer Daten erhebt, speichert oder auswertet, ist nicht automatisch befugt, diese Daten zu nutzen oder gar exklusiv zu nutzen. Für Daten, Informationen und Ideen gelten spezifische Zuordnungsregime, die im Folgenden dargestellt werden. Die faktische Ebene ist von der rechtlichen Bewertung klar zu trennen.

c) Rechte an Daten

In den vergangenen Jahren wurde immer wieder diskutiert, welche rechtliche Zuordnung an Daten vorgenommen werden soll – und welche bereits besteht. Modelle wie „Dateneigentum" werden teilweise als Lösung für das Zugangsproblem empfohlen. Schon jetzt gilt es, bei Daten zu differenzieren: Teilweise entsteht auch nach geltendem Recht ein exklusiver Schutz.

Fraglich ist, welche Rechte einen Ausschluss Dritter von dem Zugriff und der Nutzung von Datensätzen ermöglichen. Untersucht werden hierbei Daten, welche etwa von Sensoren in Geräten über den Nutzungszeitraum beim Endkunden generiert werden (z.B. Fahrzeugdaten) oder Protokolldaten in Steuerungscomputern von Geräten über die Nutzung (etwa wie oft ein Aufzug mit welchem Gewicht welche Strecken beim Kunden gefahren ist).

aa) Eigentum

Einen eigentumsartigen Schutz wie nach § 903 BGB gibt es für bloße Informationen oder Rohdaten als solche nicht, es handelt sich nicht um körperliche Sachen im Sinne des § 90 BGB.[93]

Anderes gilt für den Datenträger als solchen, also die konkrete Festplatte/SSD, auf welcher die Informationen gespeichert sind. Hier sind die Sacheigenschaft und damit die Möglichkeit, Eigentum daran zu haben, zu bejahen. Allerdings bezieht sich dieser Schutz zunächst nur auf den Datenträger als solchen ohne einen gesonderten Schutz der gespeicherten Informationen.[94] In der Praxis werden Daten außerdem in der Regel vielfach gesichert und auf mehreren Datenträgern verteilt, die wiederum in dezentralisierten Rechenzentren von häufig externen Anbietern betrieben werden. Anhand des bloßen Sacheigentums an einem Datenträger eine Ausschließbarkeit abzuleiten, ist somit nicht zielführend.

---

93 *Ellenberger* in: Palandt, 80. Auflage 2021, § 90 BGB Rn. 1; *Stresemann* in: MüKo-BGB, Band 1, 8. Auflage 2018, § 90 Rn. 1.
94 *Schur*, Die Lizenzierung von Daten, 2020, S. 40; *Sieber*, NJW 1989, 2569, 2573; *Redeker*, NJW 1992, 1739; *Specht*, CR 2016, 288, 292; *Peukert* in: FS Schricker, S. 149, 151; *Hoeren/Völkl* in: Hoeren, Big Data und Recht, 2014, S. 16; *Zech*, Information als Schutzgegenstand, 2012, S. 334 f.; *Stresemann* in: MüKo-BGB, Band 1, 8. Auflage 2018, § 90 Rn. 25; *Fritzsche* in: BeckOK-BGB, 56. Edition 2020, § 90 Rn. 25; für mögliche Auswirkungen des Sacheigentums auf die Erhebung von Daten siehe aber *Raue*, NJW 2019, 2425.

Ob darüber hinaus ein eigentumsartiges Recht auch für Daten selbst bestehen kann, wird vielfach diskutiert, ist im Ergebnis aber abzulehnen.

Daten haben einen vermögenswerten Charakter und können zudem räumlich abgegrenzt und beherrscht werden, womit sie als Gegenstände einzuordnen sind.[95] Der Mehrwert von elektronischen Daten liegt in der Darstellung von Information.[96] Problematisch ist bei Daten jedoch das Kriterium der Körperlichkeit. Das Eigentumsrecht dient dem Schutz der für körperliche Gegenstände charakteristischen Exklusivität des Zugangs, Rivalität und Abnutzbarkeit.[97] Daten können ohne Abnutzung von einer Vielzahl von Personen verwendet und unproblematisch vervielfältigt werden,[98] wodurch sie diese Kriterien nicht erfüllen. Daten können damit keine körperlichen Gegenstände und folglich keine Sachen sein, womit ein Dateneigentum nach § 903 BGB ausgeschlossen ist.

Mit Blick auf einige strafrechtliche Normen, welche den Informationsgehalt von Daten ähnlich dem Eigentum unter Schutz stellen (so wird etwa die Datenveränderung gemäß § 303a StGB ähnlich der Sachbeschädigung gemäß § 303 I StGB bestraft) wird teilweise vertreten, § 903 BGB dennoch für Daten analog anzuwenden.[99]

Eine analoge Anwendung von Normen kommt in Betracht, wenn der Sachverhalt unter eine Regelungslücke fällt und diese Lücke zudem planwidrig, also vom Gesetzgeber so nicht beabsichtigt ist; außerdem muss auch eine vergleichbare Interessenlage zwischen dem geregelten und ungeregelten Sachverhalt bestehen.[100]

Es fehlt aber nicht an einer planwidrigen Regelungslücke: Dem Gesetzgeber ist das Thema bekannt, er hat bislang darauf verzichtet, eine Regelung zu erlassen. Im Gegenteil war bei Schöpfung geistiger Eigentumsrechte der erklärte Wille, Informationen und Ideen von Schutzrechten freizuhalten. Der umfassende Schutz bestimmter geistiger Schöpfungen und Gü-

---

95 Arbeitsgruppe „Digitaler Neustart" der Konferenz der Justizministerinnen und Justizminister der Länder, Bericht vom 15.5.2017, S. 33.

96 *Buchner* in: Hoeren/Sieber/Holznagel, Multimedia-Recht, 54. EL 2020, Teil 18.4 Rn. 51.

97 *Zech*, Information als Schutzgegenstand, 2012, S. 327 f.; *Hoeren*, MMR 2019, 5, 6.

98 *Raue*, NJW 2019, 2425.

99 *Hoeren*, MMR 2013, 486, 491.

100 BGH, 13.7.1988, Az. IVa ZR 55/87, NJW 1988, 2734; *Beaucamp*, AöR 134 (2009), 83, 84 ff.; *Puppe*, Kleine Schule des juristischen Denkens, 4. Auflage 2019, S. 115 f.; *Schmalz*, Methodenlehre für das juristische Studium, 3. Auflage 1992, Rn. 321 ff.; *Schwacke*, Juristische Methodik, 5. Auflage 2011, S. 133 ff.; *Würdinger*, AcP 206 (2006), 946.

ter im Urheberrecht, über den Datenschutz, den Geschäftsgeheimnis-schutz etc. legt nahe, dass keine planwidrige Regelungslücke für ein gene-relles „Dateneigentum" vorliegt.[101] Der Gesetzgeber hat also den Wert von Informationen in Daten erkannt und sich bewusst für einen getrennten Schutz entschieden. Für Informationen folgt diese Zurückhaltung einer exklusiven Zuweisung auch aus der grundrechtlichen Verbürgung der Kommunikationsfreiheit.[102]

Es ist aber auch keine vergleichbare Interessenlage gegeben: Der Schutz-umfang bei Daten ist nicht eingrenzbar, Nutzungsbefugnisse sind, anders als bei körperlichen Gegenständen, nicht klar abgrenzbar.[103] Nach aktuel-ler Rechtslage besteht kein Eigentumsrecht an Daten.

bb) Weitere Ausschließungsbefugnisse

Daten und Informationen sind nicht per se von jedem Schutz – und damit einer individuellen Zuweisung an eine Person – ausgenommen. Vielmehr gibt es in anderen Rechtsbereichen einen Schutz von Daten, der bei der Zugangsgewährung zu beachten ist. In Betracht kommen insbesondere Immaterialgüterrechte, Datenschutz- und Geheimnisschutzrechte.

Die im Rahmen des hier beleuchteten Untersuchungsgegenstandes ent-stehenden Daten können von folgenden Rechten betroffen sein:

(1) Urheberrecht

Mit dem Urheberrecht und den verwandten Schutzrechten wird eine ex-klusive Zuweisung von geistigen Leistungen an eine Person vorgenom-men. Darin schwingt häufig die Belohnung für eine kreative Leistung oder für einen besonderen Investitionsaufwand mit.[104] Die Verwertung in der Folge derartiger Leistungen soll dann dem Schutzrechtsinhaber zukom-men. Bei der hier interessierenden Zugangsthematik kommen u.a. folgen-de Schutzrechte als relevant in Betracht:

---

101 *Thalhofer*, GRUR-Prax 2017, 225, 226.
102 Vgl. dazu eingehend *Wiebe/Schur*, ZUM 2017, 461.
103 *Ehlen/Brandt*, CR 2016, 570, 571.
104 Siehe zur rechtstheoretischen Begründung des Urheberrechts *Loewenheim* in: Schricker/Loewenheim, Urheberrecht, 6. Auflage 2020, Einleitung zum UrhG Rn. 8 ff.

Computerprogramme: Nach §§ 2 I Nr. 1, 69a Abs. 1 UrhG werden Computerprogramme geschützt. Es handelt sich dabei um „Sprachwerke", welche
Ausdruck einer persönlichen geistigen Schöpfung sind. Eine CAD-Soft-
ware, wie sie für Entwürfe häufig eingesetzt wird, ist demnach urheberrechtlich geschützt und darf nicht ohne Zustimmung des Urhebers verbreitet werden.[105] Nach § 69a Abs. 1 UrhG kommt für Datenbanken ein
Schutz in Betracht, wenn die Datenbank selbst Befehls- oder Steuerungsan-
weisungen durchführt.[106] Es geht dann aber nicht um die in der Software
aufgeführten Daten.

Datenbank: Als Speicherort von Informationen kann eine Datenbank
schon für sich urheberrechtlich geschützt sein. Man denke beispielsweise
an eine Materialdatenbank, die für Restauratoren zur Verfügung gestellt
wird. Hierbei wird zwischen dem Urheberrecht an Datenbankwerken gemäß § 4 Abs. 2 UrhG und dem Datenbankherstellerrecht gemäß
§ 87b UrhG unterschieden. Für den Schutz als Datenbankwerk ist Schöpfungshöhe, also ein gewisses Maß an geistiger Leistung erforderlich. Diese
muss sich hierbei nicht auf die Inhalte der Datenbank, sondern auf die Art
und Weise der Auswahl und Anordnung der jeweiligen Inhalte beziehen.[107] Diese geistige Leistung wird nicht bereits durch besondere Experti-
se oder Aufwand in der Erstellung der Anordnung erreicht, sondern bedarf einer schöpferischen Leistung.[108] Bei reinen Datenaufzeichnungen
sind die getroffenen Kategorisierungen aber zumeist lediglich technisch
bedingt und eine schöpferische Leistung in der Datenbank an sich kommt
nur selten in Betracht.[109]

Anders als beim Datenbankwerk wird bei dem einfachen Datenbankherstellerrecht nach § 87b UrhG nicht die geistige Leistung des Schöpfers ho-
noriert, sondern die für die Kategorisierung getätigte Investition,
§ 87a I 1 aE UrhG.[110] Entsprechend sind die inhaltlichen Anforderungen

---

105 Siehe beispielhaft BGH, 20.5.2009, Az. I ZR 239/06, NJW 2009, 3509 – *CAD-
Software.*

106 *Dreier* in: Dreier/Schulze, UrhG, 6. Auflage 2018, § 69a Rn. 12; *Czychowski* in:
Fromm/Nordemann, UrheberR, 12. Auflage 2018, § 69a UrhG Rn. 12; *Grützma-
cher*, in: Wandtke/Bullinger, PK-UrheberR, 5. Auflage 2019, § 69a UrhG Rn. 17.

107 *Ahlberg* in: BeckOK UrhR, 29. Edition 2018, § 4 UrhG Rn. 26.

108 BGH, 24.5.2007, Az. I ZR 130/04, MMR 2007, 589, 590 – *Gedichttitelliste I;*
Schur, Die Lizenzierung von Daten, 2020, S. 45.

109 EuGH, 1.3.2012, Rs. C-604/10, ECLI:EU:C:2012:115, Rn. 39 – *Football Dataco;*
Schur, Die Lizenzierung von Daten, 2020, S. 45.

110 EuGH, 9.10.2008, Rs. C-304/07, ECLI:EU:C:2008:552, Rn. 33 – *Directmedia
Publishing; Vohwinkel* in: BeckOK UrhR, 29. Edition 2019, § 87a UrhG Rn. 4.

anders gelagert. Es werden keine Anforderungen an eine schöpferische Leistung gestellt, sowohl bei der Auswahl/Anordnung als auch bei den Inhalten selbst. Für die Inhalte der Datenbank werden geringe Anforderungen gestellt; bereits Daten oder Zahlen sind ausreichend, solange ein eigener Informationswert in ihnen besteht.[111] Hierunter können also auch allgemeine Protokolldaten, wie etwa die Aufzeichnungen, zu welchen Uhrzeiten wie lange ein Gerät genutzt wurde, fallen.

Auf der anderen Seite verlangt § 87a I 1 aE UrhG dann aber eine für die Kategorisierung (Anordnung, Auffindbarkeit) getätigte erhebliche Investition (eine hohe Investition für die Datenerzeugung ist nicht ausreichend). Der Begriff der Investition umfasst den Einsatz von Finanzmitteln, aber auch von Zeit, Arbeit und Energie und ist weit zu verstehen.[112] Erheblichkeit liegt bei Investitionen „von einigem Gewicht" vor, dies kann sich hierbei aus qualitativen oder quantitativen Aspekten ergeben (Art. 7 I Datenbank-RL[113]).[114]

Es erscheint fraglich, ob in den Datenszenarien des Untersuchungsgegenstandes Konstellationen häufig sind, in welchen Rohdaten in diesem für den Schutz nach § 87b UrhG besonderen Maße aufgearbeitet werden. Rohdaten selbst werden jedenfalls keinen Schutz genießen – anders als möglicherweise die Aufbereitung in der Datenbank.

Für den Untersuchungsgegenstand erscheinen Szenarien, in welchen urheberrechtlicher Schutz einem Datenzugang entgegenstehen könnte, weniger typisch.

---

111 EuGH, 9.11.2004, Rs. C-444/02, ECLI:EU:C:2004:697, Rn. 23 – *Fixtures-Fußballspielpläne II*; *Dreier* in: Dreier/Schulze, UrhG, 6. Auflage 2018, § 87a Rn. 4; *Hermes* in: Wandtke/Bullinger, UrhG, 5. Auflage 2019, § 87a Rn. 9.
112 BGH, 1.12.2010, Az. I ZR 196/08, GRUR 2011, 724, 725 – *Zweite Zahnarztmeinung II*; *Dreier* in: Dreier/Schulze, UrhG, 6. Auflage 2018, § 87a Rn. 12.
113 Richtlinie v. 11.3.1996 über den rechtlichen Schutz von Datenbanken, ABl.EG Nr. L 77/20 v. 27.3.1996, umgesetzt durch Art. 7 des IuKDG v. 22.7.1997, BGBl. I S. 1870.
114 LG Köln, 25.8.1999, Az. 28 O 527/98, ZUM-RD 2000, 304, 306 – *Kidnet.de*; *Dreier* in: Dreier/Schulze, UrhG, 6. Auflage 2018, § 87a Rn. 14; *Vohwinkel* in: BeckOK UrhR, 29. Edition 2019, § 87a UrhG Rn. 50.

(2) Datenschutzrecht

Aus Datenschutzrecht kann sich ein Ausschließlichkeitsrecht an Daten ergeben. Dieses entsteht aber nicht an Informationen als solchen, sondern vor allem kraft Zuordenbarkeit zu einer bestimmten natürlichen Person.

Der Ausschließlichkeitsanspruch ist hier Ausfluss der Privatheit und des Schutzes der individuellen Persönlichkeitsrechte und weitreichend grundrechtlich anerkannt.[115] Die gesetzgeberische Grundentscheidung geht dahin, dass personenbezogene Rechte derjenigen natürlichen Person zugeordnet werden (und damit in deren Rechtskreis gelangen), die über diese Daten identifiziert werden. Die für das europäische Datenschutzrecht maßgebliche DS-GVO[116] findet auf die zumindest teilweise automatisierte Verarbeitung personenbezogener Daten, die in einem Dateisystem gespeichert sind, Anwendung (Art. 2 DS-GVO). Personenbezogen ist bereits jede Information, welche sich zu einer natürlichen Person auch nur indirekt zuordnen lässt, Art. 4 Nr. 1 DS-GVO.[117] Es geht darum, dass die Person identifizierbar ist.[118] Gemäß Art. 4 Nr. 1 DS-GVO wird dadurch jedoch auch lediglich die natürliche Person geschützt, auf welche sich die Daten beziehen.[119] Maschinendaten oder anonymisierte Transaktionsdaten können damit auch nur dieser Person rechtlich zugeordnet werden (wenn überhaupt), nicht aber einem Dritten.

Geht man beispielhaft davon aus, eine smarte Heizung erfasst Daten (z.B. ein Protokoll der Betriebszeiten einer Heizungsanlage), können diese durch die DS-GVO geschützt sein. Isoliert betrachtet stellen die reinen Informationen über die Betriebszeiten einer Heizung zwar lediglich sogenannte Sachendaten dar und unterliegen keinem Datenschutz. Die daraus zu entnehmende Information, wann eine Person ihre Heizung genutzt hat, ist hingegen personenbezogen. Sobald die Daten also im konkreten Kontext geeignet sind, Rückschlüsse auf die (wirtschaftlichen, sozialen, rechtlichen, ...) Positionen einer Person oder auch über ihre individuellen Verhältnisse zu ziehen, liegen personenbezogene Daten vor. Der Begriff geht damit relativ weit.

---

115 Art. 8 EU-Grundrechtecharta; grundlegend BVerfG, 15.12.1983, Az. 1 BvR 209/83 u.a., NJW 1984, 419 – *Volkszählung*; BVerfG, 27.2.2008, Az. 1 BvR 370/07 und 1 BvR 595/07, NJW 2008, 822 – *Computer-Grundrecht*.
116 Verordnung (EU) 2016/679.
117 *Schild* in: BeckOK DatenschutzR, 34. Edition 2020, Art. 4 DS-GVO Rn. 3, 14.
118 *Schild* in: BeckOK DatenschutzR, 34. Edition 2020, Art. 4 DS-GVO Rn. 15b.
119 *Schild* in: BeckOK DatenschutzR, 34. Edition 2020, Art. 4 DS-GVO Rn. 3.

Wenn sodann auch zumindest potenziell feststellbar ist, welcher konkreten Person die Informationen zuzuordnen sind, findet Datenschutzrecht Anwendung. Bei einer in bestimmten Räumen installierten Heizung liegt diese Zuordnung auf der Hand. Die Anwendung von Datenschutzrecht ist auch unabhängig davon, ob die Person selbst Zugriff auf die Daten hat oder überhaupt von ihrer Speicherung weiß.

Gleiches gilt etwa auch für die Fahrdaten von Kfz. Aus ihnen lässt sich ableiten, wann und wie der Nutzer das Fahrzeug eingesetzt hat und damit auch, wie die Person sich verhalten hat.

Bei allgemeinen Massendaten kann dies anders sein. Wenn die gespeicherten Informationen in geeigneter Weise anonymisiert sind, also wenn die Personenzuordnung unmöglich oder unverhältnismäßig aufwendig wäre, entfällt der Personenbezug.

Aus Datenschutzrecht kann sich also ein Schutz von Daten ergeben. Das ist nicht gleichbedeutend mit einer exklusiven Nutzungszuweisung. Vielmehr geht es primär darum, dass die betroffene Person ein Entscheidungsrecht bei der Nutzung der Daten haben soll, soweit nicht Ausnahmetatbestände der DS-GVO eingreifen. Keinesfalls ergibt sich aus der DS-GVO für den tatsächlichen Inhaber der Daten (z.B. Fahrzeughersteller) ein Ausschließlichkeitsrecht.

(3) Geschäftsgeheimnisse

Darüber hinaus wird – abgeleitet aus dem Leistungsprinzip – die Exklusivität von Geschäftsgeheimnissen in Unternehmen durch das Gesetz zum Schutz vor Geschäftsgeheimnissen (GeschGehG) gedeckt. Soweit bei einer Datennutzung oder einem Datenaustausch Geschäftsgeheimnisse betroffen sein können, greift ein spezifisches Schutzregime, das wiederum exklusive Rechtezuweisungen enthält. Die entsprechenden Verbotstatbestände (u.a. Nutzung und Kenntniserlangung) sind gem. § 23 GeschGehG strafbewehrt. Damit ist das GeschGehG ein Baustein der normativen Zuordnung von Informationen zu einzelnen Personen.[120]

Der Gesetzgeber hat damit die europarechtlichen Vorgaben aus der Richtlinie RL (EU) 2016/943 umgesetzt. Diese bezweckt den Schutz des „intellektuellen Kapitals", welches innovative Unternehmen unter teils erheblichem Aufwand generieren (Erw.Gr. 1, RL (EU) 2016/943). Die Nutzung dieser Informationen soll dem Geheimnisinhaber vorbehalten blei-

---

120 Vgl. hierzu *Alexander*, WRP 2017, 1034 ff.

ben, der damit einen Innovationsanreiz hat und seine Kosten auf Basis einer Vorreiterrolle amortisieren kann (Erw.Gr. 4, RL (EU) 2016/943).

Der Begriff des Geschäftsgeheimnisses ist in § 2 Nr. 1 GeschGehG legaldefiniert und umfasst Informationen, die nicht allgemein bekannt und daher von wirtschaftlichem Wert sind. Außerdem muss der Inhaber der Informationen angemessene Geheimhaltungsmaßnahmen durchführen und es muss ein berechtigtes Interesse an der Geheimhaltung bestehen.

Anders als im Urheberrecht kommt es für den Geheimnisschutz hier nicht noch auf qualitative Anforderungen an die Information (etwa Schöpfungshöhe oder dergleichen) an, vielmehr kann theoretisch jede Information ein Geschäftsgeheimnis im Sinne des GeschGehG werden.[121] Das gilt selbst für maschinengenerierte Daten.

Viele für das Handwerk bedeutsame technische Daten liegen in der Regel in branchenüblich verschlüsselter Form vor. Nur bestimmte Unternehmen haben Zugriff. Die Informationen sind damit nicht allgemein bekannt und durch die Verschlüsselung sind auch angemessene Geheimhaltungsmaßnahmen getroffen. An den wirtschaftlichen Wert stellt das GeschGehG keine hohen Anforderungen. Wenn die Daten für die Handwerker von Bedeutung sind, ist in der Regel also auch die Schutzschwelle des GeschGehG erreicht.

Eine Einschränkung wird jedoch getroffen mit dem Erfordernis eines „berechtigten Interesses" an der Geheimhaltung. Dieses ist weit zu verstehen und soll lediglich völlig „belanglose Informationen"[122] vom Anwendungsbereich ausschließen.[123]

Weiterhin ist die Geltendmachung von Ansprüchen aus dem GeschGehG ausgeschlossen, wenn dies unter Berücksichtigung der Gesamtumstände missbräuchlich erscheint, § 14 GeschGehG. Hierbei ist eine Abwägung im Einzelfall nach den Grundsätzen von Treu und Glauben nach § 242 BGB erforderlich.[124] Ein Missbrauch liegt in der Regel vor, wenn die Geltendmachung überwiegend sachfremde Ziele verfolgt.[125] Sachfremd ist

---

121 *Alexander* in: Köhler/Bornkamm/Feddersen, UWG, 39. Auflage 2021, § 2 GeschGehG Rn. 26 f.
122 Erw.Gr. 14, RL (EU) 2016/943.
123 *Hiéramente* in: BeckOK GeschGehG, 6. Edition 2020, § 2 Rn. 70–71.
124 *Spieker* in: BeckOK GeschGehG, 6. Edition 2020, § 14 Rn. 3. Zum Begriff des Rechtsmissbrauchs vgl. BGH, 3.3.2016, Az. I ZR 110/15, GRUR 2016, 961, 962; BGH, 6.10.2016, Az. I ZR 25/15, GRUR 2017, 266, 268 – *World of Warcraft I.*
125 Vgl. BGH, 17.11.2005, Az. I ZR 300/02, GRUR 2006, 243, 244 – *Mega Sale*; BGH, 3.3.2016, Az. I ZR 110/15, GRUR 2016, 961, 962; *Haertel*, in BeckOK UWG, 11. Edition 2021, § 8 Rn. 202.

etwa das Ziel, den Antragsteller lediglich in seinem Zugang zum Markt zu beschränken.[126]

Die Erlangung von Geschäftsgeheimnissen ist gemäß § 3 GeschGehG erlaubt, wenn sie auf eigenständigen Wegen erlangt werden (etwa durch eigene Entdeckung oder Herleitung anhand von öffentlich Bekanntem, § 3 Abs. 1 Nr. 1, 2 GeschGehG). Ebenso ist eine Erlangung zulässig, wenn sie auf andere Weise durch Gesetz, aufgrund eines Gesetzes oder rechtsgeschäftlich gestattet wurde.

Das GeschGehG als besonderes Deliktsrecht verleiht somit kein Ausschließlichkeitsrecht an den Informationen, welches einer Herausgabe durch den Informationsinhaber entgegenstehen könnte. Auch in den Erwägungsgründen der zugrundeliegenden EU-Richtlinie wird eine generelle Ausschließlichkeit abgelehnt.[127]

Sind die Informationen nicht bekannt, besteht eine faktische Machtposition, die rechtlich abgesichert wird, indem Kenntniserlangung erschwert wird. Wiederum nimmt die Rechtsordnung damit eine Zuordnung der Information zu einer Person vor, die dem freien Datenfluss im Weg stehen kann.

2. Zwischenergebnis

An bloßen Daten oder Datensätzen besteht in der Regel kein Ausschließlichkeitsrecht. Eine eigentumsartige Konstruktion für den reinen Informationsgehalt an Daten ist abzulehnen. Urheberrechtlicher Schutz besteht regelmäßig für Software. Nur in Fällen einer besonderen Aufbereitung kann urheberrechtlicher Schutz für Daten entstehen –dann aber auch nur für diese Aufbereitung und nicht für die zugrundeliegenden Daten als solche. Das Geschäftsgeheimnisgesetz verhindert zwar unter Umständen, dass Daten ohne rechtliche Grundlage erlangt werden, weist aber kein exklusives Datenrecht zu. Das ist vor dem Hintergrund von Innovationsanreizen und Kommunikationsfreiheit grundsätzlich konsequent. Etwas anderes gilt nur für personenbezogene Daten, die der Person, auf die sich die Daten beziehen, über die DS-GVO und als Ausfluss von Grundrechten zugeordnet werden.

Umfassende Rechte, andere von der Datennutzung auszuschließen, bestehen aber für sehr viele Daten nicht. Vielmehr wird der Ausschluss Drit-

---

126 BT-Drs. 19/4724.
127 Erw.Gr. 16, RL (EU) 2016/943.

ter durch die tatsächliche Inhaberschaft derzeit auf rein faktischer Ebene erreicht. Das macht, sowohl für den Bereich der personenbezogenen Daten, als auch bei Geschäftsgeheimnissen oder sonstigen Daten und Software letztlich aber doch ein Aufbrechen solcher Exklusiv-Stellungen erforderlich, wenn keine Abschottung entstehen soll. Das weist den Weg zu Lizenzverträgen.

II. Sicherung eigener Arbeitsergebnisse

Das Zuordnungsthema, das bislang in erster Linie als problematisch zu bewertender Ausschluss Dritter von der Nutzung thematisiert wurde, lässt sich selbstverständlich auch in genau umgekehrter Richtung lesen – auch für das Handwerk: Angenommen, Handwerksunternehmen entwickeln eigene digitale Produkte oder Dienste, können innovative, datenbasierte Lösungen vorlegen, entwickeln bekannte Werkzeuge digital weiter – wie lassen sich dann solche Erfindungen, Daten, Entwicklungen schützen? Es gilt im Wesentlichen das oben Gesagte, jetzt nur positiv gewendet:

Wer seine Arbeitsergebnisse vor dem Zugriff Dritter sichern will, ist auf die Regeln für das Immaterialgüterrecht (Patentrecht, Gebrauchsmusterrecht, Urheberrecht, Designschutz, Markenrechte u.ä.) angewiesen. Diese gewerblichen Schutzrechte sowie das Urheberrecht haben je eigene Schutzanforderungen, die freilich nicht für digitale Entwicklungen geschaffen wurden. Wie gesehen wird weder für Daten noch für Ideen ein Schutz gewährt.[128]

In der IT-Wirtschaft haben sich deshalb andere Schutzsysteme stärker etabliert:

Erstens werden wichtige Entwicklungen als Geschäftsgeheimnisse behandelt. Es werden besondere Vorkehrungen getroffen, um diese nicht offenlegen zu müssen. Dies wird durch das GeschGehG unterstützt.

Zweitens wird durch technische Ausschließung, also den Weg faktischer Grenzen, ein Schutz erreicht, etwa durch verschlüsselte Schnittstellen oder eigene Softwaresysteme. So können Dritte jedenfalls nicht ohne Zustimmung zugreifen.

Drittens wird versucht, den sog. *first-mover-advantage* auszuschöpfen. Damit wird der Vorteil desjenigen am Markt gekennzeichnet, der sein Pro-

---

128 Zum Schutz von maschinengenerierten Daten bzw. genauer: zum Nicht-Schutz siehe auch *Sattler* in: Sassenberg/Faber, Rechtshandbuch Industrie 4.0 und Internet of Things, 2. Auflage 2020, § 2.

dukt als erster herausbringt. Wenn es gelingt, den Markt schnell zu fluten und den Absatz rasch zu skalieren, kann dieser Geschwindigkeitsvorteil vor Nachahmern genügen, um die Investitionen zu amortisieren. Das gilt insbesondere bei kurzlebigen Produkten.

Gerade für kleinere und mittlere Unternehmen stellt sich die Sicherung solcher Arbeitsergebnisse ggf. als schwierig dar. Zu empfehlen ist insoweit eine enge Kooperation mit Partnern und ggf. auch die rasche Lizenzierung an vertriebsstarke Unternehmen.

Eine weitere Schutzdimension ist im Verhältnis von Unternehmen und großen Plattformbetreibern zu beachten, wenn die Unternehmen auf die Plattform angewiesen sind. Hier kann es dazu kommen, dass Daten und Leistungen der Nutzer der Plattform von dieser „abgegriffen" werden und in gewisser Weise ein „Trittbrettfahren" auf den Nutzerbeiträgen stattfindet. Im Beispiel der digitalen Vertriebsplattform kann der Plattformbetreiber etwa die Transaktionsdaten zwischen Handwerker und Kunde einsehen. Da der Plattformbetreiber auch zahlreiche weitere Daten sieht (z.B. die Suchhistorie und Entscheidung des Kunden nachvollziehen kann), erhält der Plattformbetreiber hier einen exzellenten Marktüberblick, der letztlich aber darauf basiert, dass Nutzer ihre Leistungen anbieten. In ähnlicher Weise kann der Betreiber einer Smart Factory vom beteiligten Handwerksunternehmen möglicherweise zahlreiche Nutzungsdaten abgreifen und analysieren. Wiederum werden so Anstrengungen des Handwerksunternehmens hintertrieben, weil ein Unternehmen mit größerer Datenmacht auf Informationen zugreifen kann, ohne dass Reziprozität besteht. Die eigentliche fachliche Leistung wird dann vom Handwerk erbracht, die darauf aufbauende Innovationsleistung kann aber möglicherweise von einem anderen Unternehmen dem Handwerk weggenommen werden.

Für diese Fälle bieten das Wettbewerbs- und das Kartellrecht gewisse Abwehrmöglichkeiten. Zudem kann – theoretisch – in Verträgen ein Schutzwall dagegen errichtet werden. Letzteres würde jedoch Verhandlungsmacht voraussetzen, die typischerweise nicht gegeben sein wird. Nach UWG darf ein Unternehmen ein anderes Unternehmen nicht gezielt behindern (§ 4 Nr. 4 UWG). Hier ist an die Fallgruppe der parasitären Leistungsangebote zu denken, bei denen der wirtschaftliche Erfolg eines anderen ausgebeutet wird, indem dessen Leistungsergebnisse weggenommen werden.[129] Zuzugeben ist, dass diese Fallgruppe bislang wenig Beachtung gefunden hat.

Im Kartellrecht ist ein solcher Schutz vor der Leistungsübernahme dann möglicherweise verboten, wenn der „Parasit" ein marktmächtiges Unternehmen ist, sodass der Anwendungsbereich von §§ 19, 19a, 20 GWB oder Art. 102 AEUV eröffnet ist. Eine etablierte Fallgruppe ist der Missbrauch fremder Leistungsergebnisse im hier beschriebenen Sinn jedoch bislang nicht. Etwas anderes ergibt sich nun freilich aus § 19a Abs. 2 Nr. 4, 6 und 7 GWB. Die neu eingefügte Vorschrift adressiert zwar nur wenige Unternehmen, die zudem vom Bundeskartellamt benannt werden müssen. Diesen ist es dann aber, falls das Bundeskartellamt das so entscheidet, nach den hier genannten Ziffern ausdrücklich verboten, von Nutzern der Plattform in unangemessener Weise die Zurverfügungstellung eigener Arbeitsergebnisse zu verlangen – beispielsweise Daten und Rechte – oder unzureichend über eigene Erfolge der Nutzer zu informieren. Auch wenn § 19a GWB seiner Struktur nach nicht dazu angetan ist, flächendeckend entsprechende Verstöße abzustellen, wird mit der ausdrücklichen Benennung aufgezeigt, dass möglicherweise auch andere Missbrauchsverfahren darauf gestützt werden können.

Gleichwohl gilt insgesamt: Wenn das Recht nur in begrenzter Weise exklusive Zuordnungen für den Bereich der Digitalwirtschaft vornimmt, wirkt dies einerseits zugunsten der Handwerksunternehmen, aber – im Fall eigener digitaler Entwicklungen – auch zu ihren Lasten. Im Wesentlichen bleibt die Möglichkeit, faktisch den Zugang Dritter zu verhindern.

III. Vertragliche Gestaltung von Zugang

Die Übertragung des Zugriffs von einem faktischen oder rechtlichen Zugriffsinhaber auf eine andere Person passiert im Wege von Verträgen. Die Rechte können etwa im Wege eines umfassenden Lizenzvertrags mit Vergütungspflichten eingeräumt werden oder aber auch im Rahmen von Allgemeinen Geschäftsbedingungen als Teil des „Kleingedruckten". Die Verträge unterliegen den allgemeinen Regeln. Sie sind, wie alle Verträge, grundsätzlich Ausdruck einer Win-win-Situation: Die Parteien einigen sich auf ein Modell des Zugangs, das für beide vorteilhaft ist – andernfalls

---

129 Vgl. BGH, 12.1.2017, Az. I ZR 253/14, GRUR 2017, 397, 403 – *World of Warcraft II*; *Omsels* in: Harte-Bavendamm/Henning-Bodewig, UWG, 4. Auflage 2016, § 4 Nr. 4 Rn. 108.

kommt es nicht zu einer Einigung. Diese Richtigkeitsgewähr des Vertragsmechanismus[130] funktioniert grundsätzlich: Durch Verträge wechselt auf faire Weise die Zuordnung oder es wird Zugang eröffnet.

Zugang wird demnach in erster Linie ohne jede gesetzgeberische Intervention durch vertragliche Vereinbarung gewährt. Dies gilt für alle oben benannten Ausgangsszenarien: Die Kfz-Reparatur, die Wartung einer vernetzten Heizung, das Smart Home, digitale Vertriebsplattformen und B2B-Plattformen. In allen Konstellationen kann derjenige, der aus tatsächlichen oder rechtlichen Gründen in einer Schlüsselstellung als Gatekeeper ist, Zugang gewähren. Diese Zugangsgewährung läuft über die Einigung der Parteien.

Der aktuelle Rechtsrahmen wird ganz überwiegend von derartiger privater Normsetzung bestimmt. Unternehmen, die Zugang benötigen, werden in erster Linie auf vertraglicher Basis versuchen, diesen zu erhalten und Unsicherheiten über entgegenstehende Rechte aus den oben genannten Schutzregimen auszuräumen. Bei Verbrauchern genügt in der Regel eine Einwilligung zur Datensammlung und -verwertung, die dann zur Basis eines umfassenden Datenbestands wird, zu dem Zugang erlangt werden muss.

1. Vor- und Nachteile vertraglicher Lösungen

Vertragliche Lösungen haben den Vorteil, dass sie passgenau auf die jeweilige Konstellation zugeschnitten werden können. Die Parteien können ihre jeweiligen Interessen einbringen und im Wege gegenseitigen Ausgleichs zur Geltung bringen. Ihr Verhandlungsgeschick entscheidet über die Durchsetzung ihrer jeweiligen Interessen. Verträge als konsensuale Lösungsform vermeiden Auseinandersetzungen und gerichtliche Verfahren. Sie sind konfrontativen Lösungen überlegen, soweit beide Seiten sich „auf Augenhöhe" begegnen, also eine ungefähr gleichgewichtige Verhandlungsmacht haben.

Der Nachteil vertraglicher Lösungen liegt in den hohen Transaktionskosten, wenn man die Lösungen mit einem allgemein geregelten Zugangsanspruch vergleicht. Für jede Konstellation ist im Zweifel ein eigener Vertrag auszuarbeiten. Dies wird umgangen, indem Formulare, AGB usw. verwendet werden. Das relativiert aber den Vorteil der interessennahen Ausgestaltung der Vertragsbestimmungen. Verträge sind zudem häufig Aus-

---

130 *Schmidt-Rimpler* in: FS Raiser, 1974, S. 3, 5 f.

druck einer Augenblicksaufnahme, werden aber nur selten dynamisiert. Gibt es Ungleichgewichte im Verhandlungsprozess, erbringen vertragliche Lösungen nicht mehr das erwünschte Gleichgewicht. Die Vertragsrichtigkeit wird ausgehebelt, wenn es zwischen den Parteien zu Verhandlungsungleichgewichten, Informationsasymmetrien, Machtgefällen kommt oder wenn die Einigung der Parteien zwar für diese vorteilhaft ist, aber Dritte oder Allgemeininteressen erheblich verletzt.

Praktisch gewendet: Der Handwerksbetrieb, der individuell mit einem US-amerikanischen Tech-Unternehmen aushandeln will, welche Daten wer erhält, wird keinen Vertrag erhalten.

2. Charakteristika von Zugangsverträgen

Zugangsverträge können je nach Zielrichtung unterschiedlichen Vertragstypen angehören. Geht es um die reine Bereitstellung von Daten, so wird es sich um eine Art Lizenz handeln. Wird Zugang zu einer Plattform gewährt, so handelt es sich um einen Plattformnutzungsvertrag. Häufig werden Zugangsansprüche in größeren Vertragswerken eingebunden, etwa wenn der Hersteller eines Produkts mit Handwerksbetrieben Service-Verträge abschließt oder sie in sein System von Vertragswerkstätten aufnimmt. In diesen Verträgen werden sodann Einzelheiten auch hinsichtlich des Zugangs zu Software, Kundendaten oder Maschinendaten geregelt.

Bei derartigen größeren Vertragswerken ist zu beachten, dass der Zugangsanspruch Teil eines Gesamtpakets ist. Diesen isoliert zu sehen, würde der Architektur des Vertrags nicht gerecht. Stets ist bei Verträgen für beide Seiten abzuwägen, welche Kosten entstehen und welcher Nutzen gegeben ist. Diese Bilanzierung wird umso komplexer, je mehr Gegenstände im Vertrag geregelt sind. Der Zugangsanspruch kann dann beispielsweise als Gegenleistung zu einem gänzlich anderen Vertragsbestandteil gelesen werden.

Der Kern des Zugangsanspruchs ist, dass eine Seite der anderen Seite Zugang zu Infrastruktur, Daten, Software o.ä. einräumt. Ob dafür eine unmittelbare monetäre Gegenleistung zu erbringen ist, mag differieren: So ist denkbar, dass ein Handwerker, der Zugang zur Software erhält, mit der ein bestimmter Gegenstand repariert werden kann, pro Reparaturvorgang eine Provision von x % entrichten soll. Es kann aber auch sein, dass es für den Hersteller des Gegenstands wichtig ist, dass ein Netz von Vertragswerkstätten bereitsteht, um den Gegenstand zu reparieren. Dann wird der Ausgleich möglicherweise anderweitig gesucht. Bei der Gewährung von

Zugang zu einer Plattform kann es eine Eintrittsgebühr geben oder eine Provisionszahlung für jede auf der Plattform getätigte Transaktion oder eine pauschale Summe als Gegenleistung für ein bestimmtes Transaktionsvolumen. Es ist aber genauso gut denkbar, dass der Zugang unentgeltlich gewährt wird, weil die dritte Marktseite die Plattform finanziert oder weil dem Plattformbetreiber gerade daran gelegen ist, möglichst viele Handwerksbetriebe auf seiner Plattform zu haben. Ein einheitliches Vergütungsmodell gibt es nicht. Möglicherweise erfolgt die Vergütung nicht-monetär, indem z.B. Daten hergegeben werden müssen. Dann ist die Bereitstellung des Zugangs ggf. daran geknüpft, dass das zugangsgewährende Unternehmen seinerseits auf Daten des Leistungserbringers zugreifen darf.

Die Zugangsgewährung kann mit Bedingungen einhergehen. So kann z.B. Regelungsgegenstand eines Vertrags sein, dass bestimmte Standards, Zertifikate, Ausbildungen oder Kenntnisse nachgewiesen werden. Es kann vereinbart werden, dass nur bestimmte Zwecke verfolgt oder dass die Informationen, zu denen Zugang erlangt wird, nur für bestimmte Verwendungen eingesetzt werden dürfen. Es kann sein, dass Bestimmungen zum Datenschutz und zur Datensicherheit im Vertrag aufgenommen werden. Gewährleistungsrechte und Haftungsfragen werden ebenfalls regelmäßiger Bestandteil der Verträge sein.

Weitergehende Beschränkungen können auch unternehmerische Entscheidungen betreffen, z.B. Exklusivitätsvereinbarungen, Vorgaben für die Gestaltung des Außenauftritts bei Nutzung des Zugangs, Werbevereinbarungen usw. Typischerweise wird zudem die Laufzeit des Zugangs festgelegt, wenn es sich nicht um eine ad-hoc-Vereinbarung oder einen einmaligen Zugang handelt.

Die keinesfalls Vollständigkeit beanspruchende Auflistung hier dient in erster Linie zur Verdeutlichung, wie weitgehend Regelungsbedarf vorhanden sein kann und welche vielfältigen Möglichkeiten das Vertragsmodell bietet, um den Parteien gerecht zu werden. Um die Aushandlungslast zu reduzieren, werden Vertragsmuster und -formulare, etwa in Form von AGB verwendet. Entscheidend ist: Verträge ermöglichen Zugang. Zugleich können sie aber Konditionen enthalten, die weitere Probleme aufwerfen.

3. Voraussetzung Verhandlungsgleichgewicht

Vertragsgerechtigkeit wird nur dann erreicht, wenn zwischen den Parteien ein Verhandlungsgleichgewicht besteht. Dieses ist gegeben, wenn beide

Parteien frei entscheiden können, ohne ökonomische oder sonstige Zwänge, wenn keine Informationsasymmetrie gegeben ist und die Verhandlungsstärke insgesamt ausgeglichen ist.

a) Vertragsungleichgewichte in der Plattformökonomie

Das Vertragsungleichgewicht zu Lasten der Handwerksbetriebe wird durch zwei Aspekte signifikant verschlechtert: Informationsasymmetrien und die Dynamik der Plattformökonomie.

Als Informationsasymmetrie wird es bezeichnet, wenn eine Seite einen wesentlich besseren Informationsgrad hat als die andere Seite, also über Kenntnisse verfügt, die die andere Seite nicht hat. In vielen der hier betrachteten Szenarien werden Handwerksbetriebe nicht über Einblicke in das Geschäftsmodell der Gegenseite und die Mechanismen dieser Modelle verfügen. Dazu sind diese Mechanismen zu neu und auch zu wenig durchschaubar. Viele Aktivitäten in datengetriebenen Bereichen sind wenig transparent, etwa durch die Nutzung von Algorithmen und Daten. In der Europäischen Union wurde das dadurch entstehende erhebliche Potenzial zu Missbräuchen durch die sog. P2B-Verordnung abgemildert.[131] In dieser Verordnung sind Transparenzvorschriften enthalten, die von Suchmaschinen und Plattformbetreibern eingehalten werden müssen. So muss z.B. über die grundlegende Funktionsweise von Rankings ebenso aufgeklärt werden wie über die Bevorzugung eigener Dienste (wenn es sich um eine Hybridplattform handelt). Die dadurch hergestellte Transparenz kann zumindest einige der Probleme entschärfen. Transparenz ohne echte Auswahlmöglichkeit bleibt aber ein stumpfer Rechtsbehelf: Ermöglicht wird den Vertragspartnern im Wesentlichen, ihr Verhalten anzupassen – sie haben aber kaum eine echte Wahl, wenn sie auf Zugang angewiesen sind.[132]

Das zweite Problem liegt in der Dynamik der Plattformökonomie. Mag bei Einführung einer digitalen Schnittstelle oder beim Launch einer Plattform noch reichhaltige Auswahl gegeben sein und der Einfluss des neuen Marktakteurs gering sein, so ist es gerade der Kern der entsprechenden Geschäftsmodelle, rasant zu wachsen. Mit dieser Schnelligkeit, dem starken

---

131 Verordnung (EU) 2019/1150 vom 20.6.2019 zur Förderung von Fairness und Transparenz für gewerbliche Nutzer von Online-Vermittlungsdiensten, ABl. L 186/57 vom 11.7.2019; vgl. *Busch*, GRUR 2019, 788 ff.

132 Vgl. *Podszun*, Gutachten F zum 73. Deutschen Juristentag, 2020, S. F64 ff. m.w.N.

Wachstum und häufig auch der Aggressivität im unternehmerischen Vorgehen wird häufig bei Vertragsschluss nicht gerechnet. Und es ist auch in keiner Weise sicher, dass jedes derartige Modell funktioniert. Wenn es aber funktioniert, wachsen die Betreiber schnell in eine Gatekeeper-Position. Aus dem schwachen Gegenüber kann dann in Windeseile ein Gatekeeper werden. Das wird bei der vertraglichen Aushandlung häufig nicht berücksichtigt. Die Dynamik zukünftiger Entwicklungen abzubilden, ist wird bei Vertragsverhandlungen zuweilen übersehen.

In den Erwägungsgründen der P2B-Verordnung haben die europäischen Gesetzgeber genau diese Tendenz treffend beschrieben:

> „Online-Vermittlungsdienste können für den geschäftlichen Erfolg von Unternehmen, die solche Dienste nutzen, um die Verbraucher zu erreichen, von entscheidender Bedeutung sein. Um die mit der Online-Plattformwirtschaft verbundenen Vorteile voll auszuschöpfen, ist es daher wichtig, dass die Unternehmen den Online-Vermittlungsdiensten, mit denen sie in Geschäftsbeziehungen eintreten, vertrauen können. Dies ist hauptsächlich deswegen von Bedeutung, weil der Anstieg bei der Vermittlung von Transaktionen über Online-Vermittlungsdienste, den starke, durch Daten ausgelöste indirekte Netzeffekte noch weiter vorantreiben, dazu führt, dass gewerbliche Nutzer, insbesondere Kleinstunternehmen, kleine und mittlere Unternehmen (KMU), die Verbraucher erreichen wollen, zunehmend von diesen Diensten abhängig werden."[133]

Konstatiert wird also zunächst das Ziel eines partnerschaftlichen Miteinanders („Vertrauen"), das die Basis für eine fruchtbare, vertraglich basierte Kooperation ist. Vertrauen ist aber vor allem deshalb nötig, weil das disziplinierende Gleichgewicht beider Seiten rasch aufgehoben werden kann und Abhängigkeitssituationen entstehen. In der P2B-Verordnung heißt es weiter:

> „Angesichts dieser wachsenden Abhängigkeit haben die Anbieter dieser Dienste häufig eine größere Verhandlungsmacht, die es ihnen gestattet, sich einseitig in einer möglicherweise unlauteren Weise zu verhalten, die den legitimen Interessen ihrer gewerblichen Nutzer und indirekt auch der Verbraucher in der Union schaden kann. Sie könnten beispielsweise gewerblichen Nutzern einseitig Praktiken aufzwingen, die gröblich von der guten Geschäftspraktik abweichen oder gegen das

---

133 P2B-Verordnung (VO (EU) 2019/1150) Erw.Gr. 2.

Gebot von Treu und Glauben und des redlichen Geschäftsverkehrs verstoßen. Die vorliegende Verordnung befasst sich mit solchen potenziellen Reibungen in der Online-Plattformwirtschaft."[134]

Damit sind die Gefahren derartiger Kontakte für die Zugangspetenten prägnant und amtlich umrissen. Die P2B-Verordnung ist allerdings bestenfalls ein allererster Ansatz, um diese „Reibungen in der Online-Plattformwirtschaft" zu glätten.

Es stellt sich damit als Regelungsauftrag, das Verhandlungsgleichgewicht und die Rechte der Allgemeinheit (z.B. das Schutzinteresse am freien Wettbewerb) bei konsensualen Lösungen für Zugangsfragen zu wahren.

b) Abhängigkeit

Dabei ist keineswegs gesagt, dass bei Zugangsansprüchen stets der Zugangspetent in einer unterlegenen Situation ist. Vielmehr kann sich auch die Situation einstellen, dass der Betreiber einer Plattform oder der Inhaber eines Zugangsschlüssels geradezu darauf angewiesen ist, dass jemand Zugang begehrt. So kann die Situation beispielsweise liegen, wenn der Plattformbetreiber auf ein starkes Startangebot angewiesen ist oder ein Smart Home nur betrieben werden kann, wenn bestimmte Unternehmen sich beteiligen, die für das reibungslose Funktionieren vor Ort sorgen.

Die typische Situation ist dies aber nicht. Wer Zugang begehrt, ist offenbar in einer Position, in der Zugang überhaupt erforderlich ist, also eine Abschottung bereits vorliegt. Die Einführung von Plattformmodellen und datenbasierten Zugängen ist gerade darauf gerichtet, Kontrolle zu behalten und andere auszuschließen. Der deutsche Gesetzgeber hat in § 18 Abs. 3 Nr. 3 GWB eine Norm eingeführt, die ausdrücklich vorsieht, dass der Zugang zu relevanten Daten zu Marktmacht führen kann.[135] Dies ist eine wesentliche Klarstellung der Wirkung von Daten in Märkten und macht deutlich, dass Abhängigkeiten entstehen können.[136] Wer eine faktische oder rechtliche Herrschaftsposition hat, ist in einer überlegenen Verhandlungsposition, wenn der Vertragspartner auf den Zugang angewiesen ist,

---

134 P2B-Verordnung (VO (EU) 2019/1150) Erw.Gr. 2.
135 Vgl. *Grave* in: Kersting/Podszun, Die 9. GWB-Novelle, 2017, Kap. 2 Rn. 50 ff.
136 Zum Begriff der Abhängigkeit siehe etwa *Loewenheim* in: Loewenheim/Meessen/Riesenkampff/Kersting/Meyer-Lindemann, Kartellrecht, 4. Auflage 2020, § 20 GWB Rn. 20 ff.

um überhaupt seinen Geschäften nachgehen zu können. Wirtschaftliche Macht, ob faktisch oder rechtlich vermittelt, wird zum *Gamechanger*. Sie wird in Gatekeeper-Situationen häufig vorliegen.

Insbesondere wer sein Geschäftsmodell bislang auf freien Zugang ausgerichtet hatte (etwa freie Werkstätten und unabhängige Unternehmen – selbstständige Akteure, die die Essenz der Marktwirtschaft ausmachen), gerät plötzlich in eine Position der Abhängigkeit. Hersteller und Plattformbetreiber können beeinflussen oder entscheiden, wer mit wem und zu welchen Bedingungen Verträge schließt. Das Vertragsangebot einer mächtigen Plattform auszuschlagen, ist in der Regel keine Alternative. Nachteilige Bedingungen an der Schmerzgrenze werden dann hingenommen, wenn die Alternative noch schlechter ist und beispielsweise im Ausscheiden aus dem Markt besteht.

c) Gegeneinwand der Zustimmung

Nun ließe sich dagegen einwenden, dass die Zustimmung des benachteiligten Partners im Vertrag ja signalisiere, dass der Vertrag für diesen noch immer die Win-win-Situation verwirkliche. Das wäre allerdings zu kurz gegriffen: Ein Vertrag ist nicht schon dann von der Rechtsordnung legitimiert, wenn beide Seiten zustimmen. Das würde die Not- oder Drucksituation verkennen, in der Zustimmungen ggf. erteilt werden. Zur Wahrung eines materiellen Mindeststandards schreitet die Rechtsordnung ein und erklärt Verträge im Zweifel für nichtig, anfechtbar oder widerrufbar, etwa wenn eine Sittenwidrigkeit vorliegt, die Geschäftsgrundlage gestört ist oder andere zwingende Erfordernisse des Rechts übergangen wurden. Im unternehmerischen Rechtsverkehr wird zwar eine hoheitliche Intervention nur mit Zurückhaltung befürwortet werden können. Gleichwohl gibt es auch in Vertragsverhältnissen zwischen Unternehmen korrekturbedürftige Vereinbarungen, ob zum Schutz einer Seite oder zur Wahrung öffentlicher Interessen (etwa dem Interesse der Allgemeinheit an einem unverfälschten Wettbewerb).

IV. Zugangsansprüche nach geltendem Recht

Schon jetzt gibt es nach geltendem Recht Zugangsansprüche ganz unterschiedlicher Art, die zwangsweise durchgesetzt werden können und die so die Zuordnung aufbrechen. Im Wirtschaftsrecht greifen Zugangsansprüche, wenn andernfalls ein Marktversagen droht, etwa weil Innovationen behindert werden oder der Wettbewerb zum Erliegen kommt. Dann wird – bei Vorliegen der jeweiligen Voraussetzungen – in die Zuordnung eingegriffen oder ein Kontrahierungszwang ausgesprochen. Die Ansprüche ergeben sich vor allem aus Kartellrecht und sektorspezifischen Regelwerken, aber auch aus sonstigen Vorschriften, die quer über das gesamte Recht verteilt sind. Sie sind daraufhin auszuwerten, ob sie für die Regelung eines verbesserten Zugangs in den Ausgangsszenarien reichen. Ist dies der Fall, ist kein weiterer Regelungsbedarf gegeben. Hinzu kommt, dass die Ausgestaltung und die Schwierigkeiten dieser Ansprüche Hinweise für die zu klärenden Parameter neuer Zugangsregeln geben.

1. Kartellrecht

Das Kartellrecht, geregelt im GWB und in den europäischen Vorschriften (Art. 101, 102 AEUV), dient dem Wettbewerbsschutz und hat daher die Aufgabe, Vermachtungen aufzubrechen und Abschottungsstrategien zu verhindern. Dazu vermittelt es Zugangsansprüche, die also ökonomisch-wettbewerblich legitimiert sind. Die Voraussetzungen für einen hoheitlich angeordneten kartellrechtlichen Zugangsanspruch sind jedoch hoch. Eine flächendeckende Marktwirkung ist von ihnen nicht zu erwarten.

a) Zugangsansprüche wegen Missbrauchs von Marktmacht

Zugangsansprüche setzen materiell zunächst voraus, dass der Inhaber des Zugangsschlüssels marktmächtig ist. Dies kann in Form von Marktbeherrschung (§ 18 GWB, Art. 102 AEUV) der Fall sein. Zugangsansprüche können sich nach deutschem Recht aber schon bei relativer oder überlegener Marktmacht ergeben (§ 20 GWB). Die Feststellung einer marktmächtigen Stellung hängt wesentlich von der Definition des relevanten Marktes ab. Ist der relevante Markt definiert, ist in einem zweiten Schritt die Position des Unternehmens, dem der Kartellrechtsverstoß vorgeworfen wird, auf diesem Markt zu prüfen.[137] Zugang wird nur gewährt, wenn ein Missbrauch der so festgestellten Marktmacht vorliegt.[138]

aa) Marktabgrenzung

Die Abgrenzung des relevanten Markts erfolgt auf drei Ebenen, nämlich in sachlicher, räumlicher und zeitlicher Hinsicht. Besondere Schwierigkeiten bereitet regelmäßig die sachliche Marktabgrenzung. Die Marktabgrenzung erfolgt nach dem sog. Bedarfsmarktkonzept. Abgestellt wird darauf, welche Leistungen von der Gegenseite als austauschbar angesehen werden: Werden etwa verschiedene Thermometer als in ihrer Funktion austauschbar vom Kunden akzeptiert, konkurrieren die Hersteller im selben Markt miteinander.[139] Dabei können verschiedene Märkte auch zwischen an sich identischen oder sehr ähnlichen Produkten bestehen, wenn erhebliche Preisunterschiede zwischen diesen bestehen.[140]

Die Kriterien wurden für die Marktabgrenzung im Allgemeinen entwickelt, nicht speziell für Datenmärkte.[141] Wie in Konstellationen, in denen die Lizenzierung eines Immaterialgüterrechts begehrt wird,[142] ist die Marktabgrenzung in den Plattform- und Datenzugangskonstellationen vergleichsweise unproblematisch: Begehrt Unternehmen A von Unternehmen B Zugriff auf einen bestimmten Datensatz oder Zugang zu einer Plattform, so ist festzustellen, ob A Ausweichmöglichkeiten auf andere „Angebote" hat.

---

137 EuGH, 13.2.1979, Rs. 85/76, ECLI:EU:C:1979:36, Rz. 21, 36 – *Hoffmann-La Roche*.
138 Eine umfassende Studie neueren Datums zum Zugang zu Daten nach Kartellrecht stammt von *Schmidt*, Zugang zu Daten nach europäischem Kartellrecht, 2020, mit zahlr. weiteren Nachweisen.
139 Vgl. für Art. 102 AEUV EuGH, 21.2.1973, Rs. 6/72, ECLI:EU:C:1973:22, Rz. 32 – *Continental Can*.
     Für § 18 GWB vgl. BGH, 27.4.1999, Az. KZR 35/97, GRUR 2000, 95.
140 *Fuchs* in: Immenga/Mestmäcker, Wettbewerbsrecht, Band 1, 6. Auflage 2019, Art. 102 AEUV Rn. 50.
141 Näher zur Marktabgrenzung bei Zugangsansprüchen zu Daten *Graef*, Data as Essential Facility, 2016, S. 254 f.; *Kerber*, 15(4) Journal of Competition Law & Economics 2019, S. 398.
142 Vgl. *Bergmann/Fiedler* in: Loewenheim/Meessen/Riesenkampff/Kersting/Meyer-Lindemann, Kartellrecht, 4. Auflage 2020, Art. 102 AEUV Rn. 122.

bb) Marktmacht

Für Unternehmen ergeben sich besondere Pflichten aus den oben genannten Vorschriften nur dann, wenn sie marktbeherrschend sind (bei Art. 102 AEUV, § 19 GWB) oder sie gegenüber anderen Unternehmen relative oder überlegene Marktmacht haben (bei § 20 GWB).

(1) Marktbeherrschung

Eine marktbeherrschende Stellung ist nach ständiger Rechtsprechung eine

> „wirtschaftliche Machtstellung eines Unternehmens [...], die dieses in die Lage versetzt, die Aufrechterhaltung eines wirksamen Wettbewerbs auf dem relevanten Markt zu verhindern, indem sie ihm die Möglichkeit verschafft, sich seinen Wettbewerbern, seinen Abnehmern und letztlich den Verbrauchern gegenüber in einem nennenswerten Umfang unabhängig zu verhalten."[143]

Zur besseren Handhabung dieser offenen Definition werden verschiedene Kriterien zur Konkretisierung herangezogen, die jeweils nicht für sich alleine die marktbeherrschende Stellung begründen können, sondern in ihrer Gesamtschau.[144] Für die Analyse der Marktstruktur haben die Marktanteile der Wettbewerber das größte Gewicht.[145] Im deutschen Recht wird nach § 18 Abs. 4 und 6 GWB eine marktbeherrschende Stellung beim Überschreiten bestimmter Marktanteilsschwellen widerleglich vermutet. Im europäischen Kartellecht sind die Marktanteile dagegen stets nur ein Indiz, wobei besonders hohe Marktanteile entgegenstehende Indizien eher in den Hintergrund rücken lassen.[146]

Eine marktbeherrschende Stellung liegt im Kontext von Immaterialgüterrechten vor, wenn das Substrat des Immaterialgüterrechts gerade den relevanten Markt ausmacht oder die Lizenzierung für das Tätigwerden auf

---

143 EuGH, 14.2.1978, Rs. 27/76, ECLI:EU:C:1978:22, Rz. 63/66 – *United Brands*; EuG, 25.6.2010, Rs. T-66/01, ECLI:EU:T:2010:255, Rz. 254 – *ICI/Kommission*.

144 EuGH, 14.2.1978, Rs. 27/76, ECLI:EU:C:1978:22, Rz. 63/66 – *United Brands*.

145 *Fuchs* in: Immenga/Mestmäcker, Wettbewerbsrecht, Band 1, 6. Auflage 2019, Art. 102 AEUV Rn. 87.

146 Vgl. EuGH, 13.2.1979, Rs. 85/76, ECLI:EU:C:1979:36, Rz. 40 ff. – *Hoffmann-La Roche*.

einem nachgelagerten Markt zwingend erforderlich ist.[147] Das gleiche gilt bei faktischen Monopolen, die bspw. aufgrund technischer Schutzvorkehrungen bestehen.[148]

Hier lassen sich die Zugangsbedürfnisse des Handwerks verorten: Gibt es auf dem Markt beispielsweise nur eine Software (die zudem urheberrechtlich geschützt ist), ist eine marktbeherrschende Stellung des Softwareanbieters wahrscheinlich. Geht es um einen Datensatz, handelt es sich möglicherweise um ein faktisches Monopol ohne Ausweichmöglichkeiten. Aus diesen Gründen kann in den Zugangskonstellationen eine marktbeherrschende Stellung – je nach Marktabgrenzung – anzunehmen sein. Wenn, wie gesehen, Plattformen aktiv sind, werden diese häufig den Markt für sich gewinnen können (*tipping*). Dann entspricht ihre Gatekeeper-Position einer marktbeherrschenden Stellung.

(2) Relative oder überlegene Marktmacht

Gemäß § 20 GWB genügt auch relative oder überlegene Marktmacht gegenüber anderen Unternehmen für die Geltendmachung von Zugangsansprüchen. Die Vorschrift weitet die nach § 19 GWB für marktbeherrschende Unternehmen geltenden Pflichten auf Abhängigkeitssituationen aus. Im Unterschied zur Marktbeherrschung genügt es dann, dass Unternehmen von anderen Unternehmen abhängig sind, selbst wenn diese im Markt möglicherweise nicht dominant sind. Solche Abhängigkeiten können sich etwa daraus ergeben, dass Unternehmen ihre Produktion ganz auf einen bestimmten Abnehmer ausgerichtet haben (unternehmensbedingte Abhängigkeit) oder der Zugang zu einem bestimmten Produkt im Markt schlicht erwartet wird (sortimentsbedingte Abhängigkeit) – etwa bei „must stock items".[149] Beide Konstellationen sind auch im Handwerk gut denkbar, wenn beispielsweise ein Handwerksbetrieb sich ganz auf einen Großkunden ausgerichtet hat oder z.B. ein bestimmter Elektrogeräte-Anbieter abgedeckt werden muss, weil die Kundschaft das erwartet. Schutzzweck

---

147 Vgl. EuGH, 6.4.1995, Rs. C-241/91 P, ECLI:EU:C:1995:98, Rz. 46 ff. – *Magill*; *Bergmann/Fiedler* in: Loewenheim/Meessen/Riesenkampff/Kersting/Meyer-Lindemann, Kartellrecht, 4. Auflage 2020, Art. 102 AEUV Rn. 122.

148 Vgl. EuGH, 26.11.1998, Rs. C-7/97, ECLI:EU:C:1998:569, Rz. 37 ff. – *Bronner*; *Bergmann/Fiedler* in: Loewenheim/Meessen/Riesenkampff/Kersting/Meyer-Lindemann, Kartellrecht, 4. Auflage 2020, Art. 102 AEUV Rn. 123.

149 Vgl. *Nothdurft* in: Langen/Bunte, Kartellrecht, 12. Auflage 2014, § 20 GWB Rn. 37 ff.

der Norm ist, die aus diesem Abhängigkeitsverhältnis resultierende Beeinträchtigung der Entscheidungsfreiheit der abhängigen Unternehmen und negative Auswirkungen auf den Wettbewerb als solchen zu verhindern.[150] Auch Newcomer können sich auf § 20 Abs. 1 GWB berufen, wenn sie ihre Geschäftstätigkeit auf neue Bereiche ausdehnen oder erstmals auf einem Markt tätig werden wollen.[151] Die Vorschrift bezweckt, den Marktzugang generell offen zu halten.[152]

Auch § 20 Abs. 3 S. 1 GWB kann in der Plattformökonomie eine Rolle spielen. Nach dieser Vorschrift dürfen Unternehmen mit gegenüber ihren Wettbewerbern überlegener Marktmacht ihre Marktmacht nicht dazu ausnutzen, solche Wettbewerber unmittelbar oder mittelbar unbillig zu behindern. Sinn und Zweck ist damit der Schutz von Wettbewerbern auf horizontaler Ebene.[153] Auch in solchen Konstellationen kann von den marktmächtigen Unternehmen wettbewerbsschädliches Verhalten ausgehen.[154] Voraussetzung für ein horizontales Wettbewerbsverhältnis und damit für die Anwendbarkeit von § 20 Abs. 3 S. 1 GWB ist, dass der Normadressat und das mutmaßlich unbillig behinderte Unternehmen auf dem selben Markt tätig sind.[155] Das ist in den Plattformfällen vor allem dann gegeben, wenn der Plattformanbieter selbst eine Ware oder Dienstleistung anbietet. Im Handwerk ist das für Dienstleistungen eher selten der Fall, beim Verkauf von Waren aber gut denkbar.

(3) Abhängigkeit nach der 10. GWB-Novelle

In der 10. GWB-Novelle, die 2021 in Kraft getreten ist, hat der Gesetzgeber eigens mit Blick auf die Datenökonomie die Abhängigkeitstatbestände

---

150 Vgl. zu § 26 Abs. 2 S. 1 GWB a.F. BGH, 20.11.1975, Az. KZR 1/75, GRUR 1976, 206, 207.

151 Vgl. zu § 26 Abs. 2 S. 1 GWB a.F BGH, 30.6.1981, Az. KZR 19/80, GRUR 1981, 917, 918.

152 Vgl. zu § 26 Abs. 2 S. 1 GWB a.F. BGH, 17.1.1979, Az. KZR 1/78, NJW 1979, 2152, 2153.

153 *Markert* in: Immenga/Mestmäcker, Wettbewerbsrecht, Band 2, 6. Auflage 2020, § 20 GWB Rn. 64.

154 Vgl. *Westermann* in: MüKo-Wettbewerbsrecht, Band 2, 3. Auflage 2020, § 20 GWB Rn. 57.

155 Vgl. zu § 20 Abs. 4 GWB a.F. BGH, 9.7.2002, Az. KZR 30/00, NJW 2002, 3779, 3781 – *Fernwärme für Bornsen.*

nachgeschärft. In § 20 Abs. 1a GWB ist folgende weitreichende Neuerung vorgesehen:

> „Eine Abhängigkeit nach Absatz 1 kann sich auch daraus ergeben, dass ein Unternehmen für die eigene Tätigkeit auf den Zugang zu Daten angewiesen ist, die von einem anderen Unternehmen kontrolliert werden. Die Verweigerung des Zugangs zu solchen Daten gegen angemessenes Entgelt kann eine unbillige Behinderung nach Absatz 1 in Verbindung mit § 19 Absatz 2 Nummer 1 darstellen. Dies gilt auch dann, wenn ein Geschäftsverkehr für diese Daten bislang nicht eröffnet ist."

Die Vorschrift setzt einen markanten Punkt für den Anwendungsbereich des kartellrechtlichen Zugangsanspruchs, indem Abhängigkeit von Datenmacht ausdrücklich als Ansatzpunkt für einen Missbrauch durch Datenzugangsverweigerung angesehen wird. Die Norm geht auf einen Vorschlag aus einer vorbereitenden Studie zurück, in der das Datenzugangsthema von den Autoren bereits als ein Kernproblem der digitalen Ökonomie benannt wurde.[156]

Damit wird jedenfalls außer Streit gestellt, dass sich eine Abhängigkeitssituation wegen Daten ergeben kann. In der Folge kann ein Missbrauch vorliegen (dazu sogleich). Eine Besonderheit ist, dass vorhergehende Geschäftsbeziehungen nicht erforderlich sind, wie Satz 3 zeigt. Der Dateninhaber muss anderen nicht einmal Zugangsrechte eingeräumt haben, damit ein Abhängigkeitstatbestand begründet sein kann.[157] Die Abhängigkeit kann sich auch ad hoc ergeben – im Verhältnis von Unternehmen zueinander, die bislang keine geschäftlichen Kontakte hatten. Der Gesetzgeber hat damit den Anwendungsbereich von Datenzugangsansprüchen deutlich ausgeweitet.

cc) Missbrauch

Ist ein Unternehmen Normadressat von § 20 GWB, kann ein Missbrauch der marktstarken Stellung vorliegen. Ein solcher liegt nach ständiger Rechtsprechung des EuGH in Verhaltensweisen

---

156 *Schweitzer/Haucap/Kerber/Welker*, Modernisierung der Missbrauchsaufsicht für marktmächtige Unternehmen, 2018, S. 147 ff.
157 BT-Drucks. 19/23492, S. 78.

> „eines Unternehmens in beherrschender Stellung, die die Struktur des Marktes beeinflussen können, auf dem der Wettbewerb gerade wegen der Anwesenheit des fraglichen Unternehmens bereits geschwächt ist, und die die Aufrechterhaltung des auf dem Markt noch bestehenden Wettbewerbs oder dessen Entwicklung durch die Verwendung von Mitteln behindern, welche von den Mitteln des normalen Produkt- und Dienstleistungswettbewerbs auf der Grundlage der Leistungen der Marktbürger abweichen".[158]

Für die Beurteilung von Verhaltensweisen, die eine Zugangsverweigerung zum Gegenstand haben, haben sich verschiedene Fallgruppen etabliert.

(1) Geschäftsverweigerung und Diskriminierung

Der Abbruch bestehender Geschäftsbeziehungen oder die Verweigerung einer Geschäftsaufnahme kann eine unbillige Behinderung oder Diskriminierung darstellen. Mit der Geschäftsverweigerung gleichgestellt sind Fälle, in denen das marktmächtige Unternehmen zwar die Fortführung oder Aufnahme der Geschäftsbeziehung anbietet, dies jedoch von solch unangemessenen Bedingungen abhängig macht, dass es einer Geschäftsverweigerung praktisch gleichkommt.[159]

Zur unternehmerischen Freiheit gehört grundsätzlich auch die Entscheidungsfreiheit über den Geschäftspartner. Die Aufnahme oder Verweigerung von Geschäftsbeziehungen ist daher im Normalfall nicht rechtfertigungsbedürftig. Etwas anderes kann aber beim Vorliegen von wirtschaftlicher Macht gelten. Im Einzelfall kann der Adressat der Missbrauchsverbote aus Art. 102 AEUV bzw. §§ 19, 20 GWB in seiner Vertragsfreiheit beschränkt und zur Aufnahme von Geschäftsbeziehungen verpflichtet sein, sog. Kontrahierungszwang.[160] Das ist auch verständlich: Ein Gatekeeper kann allein aufgrund seiner Schlüsselstellung über den wirtschaftlichen Erfolg anderer Unternehmen durch Zugangsgewährung und Zugangsverweigerung entscheiden. Das weicht von der Vorstellung eines Leistungswettbewerbs ab, denn nicht Leistung entscheidet über den Markt, sondern die

---

158 EuGH, 13.2.1979, Rs. 85/76, ECLI:EU:C:1979:36, Rz. 91 – *Hoffmann-La Roche.*; EuGH, 16.7.2015, Rs. C-170/13, ECLI:EU:C:2015:477, Rz. 45 – *Huawei/ZTE*.
159 *Eilmansberger/Bien* in: MüKo-Wettbewerbsrecht, Band 1, 3. Auflage 2020, Art. 102 AEUV Rn. 444.
160 *Fuchs* in: Immenga/Mestmäcker, Wettbewerbsrecht, Band 1, 6. Auflage 2019, Art. 102 AEUV Rn. 305.

Willkür des Gatekeepers.[161] Dem schiebt das Missbrauchsverbot einen Riegel vor – insbesondere, damit der Wettbewerb auf dem nachgelagerten Markt nicht beeinträchtigt wird.[162]

So lag es bspw. im *Porsche-Tuning*-Fall[163]: Eine Kfz-Werkstatt hatte sich vollständig auf die Individualisierung und Veredelung von Porsche-Fahrzeugen spezialisiert, so dass sie auf die weitere Belieferung mit Porsche-Neuwagen zur Fortsetzung ihres Geschäftsmodells angewiesen war.[164] Die Geschäftsverweigerung war geeignet, den Wettbewerb auf dem nachgelagerten Tuning-Markt zu beschränken, da dann nur Porsche selbst entsprechende Leistungen anbieten konnte.[165] Damit bestand die Gefahr, dass sich die von Porsche angebotenen Tuning-Leistungen auf dem Markt gegenüber denen von Drittanbietern durchsetzen, obwohl es sich nicht um die beste Leistung handelt. Ein solcher Transfer von Marktmacht vom beherrschten Markt (Angebot von Porsche-Neuwagen) auf den nachgelagerten Markt (Tuning-Leistungen) wird auch als *leveraging* bezeichnet.[166] Der BGH urteilte, dass die Geschäftsverweigerung eine unbillige Behinderung der Kfz-Werkstatt darstellt. Der Leistungswettbewerb würde verfälscht.

Ähnlich gelagert war der *Jaguar-Vertragswerkstatt*-Fall[167]: Nachdem eine Kfz-Werkstatt über mehrere Jahre mit dem Fahrzeughersteller einen sog. „Service-Vertrag" unterhielt, der ihr den Status eines „autorisierten Jaguar Servicebetriebs" verlieh, kündigte der Hersteller den Vertrag mit der Begründung, das Servicenetz für die eigenen Fahrzeuge neu strukturieren zu wollen. Die klagende Werkstatt wurde bei dieser Neustrukturierung nicht berücksichtigt. Der BGH bejahte eine marktbeherrschende Stellung des Fahrzeugherstellers gem. § 18 Abs. 1 Nr. 1 GWB auf dem Angebotsmarkt für solche Service-Verträge, da nur dieser entsprechende Verträge anbieten kann.[168] Der marktbeherrschende Fahrzeughersteller ist daher verpflichtet,

---

161 Vgl. Kronberger Kreis, Neue Diskriminierungsverbote für die digitale Welt?, 2017, S. 25 ff.

162 *Fuchs* in: Immenga/Mestmäcker, Wettbewerbsrecht, Band 1, 6. Auflage 2019, Art. 102 AEUV Rn. 306.

163 BGH, 6.10.2015, Az. KZR 87/13, WRP 2016, 229 – *Porsche-Tuning*.

164 Hier wird die sog. Transaktionskostentheorie relevant, vgl. dazu *Kerber/Schwalbe* in: MüKo-Wettbewerbsrecht, Band 1, 3. Auflage 2020, 1. Teil Grundlagen Rn. 494.

165 BGH, 6.10.2015, Az. KZR 87/13, WRP 2016, 229 – *Porsche-Tuning*.

166 *Fuchs* in: Immenga/Mestmäcker, Wettbewerbsrecht, Band 1, 6. Auflage 2019, Art. 102 AEUV Rn. 306.

167 BGH, 26.1.2016, Az. KZR 41/14, NJW 2016, 2504 – *Jaguar-Vertragswerkstatt*.

168 BGH, 26.1.2016, Az. KZR 41/14, NJW 2016, 2504, 2505 – *Jaguar-Vertragswerkstatt*.

jeder Kfz-Werkstatt, welche die qualitativen Anforderungen erfüllt, den Abschluss eines entsprechenden Vertrages anzubieten, sofern dem keine sachlichen Gründe entgegenstehen.[169]

Mit diesen Fällen vergleichbar ist der Zugang zu Messen oder sonstigen Veranstaltungen. Für Handwerker oder Händler kann es ganz entscheidend sein, sich auf einer Fachmesse für die von ihnen angebotenen Produkte und Dienstleistungen präsentieren zu können.[170] Gibt es keine anderen vergleichbaren Messen oder sonstige Präsentationsmöglichkeiten, so handelt es sich regelmäßig um einen eigenständigen Markt, auf dem der Messeveranstalter als einziger Anbieter marktbeherrschend i.S.d. § 18 Abs. 1 Nr. 1 GWB ist.[171] In diesen Fällen darf der Messebetreiber nicht ungerechtfertigt zwischen gleichartigen Interessenten differenzieren.[172] Die Zulassungskriterien müssen deshalb objektiv und nachvollziehbar sein.[173] Im deutschen Recht ergibt sich neben kartellrechtlichen Tatbeständen zudem aus § 70 Abs. 1 GewO ein Anspruch auf Zulassung zu einer allgemein zugänglichen Messe. Auch hierfür ist eine Begrenzung nur aus Sach- oder Kapazitätsgründen zulässig, § 70 Abs. 2, 3 GewO.

Dass sich diese Fälle aus der traditionellen Wirtschaft in der Plattformökonomie alltäglich ganz vergleichbar stellen können, liegt auf der Hand: Immer öfter rücken Plattformbetreiber in die Rolle des Gatekeepers, der über Wohl und Wehe seiner Geschäftspartner entscheidet und dabei nicht diskriminieren oder ohne Rechtfertigung Geschäfte verweigern darf.[174] Allerdings ist stets festzustellen, ob es eine Situation von vor- und nachgelagertem Markt und eine mögliche Hebelwirkung zwischen beiden Märkten gibt. Alternative Zugangsmöglichkeiten dürfen nicht bestehen.

---

169 BGH, 26.1.2016, Az. KZR 41/14, NJW 2016, 2504, 2505 – *Jaguar-Vertragswerkstatt*.

170 *Lübbert/Schöner* in: Wiedemann, Kartellrecht, 4. Auflage 2020, § 23 Rn. 120.

171 Vgl. OLG Düsseldorf, 30.1.2008, Az. VI-U (Kart) 28/07, BeckRS 2008, 11171, Rz. 14 ff. – *Dentalmesse*.

172 Vgl. OLG Düsseldorf, 30.1.2008, Az. VI-U (Kart) 28/07, BeckRS 2008, 11171, Rz. 25 – *Dentalmesse*.

173 Näher dazu *Lübbert/Schöner* in: Wiedemann, Kartellrecht, 4. Auflage 2020, § 23 Rn. 123.

174 Siehe auch *Schweitzer/Haucap/Kerber/Welker*, Modernisierung der Missbrauchsaufsicht für marktmächtige Unternehmen, 2018, S. 172 ff. Zu Spezialfragen des Zugangs siehe *Schwarz*, Zugang zu App Stores, 2017 (mit starkem medienrechtlichen Einschlag), sowie *Weber*, Zugang zu den Softwarekomponenten der Suchmaschine Google nach Art. 102 AEUV, 2017.

(2) Essential facility-Doktrin

Die sog. essential-facility-Doktrin stellt eine Untergruppe der Fälle miss-bräuchlicher Geschäftsverweigerung dar.[175] Der Unterschied besteht darin, dass das marktmächtige Unternehmen bei der „allgemeinen" Geschäftsver-weigerung ihre Leistungen im Grundsatz auch nach außen hin anbietet, während die Fälle der essential-facility-Doktrin durch Infrastruktureinrich-tungen geprägt sind, die das Unternehmen für sich exklusiv halten möchte bzw. für die bisher kein eigener Markt eröffnet wurde.[176] Im deutschen Recht findet sich eine an die Rechtsprechung der Unionsgerichte ange-lehnte Spezialvorschrift in § 19 Abs. 2 Nr. 4 GWB.[177] Durch die 10. GWB-Novelle wurde die Vorschrift auf den Zugang „zu Daten, Netzen und an-deren Infrastruktureinrichtungen" erweitert.

Bei der ursprünglich aus dem US-Kartellrecht stammenden essential-fa-cility-Doktrin geht es um Fälle, in denen sich ein Unternehmen weigert, anderen Unternehmen Zugang zu einer wesentlichen Einrichtung zu ge-währen, um dadurch den nachgelagerten Markt vor Wettbewerbern abzu-schirmen und damit monopolisieren zu können.[178] Weigert sich, wie in einem *leading case*, ein Hafenbetreiber, der zugleich Fährdienste anbietet, anderen Fährdiensten Zugang zu dem Hafen zu gewähren, so kann er da-mit alleine auf dem nachgelagerten Markt für Fährdienste tätig werden.[179] Im grundlegenden *Bronner*-Urteil[180] stellte der EuGH drei Kriterien auf, unter denen die Zugangsverweigerung einen Missbrauch i.S.d. Art. 102 AEUV darstellen könne: (1) Die begehrte Einrichtung muss für das Tätigwerden auf dem nachgelagerten Markt unerlässlich sein, da dafür kein tatsächlicher oder potenzieller Ersatz besteht, (2) die Zugangsverwei-gerung muss geeignet sein, jeglichen Wettbewerb auf dem nachgelagerten Markt auszuschalten, (3) die Verweigerung darf nicht sachlich gerechtfer-

---

175 *Uphues* in: Hoeren/Sieber/Holznagel, Multimedia-Recht, 53. EL 2020, Teil 15.3 Big Data in Online-Medien und auf Plattformen Rn. 32.

176 Vgl. *Fuchs* in: Immenga/Mestmäcker, Wettbewerbsrecht, Band 1, 6. Auflage 2019, Art. 102 AEUV Rn. 331.

177 Vgl. zur Gesetzgebungshistorie *Wiedemann* in: Wiedemann, Kartellrecht, 4. Auf-lage 2020, § 23 Rn. 230 ff.

178 *Scholz* in: Wiedemann, Kartellrecht, 4. Auflage 2020, § 22 Rn. 108. Zur Entste-hungsgeschichte der Doktrin siehe *Graef*, Data as Essential Facility, 2016, S. 158 ff.

179 Vgl. Kommission, IV/34.689, Abl. 1994 L 15, 8, Rz. 66 – *Seacontainers/Stena Sea-link*.

180 EuGH, 26.11.1998, Rs. C-7/97, ECLI:EU:C:1998:569 – *Bronner* mit Verweis auf EuGH, 6.4.1995, Rs. C-241/91 P und C-242/91 P, ECLI:EU:C:1995:98 – *Magill*.

tigt sein.[181] Diese Kriterien stellen eine große Hürde für Zugangsansprüche dar. So kommt es für die Frage, ob der Zugangspetent eine zumutbare Ausweichmöglichkeit hat, nicht auf dessen individuelle wirtschaftliche Möglichkeiten, sondern auf die eines gleich effizienten Wettbewerbers des marktbeherrschenden Unternehmens an.[182] Zudem ist umstritten, ob nur ein neuartiges Angebot für den nachgelagerten Markt zum zwangsweisen Zugang berechtigt. Das ist viel verlangt. In jedem Fall ist eine umfassende Interessenabwägung erforderlich.[183]

Mit der Neuregelung soll die essential facility-Doktrin explizit auch auf den Zugang zu Daten anzuwenden sein.[184] Dateninhaber werden damit in die Nähe von Infrastrukturanbietern gerückt – eine durchaus gewagte Gleichsetzung. Der Gesetzgeber wollte einen Anknüpfungspunkt für die hier diskutierten Szenarien schaffen:

> „So sind etwa Konstellationen denkbar, in denen ein marktbeherrschendes Unternehmen den Zugang über die Nutzungsdaten einer bestimmten Person oder Maschine kontrolliert und ein anderes Unternehmen, das Zusatzdienste für den Betreiber der Maschine oder für den Nutzer eines Dienstes anbieten will, Zugang zu den individualisierten Nutzungsdaten benötigt, um seinen Dienst (Wartung, Reparatur oder innovatives komplementäres Angebot) an die Bedürfnisse des Nutzers anpassen zu können."[185]

Die Schlagkraft der Vorschrift wird aber wegen der hohen Anforderungen und unsicheren Aussichten einer Klage begrenzt bleiben.

(3) Zwangslizenz im Immaterialgüterrecht

Für die Zugangsansprüche zu Daten werden häufig die kartellrechtlichen Zwangslizenzen bei Lizenzverweigerung im Immaterialgüterrecht beispielhaft herangezogen. Diskutiert wird beispielsweise, ob eine patentgeschütz-

---

181 EuGH, 26.11.1998, Rs. C-7/97, ECLI:EU:C:1998:569, Rz. 41 – *Bronner*.
182 EuGH, 26.11.1998, Rs. C-7/97, ECLI:EU:C:1998:569, Rz. 44, 45 – *Bronner*. Siehe aber abweichend EuG, 17.9.2007, Rs. T-201/04, ECLI:EU:T:2007:289, Rz. 651 – *Microsoft*.
183 BT-Drucks. 19/23492, S. 70.
184 *Louven*, NZKart 2018, 217, 221. Siehe vorgehend schon *Schweitzer/Haucap/Kerber/Welker*, Modernisierung der Missbrauchsaufsicht für marktmächtige Unternehmen, 2018, S. 162 ff.
185 BT-Drucks. 19/23492, S. 70.

te Erfindung verwendet werden kann, wenn dies nötig ist, um auf einem nachgelagerten Markt tätig werden zu können. Kann das Kartellrecht mit seinem Anspruch, offenen Marktzugang und freien Wettbewerb zu schaffen, gegen die Patentverletzungsklage in Stellung gebracht werden? Der EuGH hat in Fällen wie *IMS Health* und *Huawei/ZTE* eine komplexe Rechtsprechung dazu entwickelt.[186] Immerhin prallt hier der Konflikt von Ausschluss und Zugang voll aufeinander: Das Recht gewährt eigens ein Patent, damit der Patentinhaber andere von der Nutzung seiner Erfindung ausschließen kann. Andererseits soll das Kartellrecht genau solche Ausschlüsse verhindern, zumindest wenn der Wettbewerb damit gänzlich ausgeschaltet wird. Die Kriterien, wann ein kartellrechtlicher Zwangslizenzanspruch gegeben ist, ähneln denen des oben zitierten *Bronner*-Falls. In den immaterialgüterrechtlichen Fällen wie *Magill*, *IMS Health* und *Microsoft* wurde festgelegt, dass der Zugangspetent die Unerlässlichkeit des Zugangs für sein Tätigwerden nachweisen muss.[187] Verlangt wird auch, dass ein neues Produkt („new product rule") (*IMS Health*) oder ein technischer Fortschritt (*Microsoft*) erzielt wird, nach dem eine Konsumentennachfrage besteht. Zudem muss es zu einer Beseitigung des Wettbewerbs kommen, und es darf keine objektive Rechtfertigung für die Zugangsverweigerung geben.

Die Auseinandersetzungen haben sich in den vergangenen Jahren jedoch verlagert – weg von den Kriterien, wann Zugang zu gewähren ist, hin zu Fragen der Durchsetzung und Abwicklung dieses Anspruchs. Zum Beispiel ist der Zugang zum Patent nicht kostenlos. Aber was ist eine angemessene Lizenzgebühr? Gelöst sind weder diese formalen Fragen, noch die davor gelagerten materiellen Fragen. Für die Zugangsfragen in der Datenökonomie sind diese Fälle eher abschreckend: Die äußerst langwierige und komplizierte Durchsetzung derartiger Ansprüche ist schlicht nicht zur Nachahmung zu empfehlen.

---

186 EuGH, 29.4.2004, Rs. C-418/01, ECLI:EU:C:2004:257 – *IMS Health;* EuGH, 16.7.2015, Rs. C-170/13, ECLI:EU:C:2015:477 – *Huawei/ZTE.*
187 EuGH, 6.4.1995, Rs. C-241/91 P und C-242/91 P, ECLI:EU:C:1995:98 – *Magill;* EuGH, 29.4.2004, Rs. C-418/01, ECLI:EU:C:2004:257 – *IMS Health;* EuG, 17.9.2007, Rs. T-201/04, ECLI:EU:T:2007:289, Rz. 651 – *Microsoft.*

(4) Missbrauch von Datenmacht nach § 20 Abs. 1a GWB

In § 20 Abs. 1a GWB wird seit Januar 2021 die fehlende Gewährung eines Zugangs zu Daten als potentielle unbillige Behinderung gewertet. Es heißt explizit, „die Verweigerung des Zugangs zu solchen Daten", nämlich solchen, auf die ein Unternehmen angewiesen ist, um seine eigenen Leistungen erbringen zu können, könne eine unbillige Behinderung darstellen.

Damit ist ein Durchbruch für die digitale Wirtschaft gelungen: Anerkannt wird, dass die Verweigerung des Zugangs zu Daten in zahlreichen Konstellationen missbräuchlich sein kann, nämlich immer dann, wenn der Datenzugang für die Leistungserbringung durch ein anderes Unternehmen erforderlich ist.

In der Gesetzesbegründung werden zwei Konstellationen hervorgehoben, die durch § 20 Abs. 1a GWB erfasst sein sollen. Erstens gehe es um „Vertragsverhältnisse innerhalb von Wertschöpfungsnetzwerken". Gemeint sind (in Rückgriff auf eine Formulierung aus der Studie von *Schweitzer, Haucap, Kerber und Welker*) „die oft komplexen Multi-Stakeholder-Konstellationen in Aftermarket- und IoT-Kontexten (...), in denen oft vielfältige Leistungen von unterschiedlichen Service-Anbietern angeboten werden."[188] Hier sind IoT-Konstellationen angesprochen, wenn von mehreren Seiten kooperiert wird, indem Industrieanlagen, Handwerksbetriebe und andere miteinander zur gemeinsamen Wertschöpfung vernetzt werden.

Die zweite Konstellation ist für das Handwerk oft noch greifbarer. Demnach soll von § 20 Abs. 1a GWB insbesondere auch die Situation erfasst sein, in der der Datenzugang von Dritten begehrt wird, „die Dienste auf einem vor- oder nachgelagerten Markt anbieten möchten, ohne bisher in Geschäfts- oder Vertragsverbindung gestanden zu haben."[189] Das kann beispielsweise der Handwerker sein, der ein Gerät reparieren möchte, das mit einem Smart Device ausgestattet ist und zu einem größeren Netzwerk (z.B. dem Smart Home) gehört.

Eine Beschränkung auf diese zwei Fallgruppen ist dem Normtext selbst allerdings nicht zu entnehmen. Möglicherweise entstehen noch weitere Fallkonstellationen, die in der Rechtsprechung eine Rolle spielen können.

---

188 BT-Drucks. 19/23492, S. 78; *Schweitzer/Haucap/Kerber/Welker*, Modernisierung der Missbrauchsaufsicht für marktmächtige Unternehmen, 2018, S. 156. Siehe auch *Kerber*, WuW 2020, 249 ff.
189 BT-Drucks. 19/23492, S. 79.

Für das Handwerk sind insbesondere mit der zweiten Konstellation aber Maßstäbe gesetzt, die bei klassischen Reparaturen greifen.

Es sollten aber auch die Begrenzungen der Vorschrift gesehen werden: Schwierig dürfte die Nutzung des Paragraphen sein, wenn es um „predictive maintenance" geht. Wird als eigentliche Leistungserbringung die Wartung oder Reparatur eines Geräts angesehen, ist die Offenlegung der Daten zwar erforderlich, wenn es zu dieser Reparatur kommt. Im vorgelagerten Stadium, dem Erkennen der anstehenden Wartungsnotwendigkeit, wird aber bereits die geschäftliche Entscheidung getroffen. Der Zugang zu solchen Daten dürfte wesentlich schwieriger über § 20 Abs. 1a GWB zu erlangen sein, obwohl daran ein Großteil des künftigen Wartungs- und Reparaturgeschäfts hängen dürfte.

Die Norm bezieht sich auch lediglich auf den Zugang zu Daten. Der Zugang zum Kunden, zur Software oder zu einer Vertriebsplattform ist nicht erfasst.

Das größte Hindernis für eine erfolgreiche Geltendmachung besteht allerdings im Wertungskriterium der Unbilligkeit. Nicht jede Zugangsverweigerung ist bereits ein Missbrauch. Vielmehr muss die Unbilligkeit im Wege einer umfassenden Abwägung der wettbewerblichen Interessen festgestellt werden. Gerade für die hier interessierende zweite Konstellation (Zugang zu Daten für Leistungserbringung ohne vorherigen Kontakt) heißt es bereits in der Gesetzesbegründung:

> „In diesen Konstellationen ist grundsätzlich Zurückhaltung geboten und der Prüfung der Unbilligkeit besondere Beachtung zu schenken."[190]

In der Gesetzesbegründung wird ein vorsichtiger Tonfall angeschlagen, wie die Unbilligkeit zu prüfen sei:

> „Im Rahmen der Unbilligkeitsprüfung sind die Interessen des Normadressaten und des Zugangspetenten abzuwägen. Insbesondere in den letztgenannten Drittkonstellationen sind die Auswirkungen zum Anreiz auf die Datensammlung zu berücksichtigen. Allein der empirische Befund eines exponentiellen Wachstums in der Produktion von Daten indiziert noch nicht, dass genügend Anreize zur Produktion von Daten auch dann vorhanden wären, wenn Zugangsrechte bestünden. Für eine Unbilligkeit der Verweigerung des Datenzugangs sprechen des Weiteren Umstände, wie beispielsweise ein Verschluss von Sekundär-

---

190 BT-Drucks. 19/23492, S. 79.

märkten durch die Verweigerung des Zugangs, die Beteiligung des abhängigen Unternehmens an der Erzeugung der wettbewerbsrelevanten Daten oder ein erhebliches Potential für zusätzliche bzw. erhöhte Wertschöpfungsbeiträge auf Seiten des abhängigen Unternehmens."[191]

Demnach verlangt die Prüfung der Unbilligkeit eine umfassende Interessenabwägung. Für den Dateninhaber ist die Amortisation seiner Datensammlung von großer Bedeutung. Hingewiesen wird im Weiteren auch auf die Schwierigkeit, Daten zur Verfügung zu stellen und diese um persönliche Daten zu bereinigen. Es bleibt damit ein vor Gericht unwägbares Unterfangen, ob Datenzugang auf diese Weise erlangt werden kann. Zum Zeitpunkt des Abschlusses dieses Textes lag noch keine Rechtsprechung dazu vor. Selbst wenn die praktische Relevanz gering bleibt, ist mit der neuen Vorschrift aber immerhin ein Signal gesetzt.

(5) Verpflichtungen nach § 19a GWB

Mit § 19a GWB hat der deutsche Gesetzgeber eine Aufsehen erregende neue Vorschrift eingeführt, nach der „Unternehmen mit einer überragenden marktübergreifenden Bedeutung für den Wettbewerb" durch das Bundeskartellamt besondere Verpflichtungen auferlegt werden können. Die Zielrichtung des 2021 in Kraft getretenen Paragraphen ist, die großen Infrastrukturanbieter des Internets, Unternehmen wie Google, Apple, Facebook, Amazon und Microsoft (GAFAs), stärker zu kontrollieren und die Verfahren dafür zu beschleunigen.[192]

Die in § 19a Abs. 2 GWB vorgesehenen Verpflichtungen betreffen die Wettbewerbschancen kleinerer und mittlerer Unternehmen, die von den Normadressaten abhängig sind. Regelungen sind etwa gegen die Selbstbevorzugungspraktiken der Plattformen, die Vorinstallation von Programmen, Koppelungen, Datenausbeutung oder Beschränkungen im Umgang mit Kunden vorgesehen.

Werden diese Verpflichtungen durchgesetzt, würde das die Situation vieler Betriebe im Verhältnis zu den GAFAs erheblich verbessern. Ein Haken ist allerdings, dass nach § 19a GWB zunächst die Normadressatenstellung explizit festzustellen ist und von der Behörde ausdrücklich die

---

191 BT-Drucks. 19/23942, S. 79.
192 Zu § 19a GWB siehe außerdem *Höppner*, WuW 2020, 71; *Grünwald*, MMR 2020, 822; *Körber*, MMR 2020, 290, 293 ff.

Verpflichtungen festgestellt werden müssen – ggf. mit einer aufwändigen Einzelfallprüfung. Das mag strukturell mittelfristig Veränderungen mit sich bringen. Es liegt aber kein Automatismus vor, Abhilfe im konkreten Fall ist nicht ohne weiteres zu erlangen. Die Vorschrift ist daher eine wichtige Begrenzung der GAFA-Aktivitäten und eine Stärkung des Bundeskartellamts im Umgang mit diesen. Sie führt aber nicht unmittelbar zu einer Verbesserung der wirtschaftlichen Position der Handwerksunternehmen.

b) Kartellrechtliche Kontrolle von Vertragsbedingungen

Kommt es zu einem Vertragsabschluss, können die Zugangsbedingungen einer kartellrechtlichen Kontrolle nach § 1 GWB oder Art. 101 AEUV unterworfen werden. Wenn die Verträge Wettbewerbsbeschränkungen enthalten, führt dies ggf. zur Nichtigkeit der Bedingungen nach § 134 BGB bzw. Art. 101 Abs. 2 AEUV.

Die Verträge zwischen Gatekeepern und Nutzern bieten dafür schon jetzt reichlich Anschauungsmaterial. So können Verträge unzulässige Exklusivitätsbeschränkungen enthalten, die Nutzer davon abhalten, auf anderen Plattformen tätig zu werden.[193] Die Zugangsgewährung kann an ausbeuterische Bedingungen geknüpft sein, etwa zu hohe Vergütungen, Rechtseinräumungen oder die Forderung nach Einblick in zahlreiche Nutzerdaten.[194] Die Nutzer können durch unzulässige Bestpreisklauseln in ihrer Vertragsfreiheit gebunden werden, etwa wenn sie auf keinem anderen Kontaktweg zum Kunden günstiger anbieten dürfen.[195] Es kann den Nutzern untersagt sein, bestimmte Kommunikations- oder Bezahlwege mit Endkunden zu beschreiten.[196] Die Nutzer können verpflichtet werden, Preisvorgaben zu beachten. Sie können gezwungen werden, Zusatzangebote anzunehmen (z.B. bestimmte Programme zu installieren), ein be-

---

193 OLG Düsseldorf, 3.4.2019, Az. Kart 2/18 (V), WuW 2019, 318 – *Ticketvertrieb II*; bestätigt durch BGH, 3.6.2020, KVZ 44/19, WuW 2020, 406 – *Vertragliche Exklusivitätsklauseln*.

194 Vgl. Bundeskartellamt, 17.7.2019, Az. B-88/18 (Fallbericht – ohne Entscheidung), WuW 2019, 487 – *Amazon-Marktplatz*.

195 OLG Düsseldorf, 15.2.2012, Az. VI-W (Kart) 1/12 – *JMS JustBooks Mobile/HRS*; OLG Düsseldorf, 9.1.2015, Az. VI-Kart 1/14 (V), NZKart 2015, 148 – *Weite Bestpreisklausel*; BGH, 18.5.2021, Az. KVR 54/20 – *Enge Bestpreisklausel*.

196 Sog. Anti-Steering-Klauseln, vgl. aus der Rechtsprechung des US Supreme Court *Ohio v. American Express*, 585 U.S. ___ (2018), GRUR Int. 2018, 1082. Das Gericht hat die Klausel jedoch nach US-Kartellrecht für zulässig erachtet.

stimmtes Servicelevel vorzuhalten, ein bestimmtes Leistungsspektrum zur Verfügung zu stellen oder ein bestimmtes Design zu nutzen.[197]

All diese Beispiele sind Teil der Business-Strategien der digitalen Plattformen, die so ihre Position sichern und Nutzer in ihr System einsaugen. Das Kartellrecht kann dagegen in Stellung gebracht werden, wenn der Wettbewerb beschränkt wird, was im Zweifel in – auch ökonomisch aufwändigen – Verfahren zu klären ist.

c) Probleme kartellrechtlicher Ansprüche

Der Zugangsanspruch nach Kartellrecht ist voraussetzungsintensiv, da ein solcher nur beim Vorliegen von Marktmacht besteht. Allein die Abgrenzung von Märkten und die Bestimmung von Marktmacht ist schon für sich genommen sehr aufwändig. Der schwierige Nachweis von Marktbeherrschung wird in der Praxis durch den einfacheren Nachweis einer Datenabhängigkeit nach § 20 Abs. 1a GWB erleichtert, aber selbst hier ist schon für die Normadressatenstellung immerhin zunächst nachzuweisen, dass die andere Partei Daten hat, zu denen sonst kein Zugriff gegeben ist und die für die Leistungserbringung erforderlich sind. In der für derartige Ansprüche dominierenden privaten Rechtsdurchsetzung ist der Zugangspetent nachweisbelastet.

Selbst wenn ein kartellrechtlicher Zugangsanspruch zu bejahen ist, treten weitere Schwierigkeiten bei der Geltendmachung dieser Ansprüche hinzu: Die neueren Vorschriften im Entwurf zur 10. GWB-Novelle sind auf Daten fokussiert und zum Teil auch beschränkt. Der reine Zugang zu Daten ist aber für Zugangspetenten häufig gar nicht attraktiv. Es geht vielmehr um Marktzutritt, um die Herstellung der Kundenbeziehung, um die Nutzung von Analysetools oder Software.

Die Vorschriften setzen weitgehend eine Abwägung der Interessen voraus. Das gilt gerade auch für § 20 Abs. 1a GWB, der am ehesten auf die für das Handwerk wichtigen Konstellationen zugeschnitten ist. Hier wird eine Prüfung der Unbilligkeit verlangt, wobei zahlreiche Aspekte, gerade auch solche zugunsten des Dateninhabers, berücksichtigt werden müssen. Es ist

---

[197] Vgl. zu unzulässigen Kopplungsgeschäften *Zimmer* in: Immenga/Mestmäcker, Wettbewerbsrecht, Band 1, 6. Auflage 2019, Art. 101 Abs. 1 AEUV Rn. 229 f.; *Wolf* in: MüKo-Wettbewerbsrecht, Band 1, 3. Auflage 2020, Art. 101 AEUV Rn. 481.

absehbar, dass eine Klage auf Datenzugang angesichts der umfassenden Unbilligkeitsprüfung kein Selbstläufer ist.

Zugang wird typischerweise nur gegen eine Vergütung gewährt. Die Festlegung der Vergütungshöhe ist äußerst schwierig. Im Zweifel werden Gerichte sich scheuen, eine konkrete Vergütungshöhe zu beziffern. Besonders deutlich wurde dies im *Huawei/ZTE*-Fall um die kartellrechtliche Zwangslizenz: Statt eine Lizenzgebühr festzusetzen, verpflichtete der EuGH zu einem komplexen Verhandlungssystem, in dem es auf die einzelnen Schritte der beiden Partner ankommt. Das vom Gerichtshof vorgesehene Modell ist stark geprägt davon, eine hoheitliche Entscheidung über den angemessenen Preis zu vermeiden und stattdessen eine Einigung der Parteien zu inzentiveren.[198] So sinnvoll es ist, dass sich der Staat aus der Frage nach dem „gerechten Preis" heraushält –dieses Verfahren erfordert komplizierte Schritte und kann sehr langwierig sein.

Der Umfang des Zugangsanspruchs muss im Einzelfall definiert werden. Dies kann große Schwierigkeiten aufwerfen: Zu welchen Daten genau wird zu welchen Bedingungen in welcher Form Zugang gewährt? Bei einer physischen Infrastruktur, die eine essential facility darstellt, mag das noch greifbar sein. Aber welche Daten benötigt ein Handwerker genau, der eine Anlage warten soll? Wie, wann und wo sollen ihm diese zur Verfügung gestellt werden? Gibt es einen dauerhaften Anspruch oder muss für jede einzelne Reparatur aufs Neue geklagt werden?

Die bisherigen Verfahren haben darunter gelitten, dass sie aufgrund der Komplexität der zu regelnden Einzelschritte aufwändig waren und lange dauerten. Für ein Unternehmen, das nicht besonders finanzstark ist und das eine rasche Abhilfe im Markt benötigt, sind derartige Verfahren nicht attraktiv. Gerade in der digitalen Wirtschaft spielen first-mover-advantages – also die Vorteile desjenigen, der als erster auf den Markt kommt – eine erhebliche Rolle. Wird der Marktzutritt wegen eines längeren Gerichtsverfahrens verzögert, dessen Ausgang zudem ungewiss ist, kommt die Zugangsgewährung im Zweifel zu spät.

Kartellrechtliche Zugangsansprüche werden ex post, auf Beschwerde eines Zugangspetenten hin, gewährt. Es handelt sich jeweils um eine aufwändige Einzelfallprüfung. Dabei sind die Hürden, um ein solches Verfahren anzustrengen, faktisch hoch: Nicht nur sind die Nachweisanforderungen erheblich, sodass sich fragt, welche Unternehmen sich eine solche Klage (gegen ein marktmächtiges Unternehmen!) überhaupt leisten können. Vor allem aber sind die Voraussetzungen nur dann erfüllt, wenn eine Ab-

---

198 Vgl. *Podszun*, Antitrust Bulletin, Vol. 61 (1), S. 121 f.

hängigkeitssituation besteht. Gerade wenn ein Unternehmen von einem anderen abhängig ist, ist der Schritt zu einer gerichtlichen Auseinandersetzung jedoch weit. Niemand gilt in seiner Branche gern als Querulant, der zu Gericht geht. Um den Goliath herauszufordern, bedarf es mindestens eines furchtlosen Davids. Aber auch dem geht auf dem Weg durch die Gerichtsinstanzen möglicherweise das Geld aus. Die Gatekeeper haben hier einen längeren Atem und können möglicherweise ihre Macht sogar nutzen, um unliebsame Unternehmen herabzustufen, im Ranking schlechter zu positionieren oder auf anderem Wege zu diskriminieren. Das führt zu einer rationalen Klageapathie: Gerade kleinere und mittlere Unternehmen werden keine Prozesse gegen Gatekeeper anstreben. Ihnen drohen, wenn sie Ross und Reiter nennen, im Zweifel noch Sanktionen.[199]

Die kartellrechtlichen Ansprüche lassen lediglich eine nachträgliche Kontrolle der Zugangsverweigerung im Einzelfall zu. Wird ein Zugangsanspruch gewährt, stellen sich schwierige Folgefragen, die die tatsächliche Zugangserlangung weiter verzögern und Gerichte wie Parteien vor schwierige Fragen stellen. Das kartellbehördliche Einschreiten ist keine Alternative: Auch Verfahren beim Bundeskartellamt dauern im Zweifel länger und können immer nur punktuell Abhilfe schaffen. Für einen existentiell herausgeforderten Handwerksmeister, dem der Zugang zu seinen Kunden versperrt wird, würde solche Hilfe zu spät kommen.

Es kann mittels kartellrechtlicher Ansprüche nicht zu einem flächendeckenden, präventiv wirkenden Zugangsregime kommen. Allerdings sind die Maßstäbe, die in diesen Verfahren gesetzt werden, beispielgebend für eine mögliche Regulierung.[200]

2. Sektorspezifische Zugangsansprüche

In einigen Fällen wurde versucht, eine sektorspezifische Regulierung vorzunehmen. In der Praxis wurden in verschiedenen Branchen unterschiedliche Lösungen gefunden, wie der Zugriff auf Daten ermöglicht werden

---

199 Siehe Art. 5 lit. d des Vorschlags der Europäischen Kommission eines Digital Markets Act; im Kartellrecht wird die Ross-und-Reiter-Problematik bei Abhängigkeitsverhältnissen schon lange diskutiert, siehe z.B. *Bien*, ZWeR 2013, 448.
200 In diesem Sinne auch *Schmidt*, Zugang zu Daten nach europäischem Kartellrecht, 2020, S. 4.

kann.[201] Eine solche sektorspezifische Regulierung basiert oft auf konkreten Erfahrungen der Vergangenheit. Sie bietet keine Blaupause für alle Branchen, sondern geht auf spezifische Probleme ein. Dennoch ist der Blick auf bestehende Regulierung hilfreich, um für zukünftig zu schaffende sektorspezifische Zugangsansprüche typische Probleme und damit Verbesserungspotenziale zu erkennen. Daher soll nachfolgend ein Überblick über ausgewählte Zugangsregime gegeben werden.

a) Kfz-Branche

Das prominenteste Beispiel sektorspezifischer Regulierung, die auf (Daten-)Zugang gerichtet ist, findet sich in der Kfz-Branche. Bereits 2007 trat die Verordnung (EG) 715/2007 über die Typgenehmigung von Kraftfahrzeugen hinsichtlich der Emissionen von leichten Personenkraftwagen und Nutzfahrzeugen (Euro 5 und Euro 6) und über den Zugang zu Reparatur- und Wartungsinformationen für Fahrzeuge in Kraft. In Art. 6 VO (EG) 715/2007 waren Bestimmungen niedergelegt, die unabhängigen Werkstätten den Zugang zu Reparatur- und Wartungsinformationen für Kraftfahrzeuge ermöglichen sollten, damit sie überhaupt Leistungen für bestimmte Automarken anbieten können.[202] Die Hersteller konnten für die Bereitstellung der Informationen nach Art. 7 VO (EG) 715/2005 eine angemessene Gebühr verlangen.

Der Zugangsanspruch hatte jedoch die Schwäche, die Hersteller nur zur Freigabe der Informationen in einem standardisierten Format zu verpflichten. Es bestand keine Pflicht zur Bereitstellung der Informationen in einem elektronisch verarbeitbaren Format.[203] Dies bedeutete in der Praxis zuweilen das „Abspeisen" der Werkstätten mit einem wenig praktikablen Web-Formular und nicht mit einer den praktischen Anforderungen der Werkstatt entsprechenden Softwarelösung. Im Fall KIA wurde die Ausein-

---

201 Vgl. die Beispiele der Europäischen Kommission, Commission Staff Working Document on the free flow of data and emerging issues of the European data economy, 10.1.2017, SWD (2017) 2 final, S. 12 ff.
202 Vgl. aus der deutschen Rechtspraxis den Fall, in dem eine Jaguar-Reparaturwerkstatt nach wettbewerbsrechtlichen Bestimmungen den Zugang zu Softwareinformationen beanspruchte, um Jaguar-Fahrzeuge reparieren zu können, BGH, 26.1.2016, Case KZR 41/14, ECLI:DE:BGH:2016:260116UKZR41.14.0 – *Jaguar Vertragswerkstatt*.
203 EuGH, 19.9.2019, Rs. C-527/18, ECLI:EU:C:2019:762, Rz. 24 ff. – *KIA*.

andersetzung um die richtige Form der Datenbereitstellung bis zum Europäischen Gerichtshof getrieben.[204]

Der in Art. 6 f. VO (EG) 715/2007 geregelte Zugangsanspruch wurde in Art. 61 ff. der Verordnung (EU) 2018/858 neu gefasst und konkretisiert. Nach Art. 61 Abs. 1 VO (EU) 2018/858 sind die Informationen nunmehr ausdrücklich in elektronisch verarbeitbarer Form bereitzustellen. Die Verordnung gilt nach Art. 91 VO (EU) 2018/858 seit dem 1. September 2020. Daher ist zu hoffen, dass den Werkstätten die relevanten Informationen in Zukunft in praktikabler Weise zur Verfügung stehen.[205]

Die Auseinandersetzung um das Datenformat – wenig praktikables Web-Formular einerseits versus maschinenlesbar und sofort weiter zu verarbeitender Datenstream andererseits – zeigt, wie wesentlich die Folgefragen sind, wenn erst einmal der grundsätzliche Anspruch auf Zugang gewährt ist. Daten, die in nicht einfach handhabbarer Form zur Verfügung gestellt werden, tun zwar möglicherweise dem Buchstaben eines Gesetzes oder einer richterlichen Anordnung Genüge – sind aber kommerziell wertlos. Das ohne Umgehungsmöglichkeiten vorab sicher zu judizieren, ist aber eine praktisch schwer zu leistende Aufgabe.

Die bisherige legislative Praxis, mit sektorspezifischen Zugangsansprüchen in die Märkte im Kfz-Sektor einzugreifen, wurde von der hochrangigen Kommission für die Automobilindustrie (GEAR 2030) positiv beschieden und auch für die Zukunft empfohlen.[206]

b) Zahlungsdienste

Datenzugang wird im Sektor für Finanzdienstleistungen durch die Richtlinie über Zahlungsdienste im Binnenmarkt, RL (EU) 2015/2366 (Payment

---

204 Vgl. EuGH, 19.9.2019, Rs. C-527/18, ECLI:EU:C:2019:762, Rz. 24 ff. – *KIA;* vorausgehend LG Frankfurt a.M., 21.1.2016, Az. 2–03 O 505/13, GRUR-RS 2016, 9417.

205 Nur hingewiesen werden soll an dieser Stelle auf ein Gesetz vom 26.11.2013 im US-Bundesstaat Massachusetts, das ebenfalls ein „right to repair" mit entsprechender Datenklausel vorsieht: https://malegislature.gov/Laws/SessionLaws/Acts /2013/Chapter165.

206 GEAR 2030 – High Level Group on the Competitiveness and Sustainable Growth of the Automotive Industry in the European Union – Final report, 18.10.2017, abrufbar unter http://ec.europa.eu/docsroom/documents/26081. Siehe auch *Kerber/Gill,* JIPITEC 10 (2019), 244. Siehe auch unten, D.II.1.a.

Services Directive, PSD2-RL), vermittelt. Die Regelung gilt als beispielhaft auch für andere Zugangsmodelle.[207]

Nach Art. 66, 67 PSD2-RL, die in § 675f Abs. 3 BGB in nationales Recht umgesetzt wurden, haben Kontoinhaber gegenüber ihrer Bank ein Recht auf Nutzung von Zahlungsauslöse- und Kontoinformationsdiensten. Zahlungsauslösedienste (legaldefiniert in Art. 4 Nr. 15 PSD2-RL) sind insbesondere im E-Commerce-Sektor relevant. Bestellt ein Verbraucher bei einem Händler eine Ware oder Dienstleistung, so hat der Zahlungsauslösedienst die Funktion, dem Händler zu bestätigen, dass der Verbraucher das vereinbarte Entgelt entrichtet hat. Dies erlaubt dem Händler, unmittelbar nach Vertragsschluss die bestellte Ware zu versenden oder die Dienstleistung zu erbringen, ohne einen Zahlungsausfall zu riskieren.[208] Technisch wird dies über eine Schnittstelle ermöglicht, über die der Zahlungsauslösedienst von der Bank des Kunden die Information erhält, ob der entsprechende Zahlungsauftrag erteilt wurde.[209]

Kontoinformationsdienste sind nach Art. 4 Nr. 16 PSD2-RL Online-Dienste, die konsolidierte Informationen über ein oder mehrere Konten anzeigen oder verarbeiten, die der Nutzer bei einer oder bei verschiedenen Banken führt. So wird dem Nutzer ein besserer Überblick über seine finanzielle Situation vermittelt.[210] Im Unterschied zu den Zahlungsauslösediensten ist der Kontoinformationsdienst in keiner Weise an Zahlungsvorgängen beteiligt.[211] Eine solche Dienstleistung kann nur erbracht werden, wenn der Kontoinformationsdienst Echtzeit-Zugriff zumindest auf die Informationen hat, die der Nutzer manuell über das Online-Banking-Portal abrufen kann. Insofern besteht für den Anbieter des Kontoinformationsdienstes ein Bedürfnis nach Datenzugang, um auf einem nachgelagerten Markt tätig werden zu können. Dies setzt aber voraus, dass die kontoführende Bank eine entsprechende Schnittstelle bereitstellt.

Rechtstechnisch interessant ist, welchem Marktteilnehmer durch die PSD2-RL ein Recht eingeräumt wird. Anders als im Kfz-Sektor erhalten hier

---

207 Vgl. *Vezzoso* in: Bagnoli, Competition and Innovation, 2018, S. 30, 39; *Hoffmann* in: BMJV/MPI, Data Access, Consumer Interests and Public Welfare, 2021, S. 343 ff.

208 Vgl. Erwägungsgrund 29 PSD2-RL; *Schmalenbach* in: BeckOK-BGB, 56. Edition 2020, § 675f BGB Rn. 51; *Casper* in: MüKo-BGB, Band 6, 8. Auflage 2020, § 675f BGB Rn. 40.

209 Vgl. Erwägungsgrund 27 PSD2-RL; *Werner* in: Hoeren/Sieber/Holznagel, Multimedia-Recht, 54. EL Oktober 2020, Teil 13.5 Rn. 88.

210 Erwägungsgrund 28 PSD2-RL.

211 *Schmalenbach* in: BeckOK-BGB, 56. Edition 2020, § 675f BGB Rn. 53.

Drittunternehmen nicht selbst einen Anspruch auf Datenzugang. Vielmehr räumt Art. 66 f. PSD2-RL den Kontoinhabern gegenüber ihrer Bank ein Recht auf Nutzung eines Zahlungsauslöse- oder Kontoinformationsdienstes ein. Dies führt also erst im zweiten Schritt und mittelbar zu einem Datenzugang der Anbieter solcher Dienste.[212] Nach Art. 66 Abs. 4, 67 Abs. 4 PSD2-RL ist die Erbringung der Dienstleistung und damit die Weitergabe der notwendigen Daten auch nicht von einer vertraglichen Beziehung zwischen kontoführender Bank und Dienstleister abhängig. Auch Erwägungsgrund 29 PSD2-RL nennt lediglich das Interesse von Kontoinhabern und Online-Händlern an der Nutzung solcher Dienste. Die Vorschrift wurde also überwiegend im Interesse der Kontoinhaber geschaffen und nicht, um Drittunternehmen Zugang zu diesen Daten zu vermitteln oder die Banken einem Kontrahierungszwang zu unterwerfen. Der Kunde bleibt damit konzeptionell „Schiedsrichter im Wettbewerb".

Zur Folge hat diese Regelungstechnik, dass sich die regulatorischen Vorgaben nur auf das Vertragsverhältnis zwischen Bank und Kontoinhaber auswirken (vgl. Erwägungsgrund 87 PSD2-RL). Verweigert eine Bank die Übermittlung der notwendigen Daten an den Dienstleister, muss der Kontoinhaber wegen der Verletzung vertraglicher Pflichten gegen die Bank vorgehen.[213] In der Praxis stellt sich dieses Problem aber nicht, da die Banken nicht nur nach § 675f Abs. 3 BGB zivilrechtlich gegenüber ihren Kunden verpflichtet sind, sondern auch einer korrespondierenden aufsichtsrechtlichen Kooperationspflicht nach §§ 48 ff. ZAG unterliegen.[214] Daher kann jeder Drittanbieter ohne technische Schwierigkeiten und ohne rechtliche Auseinandersetzungen andocken. Offene Schnittstellen sind damit das Zugangstor für einen erheblich besseren Wettbewerb im FinTech-Segment geworden.

c) Portabilität nach Datenschutzrecht

Ein Seitenblick auf das Datenschutzrecht ergibt auch dort einen interessanten Anknüpfungspunkt. Nach Art. 20 Abs. 1 DS-GVO hat jede betroffene Person ein Recht auf Bereitstellung der personenbezogenen Daten, die diese dem Datenverantwortlichen zur Verfügung gestellt hat, und zwar in

---

212 *Casper* in: MüKo-BGB, Band 6, 8. Auflage 2020, § 675f BGB Rn. 39.
213 Näher *Casper* in: MüKo-BGB, Band 6, 8. Auflage 2020, § 675f BGB Rn. 43.
214 Vgl. *Zahrte*, NJW 2018, 337, 338.

einem strukturierten, gängigen, und maschinenlesbaren Format.[215] Nach Art. 20 Abs. 2 DS-GVO ist davon auch das Recht umfasst, die direkte Übertragung der Daten an einen anderen Datenverantwortlichen zu erwirken. Die Vorschrift soll es Nutzern ermöglichen, beispielsweise von einem Internetportal zu einem anderen „umzuziehen", ohne dass die Daten verloren gehen. Hier steht der betroffenen Person ein Recht auf Datenportabilität zu. Damit wird mittelbar auch die wirtschaftliche Tätigkeit des Datenempfängers gefördert oder erst ermöglicht. Art. 20 DS-GVO erreicht so eine Verringerung von Lock-in-Effekten und wird daher auch als wettbewerb(srecht)liche Norm bezeichnet.[216] Allerdings zielt die Norm wohl nicht auf kontinuierliche Datenübertragung an einen Dritten ab, sondern hat eher eine einmalige Übertragung von Daten im Sinn.[217] Eine kontinuierliche Datenübertragung könnte für einige Anwendungsbereiche aber erforderlich sein, z.B. wenn ein Drittanbieter einen Komplementärdienst anbieten möchte.[218]

In der Praxis dürfte die Vorschrift selten relevant werden: Verbraucher, um die es hier geht, sind träge. Sie ziehen selten um und wenn lassen sie im Zweifel ihr „Gepäck" beim bisherigen Portal. Zudem ist nicht gewährleistet, dass die Vorschrift zu einer einfachen und umfassenden Umzugshilfe wird.

d) Chemie (REACH)

Ein Zugangsanspruch zu wettbewerblich relevanten Daten ist auch im Chemikaliensektor in der Verordnung (EG) 1907/2006 zur Registrierung, Bewertung, Zulassung und Beschränkung chemischer Stoffe (REACH-VO) vorgesehen. Nach Art. 5 REACH-VO darf ein chemischer Stoff in der Gemeinschaft nur hergestellt oder in den Verkehr gebracht werden, wenn dieser zuvor entsprechend der Verordnung registriert wurde.

Wurde ein Stoff innerhalb der letzten 12 Jahre bereits von einem anderen Unternehmen registriert, besteht nach Art. 27 REACH-VO in bestim-

---

215 Welche Daten von diesem Anspruch erfasst sind, ist im Einzelfall schwer zu bestimmen, vgl. dazu die Übersicht mit Blick auf die Plattformregulierung bei *Krönke*, Öffentliches Digitalwirtschaftsrecht, 2020, S. 264 ff. Siehe zur Datenportabilität auch *Janal* in: BMJV/MPI, Data Access, Consumer Interests and Public Welfare, 2021, S. 319 ff.
216 *Paal* in: Paal/Pauly, DSGVO/BDSG, 3. Auflage 2021, Art. 20 DSGVO Rn. 6.
217 Vgl. *Graef/Husovec/van den Boom*, EuCML 2020, 3, 13 f.
218 *Graef/Husovec/van den Boom*, EuCML 2020, 3, 13.

men Fällen die Pflicht des früheren Registranten, dem neuen Registranten die für eine Registrierung notwendigen Informationen zu angemessenen Bedingungen zur Verfügung zu stellen. Zu den notwendigen Informationen gehören nach Art. 10 REACH-VO unter anderem Zusammenfassungen von Studien oder Stoffsicherheitsberichte. Dabei handelt es sich um Daten mit wirtschaftlichem Wert.

Die Vorschrift dient nach Art. 25 Abs. 1 REACH-VO vorwiegend nicht dem Wettbewerbsschutz, sondern der Vermeidung nicht notwendiger Tierversuche. Dennoch ist die Vorschrift interessant, da die Parteien nach Art. 27 Abs. 3 REACH-VO darauf hinwirken müssen, dass die „Kosten für die gemeinsame Nutzung der Informationen in gerechter, transparenter und nicht-diskriminierender Weise festgelegt werden". Damit wird ein Maßstab gesetzt.

e) Telekommunikationsrecht

Ein sektorspezifischer Zugangsanspruch existiert auch zu Daten, die Betreiber von Telekommunikationsnetzen über ihre Kunden innehaben und die typischerweise in Telefonbüchern zu finden sind.[219]

Nach § 47 Abs. 1 TKG sind die Betreiber von Telekommunikationsnetzen verpflichtet, Teilnehmerdaten unter Beachtung der datenschutzrechtlichen Vorschriften zum Zwecke der Bereitstellung von öffentlich zugänglichen Auskunftsdiensten, Diensten zur Unterrichtung über einen individuellen Gesprächswunsch eines anderen Nutzers und Teilnehmerverzeichnissen zur Verfügung zu stellen. Die Vorschrift beruht auf Art. 25 Abs. 2 Richtlinie (EG) 2002/22 über den Universaldienst und Nutzerrechte bei elektronischen Kommunikationsnetzen und -diensten (Universaldienstrichtlinie). Nach § 47 Abs. 4 TKG kann für den Datenzugang ein Entgelt erhoben werden.

Der Anspruch beruht auf der Erwägung, dass die Betreiber von Telekommunikationsnetzen eine Monopolstellung hinsichtlich dieser Daten innehaben und Drittunternehmen ohne die entsprechenden Daten die bezeichneten Dienstleistungen nicht oder nur unter stark erschwerten Bedin-

---

219 Ausführlicher *Wilms/Jochum* in: Beck'scher TKG-Kommentar, 4. Auflage 2013, § 47 TKG Rn. 29 ff.

gungen erbringen können.[220] Es handelt sich damit um einen (sonder-)kartellrechtlichen Anspruch, um den Markt zu öffnen.[221]

3. Pläne im Digital Markets Act

Die Europäische Kommission hat im Dezember 2020 ihre Pläne für einen Digital Markets Act vorgestellt.[222] Ob und wie diese Verordnung in Kraft tritt, ist zum Zeitpunkt des Abschlusses dieser Untersuchung noch nicht absehbar. Die Kommission schlägt im Wesentlichen vor, bestimmte Unternehmen als „digitale Gatekeeper" einzustufen, die sodann einem Pflichtenregime unterliegen, das automatisch gilt („self-executable"). Damit soll eine Regelung geschaffen werden, die dem neuen § 19a GWB ähnelt, aber, anders als dieser, nicht rein kartellrechtlich ausgerichtet ist und kein Einschreiten der Kartellbehörde voraussetzt.

Der Digital Markets Act wird nur wenige große Marktakteure erfassen, insbesondere die sog. GAFA-Unternehmen, die als digitale Infrastrukturanbieter agieren. Nach den Vorschlägen der Kommission werden diese Unternehmen zur weitreichenden Eröffnung von Zugang verpflichtet. Begünstigte der Regelungen sind allerdings – bis auf eine Ausnahme für den Suchmaschinenmarkt – nicht unbeteiligte Dritte, sondern Unternehmen, die bereits in einer wirtschaftlichen Beziehung zu den Gatekeepern stehen:

Nach Art. 6 lit. h DMA-E müssen Gatekeeper wirksame Datenportabilität für solche Daten gewährleisten, die von unternehmerischen Nutzern (z.B. den Nutzern einer Vertriebsplattform für Handwerksleistungen) oder Endnutzern bereitgestellt wurden oder die im Rahmen ihrer Tätigkeit auf der Plattform generiert wurden. Die Ausübung des bereits in Art. 20 DS-GVO enthaltenen Rechts natürlicher Personen auf Portabilität ihrer personenbezogenen Daten muss durch Gatekeeper erleichtert werden, insbesondere durch Ermöglichung eines Echtzeit-Zugangs mittels entsprechender

---

220 *Maier*, Der Zugang zu den Daten der Telefondienstkunden im novellierten deutschen und europäischen Telekommunikationsrecht, 2010, S. 97.

221 *Wilms/Jochum* in: Beck'scher TKG-Kommentar, 4. Auflage 2013, § 47 TKG Rn. 18.

222 Europäische Kommission, Pressemitteilung vom 15.12.2020, Ein Europa für das digitale Zeitalter: Kommission schlägt neue Regeln für digitale Plattformen vor, abrufbar unter: https://ec.europa.eu/commission/presscorner/detail/de/ip_20_23 47. Dazu auch *Podszun/Bongartz/Langenstein*, Proposals on how to improve the Digital Markets Act, 2021; s. *Marsden/Podszun*, Restoring Balance to Digital Competition – Sensible Rules, Effective Enforcement, 2020.

Schnittstellen. Dadurch sollen Unternehmer und Endnutzer leichter zu anderen Plattformen wechseln oder parallel auf mehreren Plattformen aktiv sein können (sog. Multi-Homing).

Art. 6 lit. i DMA-E sieht einen kostenfreien Echtzeit-Zugang unternehmerischer Nutzer zu den Daten zu, die im Rahmen ihrer Tätigkeit auf der Plattform anfallen. Umfasst sind davon nicht nur Daten, die von ihnen selbst bereitgestellt oder durch die Nutzung generiert werden, sondern sogar Daten, die der Gatekeeper aus der wirtschaftlichen Tätigkeit abgeleitet hat (vgl. Erwägungsgrund 55 DMA-E). Ziel der Regelung ist, dass sich Gatekeeper keine Daten vorbehalten können, die bei wertender Betrachtung dem unternehmerischen Nutzer im Wettbewerb zustehen. So sollte etwa das auf einer Vergleichsplattform gelistete Friseurunternehmen erfahren können, wie viele Klicks sein Angebot erzielt hat. Kann sich die Plattform diese Information vorbehalten, kann sie daraus womöglich Schlussfolgerungen und wirtschaftliche Vorteile ziehen. Sofern Gegenstand des Zugangsanspruchs personenbezogene Daten sind, ist die Weitergabe nur mit Einwilligung der betroffenen Person zulässig. Die anspruchsberechtigten unternehmerischen Nutzer können auch Dritte zum Abruf der Daten autorisieren. So könnte ein Markt für solche Daten entstehen.

Datenzugang Dritter ist lediglich in Art. 6 lit. j DMA-E vorgesehen: Danach sind Gatekeeper, die Suchmaschinen betreiben (Google), verpflichtet, konkurrierenden Suchmaschinen Zugang zu Ranking, Such-, Click- und View-Daten zu gewähren, die bei Nutzung der Suchmaschine anfallen. Damit soll Drittanbietern der Marktzutritt erleichtert werden, so dass auch andere Suchmaschinen eine Chance haben, sich zu etablieren – denkbar wäre beispielsweise ein spezialisierter Nischenanbieter, der eine Suchplattform für Handwerksleistungen aufbauen will. Ohne größere Datensets sind Suchergebnisse oft qualitativ schlechter, weshalb Google als Platzhirsch bislang kaum angreifbar ist. Allerdings muss Google die Daten nicht kostenfrei bereitstellen, sondern lediglich zu FRAND-Bedingungen (fair, reasonable and non-discriminatory).

V. Zusammenschau

Das Recht kennt in vielen Konstellationen Zugangsansprüche. Neben den hier benannten wirtschaftsrechtlichen Ansprüchen, die typischerweise ein Marktversagen verhindern sollen, sind auch in ganz anderen Bereichen Ansprüche auf Zugang bekannt. Zwei weitere Beispiele mögen das belegen.

Das Informationsfreiheitsgesetz (IFG) gewährt in § 1 S. 1 jedermann Zugang zu amtlichen Informationen – gegen Gebühr, § 10 Abs. 1 IFG. Bestimmt wird im IFG u.a., was als Information gilt, welche Rechte Dritter eventuell entgegen stehen können und wie das Verfahren zur Informationserlangung funktioniert. Das sind allesamt Topoi, die immer wieder für Zugangsansprüche gelten.

Das zeigt sich nicht zuletzt an einem geradezu archaischen Beispiel, dem Notwegerecht unter Nachbarn. § 917 BGB gewährt dem Eigentümer eines Grundstücks einen Anspruch darauf, dass sein Nachbar die Nutzung seines Grundstückes als Durchgang duldet, wenn er andernfalls keinen Zugang zum öffentlichen Wegenetz hat. Der Anspruch wird auf Basis einer Notlage des Eigentümers gewährt, wenn dieser sein Grundstück wegen des fehlenden Zugangs sonst nicht nutzen kann. Die Ursachen für die Blockade sind grundsätzlich unerheblich.[223] Allerdings zieht das Notwegerecht nur als letzte Option (und mahnt damit zur Vorsicht bei Zugangsansprüchen): Erst wenn alle anderen Optionen so erschwert sind, dass die Wirtschaftlichkeit der Grundstücksnutzung aufgehoben oder unzumutbar verringert ist, besteht der Anspruch.[224] Zum Ausgleich erhält der Nachbar eine Zahlung, § 917 Abs. 2 BGB, allerdings nur, wenn und soweit sich der Verkehrswert seines Grundstückes durch das Notwegerecht verringert.[225] In dieser historischen Norm manifestiert sich der gesetzgeberische Eingriff als ultima ratio bei Notlagen zugunsten desjenigen, der Zugang braucht. Dieser ist im Gegenzug zur Kompensation verpflichtet. Dieser Grundgedanke zieht sich auch durch alle anderen hier betrachteten Zugangsansprüche.

So wie ein Grundstückseigentümer sein Grundstück nicht nutzen kann, wenn ein (auch nur zufällig) dazwischenstehender Dritter den Zugang blockiert, ist auch dem Handwerker seine Tätigkeit nicht möglich, wenn ihm durch Hersteller und Plattformen der Zugang zu Kunden oder wesentlichen Daten oder Programmen verwehrt wird.

So wie die Zuordnung im Recht verankert ist, so ist auch deren hoheitliche Durchbrechung verankert, wenn eine Lösung im Konsens, also durch Vertrag, nicht stattfindet. Es ist also legitim, bei entsprechenden Abhängig-

---

223 BGH, 24.4.2015, Az. V ZR 138/14, NJW-RR 2015, 1234, 1235; *Vollkommer* in: BeckOGK/BGB, 1.10.2020, § 917 BGB Rn. 15.

224 BGH, 7.7.2006, Az. V ZR 159/05, NJW 2006, 3426, 3427; *Vollkommer* in: BeckOGK/BGB, 1.10.2020, § 917 BGB Rn. 18.

225 BGH, 16.11.1990, Az. V ZR 297/89, NJW 1991, 564; *Herrler* in: Palandt, 80. Auflage 2021, § 917 Rn. 15.

keitslagen einen Zugangsanspruch zu formulieren. Der springende Punkt ist, das hat dieser Überblick gezeigt, jedoch nicht so sehr das „Ob" der Zugangsgewährung, sondern das „Wie": Zu welchen Bedingungen wird Zugang gewährt? Was ist im Gegenzug zu leisten?

Das äußerst effektive, quasi automatische System der offenen Schnittstellen (wie bei der PSD2-RL) steht dem jeweils im Einzelfall aufwändig nachzuweisenden kartellrechtlichen Zugangsanspruch gegenüber. Hier zeichnen sich Parameter ab, wie die Digitalwirtschaft gestaltet werden sollte. Diese Parameter sind Gegenstand des nächsten Kapitels.

C. Parameter einer Neugestaltung

Angesichts der Umwälzungen in der digitalen Wirtschaft droht eine strukturelle Einschränkung des freien Wettbewerbs. Es sind nicht mehr nur Einzelfälle, so wie einst im Porsche-Tuning-Fall, in denen Anbieter vom Markt verdrängt werden oder in starke Abhängigkeiten geraten. Vielmehr droht flächendeckend eine Abhängigkeit von Gatekeepern. Zugangsansprüche können dem entgegenwirken. Die Analyse bestehender Zugangsrechte, etwa im Kartellrecht, hat aber auch deutlich gemacht: Auf die Ausgestaltung kommt es an. Eine Neuregelung muss darauf abzielen, Handwerksbetrieben den Zugang zu Daten, Softwaretools, Diensten, Schnittstellen, Online-Marktplätzen und Plattformen so zu eröffnen, dass sie ihre Leistungen am Markt erbringen können. Jedenfalls soll nicht ein Gatekeeper die Entscheidung über den Markterfolg anderer Unternehmen treffen, sondern der Verbraucher, der sein Geld ausgibt.

Diese Forderung ist nicht nur rein wettbewerblich legitimiert, sondern auch gesellschaftlich: Handwerksbetriebe sind oft kleine und mittelständische Unternehmen. Die Unternehmerinnen und Unternehmer, Mitarbeiterinnen und Mitarbeiter gehören oft zu den Stützen einer Stadtgesellschaft. Das Handwerk gehört seit Jahrhunderten zur sozialen Marktwirtschaft in Deutschland. Handwerker dürfen nicht zu abhängigen Auftragserfüllern von Plattformbetreibern degradiert werden.

Im Folgenden wird zunächst die Problematik noch einmal zusammenfassend für die Ausgangsszenarien auf den Punkt gebracht (C.I). Sodann werden Legitimationsstrategien identifiziert, die einen erweiterten Zugang rechtfertigen können (C.II). Regelungen, die zur Verwirklichung des hier umrissenen Ziels beitragen, müssen in Einklang mit sonstigen Rechtsvorschriften stehen – ein nicht gerade triviales Problem (C.III).

I. Zielsetzung nach Konstellationen

Aufgrund der weiten Verbreitung digitaler „Schlüssel" und der steigenden Bedeutung von Daten und Plattformen sind viele Handwerksbetriebe, wenn sie im Geschäft bleiben wollen, zunehmend auf die Gewährung von Zugang zu Kunden, Produkten oder nachgelagerten Märkten angewiesen.

1. Kein unreflektierter „Zugang zu Daten"

Ein Ausbau der bestehenden Möglichkeiten sollte eine wettbewerbliche Strategie verfolgen und die Ungleichgewichte in Verhandlungssituationen auffangen. Nur so kann die zunehmende Abhängigkeit der selbstständigen Handwerksunternehmen von digitalen Gatekeepern durchbrochen werden. Der gelegentlich plakativ geforderte „Zugang zu Daten" wird der Thematik jedoch nicht gerecht: Ein Bäckereibetrieb ist kein IT-Unternehmen, ein Orthopädietechniker ist kein Data Scientist. Mit Daten, möglicherweise gar Rohdaten, allein können viele Betriebe nichts anfangen. Die Handwerksbetriebe bleiben vielmehr die primären Leistungserbringer für das, was als „Handwerk" ihr Metier ist. Hier kommt es zur Digitalisierung vieler Arbeitsschritte, die selbstverständlich vom Handwerk mitgegangen, zum Teil vorausgegangen werden. Die Frage des Zugangs zum Kunden ist aber nicht in erster Linie eine Datenfrage, sondern die Frage eines wirtschaftlichen Verteilungskampfs. Das muss bei einer Neuregelung berücksichtigt werden. Dafür sind die unterschiedlichen Konstellationen zu differenzieren. Zunächst muss eine Neuregelung die Differenzierung leisten, was mit Zugang gemeint ist und zu welchen Bereichen Zugang wesentlich ist. Ein Zugangsanspruch kommt in Betracht, wenn ohne einen solchen eine Ausübung der handwerklichen Tätigkeit, die Erbringung der individuellen Leistung dem Kunden gegenüber auf dessen Wunsch hin, nicht mehr möglich ist.

Als Ausgangsszenarien wurden fünf typische Fälle identifiziert, in denen handwerkliche Leistungen zu erbringen sind: die Reparatur eines Kfz, die Wartung einer vernetzten Heizung, der Ausbau eines Smart Homes, die Anbahnung des Kundenkontakts über eine digitale Plattform sowie der Austausch über eine B2B-Plattform.

2. Zugang zur Leistungserbringung

Die ersten drei Fälle betreffen Konstellationen, bei denen der Zugang zur Leistungserbringung gesperrt oder wesentlich erschwert ist, wenn nicht vom Inhaber des digitalen Schlüssels, dem „Torwächter", Zugang eröffnet wird.

In diesen drei Fällen ist nicht der Zugang zu Rohdaten entscheidend, also zu allen Aufzeichnungen, die getätigt wurden. Vielmehr benötigen die Unternehmen erstens die Möglichkeit, die digitale Verschlüsselung aufzuheben, und sie benötigen Zugang zu den Informationen, die für die konkrete Auftragsbearbeitung erforderlich sind. Welche dies sind, kann von Fall zu Fall unterschiedlich sein, eine pauschale Lösung verbietet sich insofern. Zugang kann auch zu einer bestimmten Software, zu bestimmten Bedien- oder Steuerungselementen erforderlich sein.

Rechtfertigung findet ein Zugangsanspruch in erster Linie im Kundenwunsch, dass eine bestimmte Leistung handwerklich erbracht wird. Das ist der Auslöser dafür, dass der Gatekeeper Zugang einräumen muss, was auch in seinem Interesse liegt. In vielen Fällen wird also Zugang eingeräumt werden, damit unmittelbare Kundenbedürfnisse (z.B. Reparatur eines Gegenstands) gewahrt werden können.

Problematisch wird aber die Steuerungsrolle, die der Gatekeeper annehmen kann: Faktisch ist der Handwerker immer von der Zustimmung des Gatekeepers und damit von seinen Konditionen abhängig. Das gilt selbst dann, wenn der Kundenwunsch individuell an den Handwerker herangetragen wird. Ruft beispielsweise der Bewohner eines Smart Homes einen gut bekannten Tischler, der einen Einbau entwerfen soll, oder einen langjährig vertrauten Installateur, der etwas reparieren soll, schiebt sich auch in diesen Fällen der Gatekeeper in die Beziehung zwischen Kunde und Handwerker und muss zunächst den Handwerker freischalten.

Trifft der Gatekeeper gleich die Auswahl, welcher Handwerker tätig werden darf oder trifft er eine Vorauswahl (z.B. in Form eines Rankings von Vertragshandwerkern, das angezeigt wird), wird die Auswahlentscheidung des Verbrauchers erheblich vorgeprägt. Die Entscheidung wird weitgehend vom Kunden weg zum Gatekeeper verlagert.

Neben den allgemeinen Zugangsanspruch tritt daher insbesondere der Anspruch, individuelle Kundenwünsche unabhängig von einem Dritten erfüllen zu können, der mit dieser konkreten Leistungserbringung nichts zu tun hat. Neben die Gewährung des Zugangs tritt damit die Kontrolle der Bedingungen, unter denen Zugang gewährt wird und die Sicherung einer freien Kommunikation zwischen Kunde und Leistungserbringer. Es ist ein Anliegen einer freiheitsorientierten Wirtschaftspolitik, die eigenverantwortliche Entscheidung der Parteien in solchen Konstellationen zu fordern und zu erhalten. Für den Kunden mag es bequem sein, alle Entscheidungen zentral an den Gatekeeper abzugeben. Bequemlichkeit führt aber, wie so oft, zu einer schleichenden Aufgabe von selbstverantwortlichen Entscheidungen – und damit zu einer weniger freien, gesteuerten Wirtschaftslenkung. In langfristiger Perspektive ist das der Einstieg in eine Fremdbestimmung der wirtschaftlichen Persönlichkeit, wie sie sich in manchen Bereichen schon jetzt abzeichnet.

3. Zugang zum Kunden

Beim Fall der Kundenvermittlungsplattform ist erforderlich, dass der Handwerker Zugang zum Kunden erhalten kann und der Plattformbetreiber seine Vermittlungsleistung auf faire Weise erbringt. In diesem Fall geht es um Zugang zur Plattform und damit zum Kunden.

Dass ein Vermittler (Intermediär) die Beziehung zum Kunden über eine digitale Kopplung zerschneidet, ist nicht für sich genommen unzulässig. In erster Linie werden durch solche Vermittlungsplattformen Transaktionskosten gesenkt, Kunden erhalten größere Auswahl, Anbieter einen größeren Kundenkreis. Wahr ist aber auch, dass gerade das Handwerk von der individuellen Beziehung von Handwerksbetrieb und Kunde geprägt ist. Wenn durch die Vermittlungsleistung diese Beziehung durchbrochen wird, darf das jedenfalls nicht in eine Monopolisierung der Kundenschnittstelle umschlagen, sodass nur noch der Gatekeeper direkten Zugang zum Kunden hat.

Das wäre nicht nur wettbewerbswidrig, sondern auch unfair: Der Plattformbetreiber als Intermediär (in gesteigerter Form: der Betreiber des Ökosystems) erbringt seine Vertriebsdienstleistung zu mehreren Marktseiten hin. Der Plattformbetreiber handelt als Agent sowohl für den Handwerksbetrieb wie auch für den Verbraucher. Beiden sich gegenüberstehenden Marktseiten verspricht der Plattformbetreiber einen guten Deal. Das führt zu einem Interessenkonflikt. Das widerspricht dem Vermittlungsgedanke, der eigentlich voraussetzt, dass es zwischen Geschäftsherrn und Agent eine Treuebeziehung gibt, in der ein möglicher Missbrauch durch Informationen, Aufsicht oder andere Mechanismen unterbunden wird (Stichwort: principal-agent-Konflikt).[226] Eine Doppelvertretung ist im Recht in anderen Fällen nur selten zulässig. So untersagt beispielsweise § 181 BGB das In-sich-Geschäft grundsätzlich. Anwälte dürfen standesrechtlich nicht beide Seiten vertreten (§ 43a BRAO, § 3 BORA). Alles andere ist unfair.

Jedenfalls müssen in solchen Fällen Vorkehrungen getroffen werden, damit mögliche Interessenkonflikte von einem in beide Richtungen handelnden Vermittler nicht ausgenutzt werden. Dies geschieht etwa beim Selbsteintritt des Kommissionärs (§ 400 Abs. 5 HGB) oder beim Verbot des Insiderhandels (§ 119 Abs. 3 WpHG). Eine solche Kontrolle ist rechtlich bislang aber bei Plattformen nicht vorgesehen, ja, sie ist für die Prinzipale selbst nicht einmal möglich: Sie erhalten ihre Informationen über die Transaktionen nur vom Intermediär, der die Abwicklung über seine Web-

---

226 Vgl. *Podszun*, Gutachten zum 73. Deutschen Juristentag, 2020, S. F50.

sites steuert. Weder der Handwerksbetrieb noch der Kunde können den Plattformbetreiber kontrollieren – sie sind massiven Informationsasymmetrien ausgesetzt. Kontrolle scheidet damit aus.

Noch gefährlicher wird die Vermittlung zu mehreren Marktseiten hin, wenn der Plattformbetreiber selbst in Konkurrenz zu den Anbietern auftritt. Dann können besonders lukrative Aufträge rasch für das Plattformunternehmen reserviert werden. In diesem Fall eröffnen Plattformbetreiber nicht nur Märkte und setzen die Regeln für diese Märkte, sondern spielen selbst auf diesen Märkten mit – die Unfairness ist mit Händen zu greifen. Handwerker, die solchen Märkten ausgesetzt sind, lassen sich auf ein Spiel ein, bei dem sie die Regeln nicht kennen, einen völlig überlegenen Gegner haben und das Ergebnis so akzeptieren müssen, wie es kommt.

4. Zugang zu Kooperationen (B2B-Plattformen)

Ein letzter Beispielsfall betrifft die Kooperation auf einer B2B-Plattform. Diese Konstellation kann ebenfalls Zugangsprobleme hervorrufen, wenn der Ausschluss von der Plattformnutzung bedeutet, dass das Unternehmen von wichtigen Entwicklungen, Standardisierungen oder Datensätzen abgeschnitten wird und dadurch Geschäftschancen auf anderen Märkten wegbrechen. Dies wird regelmäßig dann der Fall sein, wenn die B2B-Plattform eine gewisse Marktmacht erlangt hat.

Die wettbewerblichen und sonstigen Gefahren sind in diesem Szenario allerdings am wenigsten stark ausgeprägt. Es besteht kein unmittelbarer Kontakt zum Endverbraucher. Die Beteiligten sind als Unternehmer und Wettbewerber zum Teil auf gleichen Stufen tätig und können die unternehmerischen und wettbewerblichen Risiken einschätzen. Das Risiko scheint durch kartellrechtliche Zugangslösungen weitgehend beherrschbar.

5. Folgeaufträge und Innovationen

Den Szenarien ist gemein, dass das Handwerksunternehmen eine digitale Sperre überwinden muss, um weiterhin Leistungen erbringen zu können, was de facto heißt: um im Geschäft bleiben zu können. Je weiter solche digitalen Sperren verbreitet werden, desto gravierender wird das Problem und desto mehr steigt die Abhängigkeit von denjenigen, die diese Sperren errichten und einen „Wegezoll" verlangen.

Die hier skizzierten Problemsituationen helfen nur hinsichtlich der primären Leistungserbringung ab. Das ist kommerziell allerdings zu kurz gegriffen: Wenn Handwerker in diesen Situationen ihre Leistung erbringen können, bleiben sie dennoch in einem Korsett eingeschnürt – sie werden, wenn Zugang gewährt wird, in die Lage versetzt, eine eng definierte und technisch auch so eingegrenzte Leistung zu erbringen. Das ist eventuell schon mehr als ihnen bislang möglich ist, wenn Zugang zu Kunden und Produkten abgeschottet wird.

Das ist aber noch bei weitem nicht die eigenständige Geschäftsentwicklung, die für das selbstständige Unternehmertum kennzeichnend ist. Im Idealbild soll auch in Zukunft der Handwerker ein aktiver Unternehmer sein, und nicht bloß der Erfüllungsgehilfe in einem IoT-Netzwerk, das von einem Silicon Valley-Konzern gesteuert wird.

Für das handwerkliche Unternehmertum sind enge, auch langjährige Kundenbeziehungen prägend. Diese erlauben es den Unternehmen, auf individuelle Wünsche einzugehen und passgenaue Lösungen zu finden. Dieser Vorteil wird beschnitten, wenn nur in abgegrenzten Teilbereichen eine Auftragserfüllung erfolgt. Zur Geschäftsgestaltung gehört dann auch die Generierung von Folgeaufträgen, das „Upselling", die Weiterentwicklung von Kundenwünschen mit neuen Ideen und im Zusammenwirken mit dem Kunden. Man stelle sich vor, eine Handwerkerin wird gerufen, um in einem Smart Home einen Ausbau vorzunehmen. Hier ist gut vorstellbar, dass aus dem ursprünglichen Kundenwunsch ein größerer Gesamtauftrag, vielleicht mit Folgeaufträgen, wird. Wenn die Handwerkerin noch eine Idee für ein anderes Gestaltungthema im Haus hat, kann sich daraus eine ganz neue, eigene geschäftliche Linie entwickeln. Drängte sich der Gatekeeper in diese Verhältnisse herein, etwa durch Forderung einer Provision, wäre das in keiner Weise gerechtfertigt und nicht Ausdruck eines Leistungswettbewerbs. Vielmehr würde ein Trittbrettfahren auf den Leistungen der Handwerkerin stattfinden, das wettbewerbswidrig wäre.

Zunehmend ist zu erwarten, dass Innovationen, Weiterentwicklungen und kreative Ideen von Handwerkern abhängig von der Analyse von Daten sind. Wenn also zu Beginn dieses Kapitels dargestellt wurde, dass der Zugang zu Rohdaten häufig gar nicht der relevante Aspekt für die Auftragserledigung ist, dass es sogar schwierig für den Handwerksbetrieb sein kann, mit Rohdaten zu arbeiten, so muss auch die andere Seite betrachtet werden: Je wichtiger Daten für die Leistungserbringung und die Endprodukte sind, desto wichtiger wird der Zugang zu ihnen für die Fortentwicklung des Handwerks selbst. „Predictive maintenance", die vorausschauende Wartung anhand der Auswertung von Leistungs- und Verschleißdaten, ist in dieser Hinsicht nur der Anfang. Der Charme und das Innovationspotenzial der Datenökonomie liegen gerade darin, dass durch „Big Data" neue Zusammenhänge erkannt werden können, Präferenzen sichtbar werden und Vernetzungslösungen möglich werden, die bislang nicht einmal bekannt waren. Daten sind dann der Treiber der Innovation. Diese Innovation wird aber bei demjenigen monopolisiert, der Zugang zu den Daten hat. Das mag im Augenblick noch nicht das größte Problem sein. Im Zeitverlauf besteht aber die Gefahr, dass klassische Handwerksbetriebe ihre Innovationskraft verlieren und Gatekeeper mit Lizenzbetrieben oder eigenen Tochtergesellschaften auch im Handwerk zu Technologieführern werden. Die Innovationspotenziale der Digitalisierung können jedoch nur gehoben werden, wenn viele Akteure in den Netzwerken 4.0 von Handwerk, Industrie und Datenkonzernen zusammenwirken. In solchen Wertschöpfungsnetzwerken ist also auf eine Datenteilung zu achten. Berechtigt ist das mindestens dann, wenn die Handwerksbetriebe einen Beitrag zur Sammlung dieser Daten geleistet haben.

Dass dazu die Handwerksunternehmen und -verbände auch einen eigenen Beitrag leisten müssen, etwa durch eigene digitale Weiterentwicklungen und Kooperationen, versteht sich von selbst. Bestandsschutz gegen andere Geschäftsmodelle wird aus rechtlicher Sicht nicht gewährt.

II. Legitimationsstrategien eines erweiterten Zugangs

Die bisherigen Ansätze zur Gewährung von Zugang haben erhebliche Schwächen: Vertragsrechtliche Lösungen sind möglich, es gibt dafür aber keine zwingenden Anreize und keine Muster. In den Vertragslösungen kommt es zu erheblichen Verzerrungen, da häufig die Zugangspetenten in Abhängigkeitspositionen sind und auch hinsichtlich der Informationen benachteiligt sind. Die sektorspezifische Regulierung reicht nicht aus, um das Problem für das „Internet der Dinge" insgesamt zu lösen. Kartellrechtliche Zugangsansprüche wirken nur in Ausnahmefällen, bieten aber keinen flächendeckenden, zukunftsorientierten Ansatz. In allen Fällen wird auch deutlich, dass der reine Zugangsanspruch als solcher wenig nutzt und immer auch die Folgefragen (Vergütung, Formen und Bedingungen der Bereitstellung usw.) geregelt werden müssen.

In diesem Abschnitt soll die Legitimation eines erweiterten Zugangs beleuchtet werden: Je nachdem, welche Motive oder prägende Gedanken die

Erweiterung leiten, lassen sich unterschiedliche Regelungslogiken erkennen. Zugangsansprüche lassen sich nämlich mit verschiedenen Argumentationslinien begründen. Je nach Wahl einer solchen Begründungsstrategie lassen sich dann unterschiedliche Anforderungen klarer erkennen.[227]

1. Ökonomische Notwendigkeit

Erweiterte Zugangsansprüche lassen sich ökonomisch rechtfertigen. Ohne hier weitergehenden ökonomischen Studien vorgreifen zu wollen,[228] lässt sich bereits erkennen, dass Geschäftsverweigerungen mittelfristig negative Wohlfahrtswirkungen für Verbraucher entfalten können: Die Vorteile einer Vernetzung von Geräten und Leistungen werden potentiell durch den Wegfall von Wettbewerb wieder aufgefressen. Da Wettbewerb ausgeschaltet werden kann, sinkt der Anreiz, entstehende Effizienzvorteile an Verbraucher weiterzureichen. Gatekeeper können dann Monopolrenditen einstreichen. Die Teilung von Daten, insbesondere hin zu kleineren Wettbewerbern (als Teil einer asymmetrischen Regulierung), kann erheblich positive Wirkungen entfalten und insbesondere Monopolisierungstendenzen abschwächen.[229]

Auch aus institutionenökonomischer Perspektive besteht Handlungsbedarf: Verhandlungsungleichgewichte, Abhängigkeiten, Marktabschottungen und Informationsasymmetrien sind bekannte Phänomene, die die Funktionsfähigkeit von Märkten schwächen. Die auf Märkten stattfindende Koordination von Angebot und Nachfrage wird beeinträchtigt, wenn sich Anbieter und Nachfrager nicht mehr unmittelbar treffen (Verlust der Kundenschnittstelle) oder Anbieter und Nachfrager nicht auf Augenhöhe miteinander verhandeln können. Die Ressourcenallokation erfolgt dann nicht in einem freien Aushandlungsprozess, dieser Aushandlungsprozess ist vielmehr verzerrt zugunsten des marktmächtigen und informationsmächtigen Anbieters.

---

227 Vgl. *Staudenmayer*, IWRZ 2020, 147, 155.
228 Eine solche Studie erarbeitet das Volkswirtschaftliche Institut für Mittelstand und Handwerk an der Universität Göttingen (ifh).
229 *Prüfer/Schottmüller*, Competing with Big Data, TILEC Discussion Paper 2017–006, 2019; *Lundqvist*, EuCML 2018, 146; *Schmidt*, Zugang zu Daten nach europäischem Kartellrecht, 2020, S. 52 ff.

In der Folge kann es zu einer Monopolisierung des Marktes kommen (bei Plattformen häufig „tipping" genannt) oder ein Marktversagen eintreten, indem nicht mehr die Wünsche der Nachfrager befriedigt werden.

Daneben tritt ein wirtschaftspolitischer Aspekt: Werden Handwerksbetriebe zunehmend von Plattformbetreibern, den Anbietern digitaler Ökosysteme oder Datenmonopolisten abhängig, büßen sie an wirtschaftlicher Kraft und an selbstständigen Entscheidungsmöglichkeiten ein. Die unternehmerischen Chancen für kleinere und mittlere Unternehmen sinken; Handwerk und Mittelstand, vom selbstständigen Unternehmertum getragene Säulen der sozialen Marktwirtschaft in Deutschland, geraten in Abhängigkeiten.

Das ist umso problematischer als die Handwerksbetriebe die Leistung erbringen, die eigentlich vom Verbraucher nachgefragt wird: Letztlich richtet sich die Nachfrage nicht auf die Zusammenführung von Daten oder ein digitales Vermittlungsangebot, sondern auf die Reparatur der Heizung, die Anfertigung eines Schranks oder das Schleifen von Brillengläsern. Um diese Tätigkeiten geht es eigentlich. Ein potentiell immer größerer Teil des zu zahlenden Entgelts für diese Leistungen wird aber von digitalen Intermediären als Provision abgezogen. Da die Zahlungsbereitschaft der Kunden begrenzt ist, können diese Kosten nicht ohne weiteres weitergereicht werden. In der Folge reduziert sich das Kapital der Leistungserbringer wegen der Taxe an die digitale Plattform. Damit steht weniger Geld für die Leistungserbringung, aber auch für Investitionen und Innovationen, für eigene Marketingmaßnahmen und Übernahmen zur Verfügung. Der Verbrauchernutzen an der eigentlich nachgefragten Leistung sinkt, die finanziell stärker in Bedrängnis geratenden Leistungserbringer geraten in einer zunehmende Abhängigkeit, aus der sie sich mangels finanzieller Ressourcen noch schlechter befreien können: sie sind auf Kundschaft angewiesen, die ihnen über Gatekeeper vermittelt wird. Die zunächst möglicherweise größere Auswahl in der digitalen Welt führt schleichend zu einer Leistungsverminderung. Dabei ist besonders listig, dass die verminderte Leistung nicht dem Vermittler negativ zugerechnet wird, sondern dem Leistungserbringer: Der Kunde beschwert sich nicht beim Gatekeeper über eine fehlgeschlagene Reparatur oder schlechten Service, sondern beim leistungserbringenden Unternehmen. Dass ein Handwerker die Heizung mangels Datenzugriff nicht reparieren kann oder dass dieser Handwerker weniger an einem Auftrag verdient als zuvor und also Einsparungen vornimmt, wird nicht dem Gatekeeper angekreidet, sondern im Zweifel dem Handwerker.

So kommt es zu einer erheblichen Verschiebung in der Wertschöpfungskette: Unternehmen, die lediglich eine Vermittlungsleistung erbringen, erhalten hohe Renditen, ohne Risiken tragen zu müssen. Das ist ein wirtschaftlich fundamental fehlerhafter Prozess.[230]

Aus der hier skizzierten ökonomischen Logik heraus sind Zugangsansprüche ähnlich wie im Kartellrecht aufzubauen: Der Fokus liegt auf der Eröffnung des Marktzugangs und dem Erhalt wettbewerblicher Prozesse, denen sich auch der Gatekeeper stellen muss.

2. Ausgleich von Interessen

Ein zweiter Begründungsweg für erweiterten Zugang lässt sich aus dem normativen Bild einer vertraglich-konsensualen Zusammenarbeit gewinnen. Im Prinzip besteht die Win-win-Situation, die jedem Vertrag zugrundeliegt, selbst in Abhängigkeitssituationen fort: Der Gatekeeper braucht Unternehmen, die die eigentlich nachgefragte Leistung erbringen. Der Leistungserbringer benötigt Zugang, um die Leistung erbringen zu können. Knüpft man an dieser Komplementarität der Interessen an, geht es normativ bei einer Erweiterung des Zugangs darum, die Interessen in das Gleichgewicht zu bringen, das dem Idealbild eines Vertrags auf Augenhöhe entspricht. Die Parteien sollen wie auf einem „level playing field" miteinander kooperieren können. Dieser Anspruch an die Vertragsgerechtigkeit bedeutet, dass die Vertragsparteien fair miteinander verhandeln können, gleichwertige Verhandlungsmacht haben und keine Informationsasymmetrien fortwirken.[231]

Sieht man diesen Aspekt als entscheidend an, sind vor allem Regelungen vorzusehen, die das Ungleichgewicht bei Vertragsverhandlungen ausgleichen, ansonsten aber den Parteien die Möglichkeit lassen, ihre Interessen selbst miteinander in Ausgleich zu bringen.

Das bedeutet erstens, dass ein grundsätzlicher Zugangsanspruch zu gewähren ist, um das zentrale Ungleichgewicht auszubalancieren. Sodann sind Vorschriften vorzusehen, die Informationsdefizite beim Leistungserbringer beseitigen. Die Vertragsverhandlungen können durch Verbotsvor-

---

230 Zum Zusammenhang von Gewinnmöglichkeiten und Risiko gilt das Diktum von Walter Eucken: „Wer den Nutzen hat, muss auch den Schaden tragen." Siehe *Eucken*, Grundsätze der Wirtschaftspolitik, 1967, S. 172.
231 Vgl. *Grünberger* in: BMJV/MPI, Data Access, Consumer Interests and Public Welfare, 2021, S. 255 ff.

schriften (etwa wie im AGB-Recht) gesteuert werden. Die allgemeine vertragliche Verpflichtung aus Treu und Glauben (§ 242 BGB) würde durch einzelne Vorschriften, wie etwa im Verbraucherrecht, konturiert.

Ziel dieser Maßnahmen wäre primär, die Parteien in die Lage zu versetzen, einen Vertragsabschluss zu erzielen und dabei ein Mindestmaß an Vertragsgerechtigkeit gegenüber beiden Seiten zu erreichen.

Dieses Ziel ließe sich auch durch die Bündelung von Verhandlungsmacht erreichen, so wie es aus dem kollektiven Arbeitsrecht bekannt ist: Arbeitnehmer, die grundsätzlich in einer typisiert schwächeren Position sind, vertreten ihre Interessen gemeinsam und erreichen so ein Verhandlungsgleichgewicht zu den Arbeitgebern bei Tarifabschlüssen. Entsprechend könnte Verhandlungsmacht generiert werden, wenn den großen Gatekeepern kleine Unternehmen kollektiv gegenübertreten und beispielsweise für alle Handwerker gemeinsam Zugangsbedingungen aushandeln. Ein „race to the bottom" der Handwerkerschaft würde vermieden. Ohne Handwerker aber ließe sich kein Auto verkaufen und kein Smart Home betreiben – die Abhängigkeit vom Gatekeeper würde durchbrochen. Dieses Modell würde freilich an kartellrechtliche Grenzen stoßen. Da diese auch im europäischen Recht verankert sind (Art. 101 AEUV), müsste ein Aushandeln von Musterverträgen oder Standards für alle Angehörigen eines Handwerks zunächst kartellrechtlich abgesichert werden. Das ginge nur mit einer entsprechenden Freistellung (ggf. gesetzlich). Die Europäische Kommission hat für die kollektive Verhandlung solcher Verträge eine Initiative angestoßen, deren Ausgang bei Abschluss dieses Textes noch nicht absehbar war.[232]

3. Wertbindung

Die Legitimation eines erweiterten Zugangs lässt sich normativ auch mit Blick auf Grundwerte rechtfertigen, die als konstitutiv für das Bild einer sozialen Marktwirtschaft angesehen werden. Zu denken ist an Gleichheits-, Sozial- und Fairnesserwägungen. Auch wenn diese Begrifflichkeiten im Wirtschaftsrecht schwer operabel zu machen sind, sind es doch legitime

---

232 Aktuell würde eine solche gemeinsame Verhandlung kartellrechtlich problematisch sein. Die Europäische Kommission erwägt allerdings gerade, das Verbot der kollektiven Verhandlungen für Unternehmer in bestimmten Situationen zu lockern, vgl. die Initiative „Collective bargaining agreements for self-employed", Inception Impact Assessment, 6.1.2021.

Anknüpfungspunkte für gesetzgeberische Maßnahmen. Eine Wertbindung der Marktwirtschaft ist, jedenfalls in Deutschland, selbstverständlicher Bestandteil der rechtspolitischen Überlegungen. Immerhin war auch der für das Konzept der sozialen Marktwirtschaft prägende Einfluss der Freiburger Schule (Ordoliberalismus) tief verankert in einem Wertebewusstsein.

Ökonom Walter Eucken sah…

> „eine große Aufgabe darin, dieser neuen industrialisierten Wirtschaft mit ihrer weitgreifenden Arbeitsteilung eine funktionsfähige und menschenwürdige Ordnung der Wirtschaft zu geben, die dauerhaft ist. Funktionsfähig und menschenwürdig heißt: In ihr soll die Knappheit an Gütern, die sich Tag für Tag in den meisten Haushaltungen drückend geltend macht, so weitgehend wie möglich und andauernd überwunden werden. Und zugleich soll in dieser Ordnung ein selbstverantwortliches Leben möglich sein.“[233]

Natürlich atmet Euckens Aussage den Geist seiner Zeit. Gleichwohl lassen sich das soziale Postulat einerseits und das von Freiheit und Verantwortung geprägte Menschenbild andererseits als Grundpfeiler ausmachen, die bis heute der Vorstellung einer sozialen Marktwirtschaft zugrunde liegen. Eucken sah im Leistungswettbewerb einen Weg, um diese Prinzipien zu verwirklichen. Ein „Update“ des Ordnungsgedankens von Eucken für „diese neue digitalisierte Wirtschaft“ kann hier nicht umfassend skizziert werden. Doch Machtballungen, risikoloser Profit und Ausschluss einzelner Akteure vom Markt sind mit Euckens Idealmodell nicht vereinbar. Das gilt erst recht für die Einbindung des einzelnen, selbstständigen Unternehmers in ein Abhängigkeitsnetz. Wer den ordoliberalen Grundgedanken schätzt, muss das selbstbestimmte Unternehmertum, das im Wettbewerb um den Kunden kämpft, schützen.[234]

Ein wertbasiertes Zugangsmodell würde die Entscheidungssouveränität der einzelnen Akteure betonen, Diskriminierungen und Ausschluss bekämpfen und leistungsloses Einkommen zurückfahren.

---

233 *Eucken*, Grundlagen der Nationalökonomie, 7. Auflage 1959, S. 240. Siehe auch *Eyerund/Wildner* in: Rodenstock/Sevse-Tegethoff, Werte – und was sie uns wert sind, 2018, S. 191.

234 Die Verabschiedung des GWB-Digitalisierungsgesetz im Januar 2021 nannte der Abgeordnete *Durz* „die Geburtsstunde der sozialen digitalen Marktwirtschaft“, vgl. Bundestag, Plenarprotokoll 19/204, S. 25642.

4. Dogmatik

Zugangsansprüche können auch von subjektiven Rechtspositionen aus gedacht werden. Ein derartiger Ansatz bliebe am stärksten der zivilrechtlichen Dogmatik verpflichtet, die Zugangsansprüche aus Rechtspositionen heraus vergibt. Eine entsprechende Zuordnungsmechanik ist aus dem Urheberrecht sowie dem Patentrecht vertraut. Allerdings sind derzeit, wie gesehen, nur in geringem Umfang solche Rechtspositionen so gesichert, dass Zugangsansprüche in Betracht kommen. Rechte, die sich aus Datenschutzgründen/Persönlichkeitsrechten ergeben, sind zwar gesichert, machen aber nicht das Gros der hier relevanten Daten aus und werden, wie die Praxis zeigt, schnell übertragen.

Die Zuweisung einzelner Rechte würde zwar die Zuordnung erleichtern, wäre aber, wie dargestellt, auch mit Problemen verbunden.[235] In der Folge wäre ein Schutzsystem mit genauen Bestimmungen zu entwerfen, das an die Immaterialgüterrechte angelehnt ist. Dogmatik als rechtsinterne Lösung hat einen geringen Eigenwert.

5. Zusammenschau

Die Übersicht über mögliche Legitimationsstrategien für erweiterten Zugang zu Daten, Software oder Plattformen belegt die Vielfalt der Ansatzpunkte. Ob erweiterter Zugang gewährt wird, ist letztlich eine politische Frage, die der Entscheidung durch den kompetenten Gesetzgeber bedarf. Bei dieser Entscheidung sollten die unterschiedlichen Begründungsmuster aber berücksichtigt werden, damit die Lösungen systematisch sinnvoll gestaltet werden.

III. Schnittstellen zu anderen Rechtsgebieten

Wird ein erweitertes Recht auf Zugang gewährt, müssen Schnittstellen zu anderen Rechtsgebieten beachtet werden.[236] Damit ist auch die Frage zu beantworten, ob sich der Gatekeeper darauf berufen kann, dass andere

---

235 Grundlegend kritisch daher auch die Stellungnahme des Max-Planck-Instituts zum Dateneigentum, siehe https://www.ip.mpg.de/fileadmin/ipmpg/content/fo rschung/Argumentarium_Dateneigentum_de.pdf.
236 Vgl. *Staudenmayer*, IWRZ 2020, 147, 156.

Rechte – Datenschutz, Kartellrecht, Immaterialgüterrechte, Geheimnisschutz – entgegenstehen. Eine Durchsicht der wichtigsten Regelungsbereiche zeigt, dass keine unüberwindlichen Hürden gegeben sind.

1. Datenschutzrecht

Wie gesehen unterliegen alle Daten, welche sich einer natürlichen Person auch nur indirekt zuordnen lassen, dem Schutz der DS-GVO. Darunter fallen auch die insbesondere für Reparatur und (vorausschauende) Wartungsarbeiten erforderlichen Nutzungsdaten, die sich bestimmten Personen (z.B. einem Mieter) zuordnen lassen. Ein Ausschließlichkeitsrecht aus der DS-GVO steht der betroffenen natürlichen Person zu, um deren Daten es geht.

Die Verarbeitung personenbezogener Daten wird in Vertragsverhältnissen aber häufig möglich sein. In Art. 6 DS-GVO sind entsprechende Berechtigungen vorgesehen, insbesondere bei Einwilligung der betroffenen Person (Abs. 1 lit. a) und bei der Notwendigkeit zur Erfüllung eines Vertrags (Abs. 1 lit. b). Von diesen beiden Vorschriften wird in vielen Fällen die Verarbeitung der persönlichen Daten (Art. 4 Nr. 2 DS-GVO) gedeckt sein.[237] Die Einwilligung wird ggf. formularmäßig erteilt. Wenn ein Handwerker die Daten zur Vertragserfüllung (z.B. Reparatur) benötigt, werden sich regelmäßig weder praktisch, noch rechtlich Schwierigkeiten stellen.[238] In den eingangs genannten, beispielhaften Szenarien, die für das Handwerk in der Datenökonomie wichtig werden (Kfz-Reparatur, Wartung einer vernetzten Heizung, Smart Home, Digitale Vertriebsplattform, B2B-Kooperation) dürfte in den ersten vier Fällen für die eigentliche Auftragserfüllung regelmäßig eine Datenweitergabe gerechtfertigt sein. Sobald das Feld der Auftragserfüllung verlassen wird und beispielsweise weitergehende Daten zu sonstigen Zwecken weitergeleitet oder erhoben werden sollen, führt die datenschutzrechtliche Analyse jedoch langsam in einen Graubereich, der noch nicht ausjudiziert ist.

Ernsthaft problematisch werden sodann weitergehende Datenverarbeitungen, etwa zu sonstigen Auswertungen oder für Anwendungen, die nicht Bestandteil einer klar definierten Vertragserfüllung gegenüber der

---

237 Vgl. *Bock*, CR 2020, 173 ff.; *Sattler*, JZ 2017, 1036.
238 Dass die Daten für die Erfüllung eines Vertrages benötigt werden, bei welchem der Dateninhaber nicht beteiligt ist, ist hierbei unerheblich: *Albers/Veit*, in BeckOK DatenschutzR, 34. Ed. 1.5.2020, DS-GVO Art. 6 Rn. 30 a.E.

Person sind, sowie die Weitergabe an Dritte (z.B. Datendienstleister), die nicht mit der Auftragserfüllung unmittelbar verbunden sind.[239]

Hier müsste ggf. eine Einwilligung eingeholt werden, damit der Zugang datenschutzrechtskonform ausgestaltet ist. Grenzen setzen das Gebot der Zweckbestimmung in Art. 5 Abs. 1 lit. b DS-GVO und der Grundsatz der Datenminimierung, Art. 5 Abs. 1 lit. c DS-GVO.[240] Diesen Prinzipien ist bei der Ausgestaltung von Zugangsansprüchen Rechnung zu tragen. Dies könnte auch dadurch geschehen, dass im Falle von personenbezogenen Daten ein Zugangsanspruch nur im Falle einer Einwilligung des Betroffenen erteilt wird. Das Problem einer fehlenden Einwilligung ist kein spezifisches Problem des Handwerks, es stellt sich aber für innovative Geschäftsmodelle und datengetriebene Weiterentwicklungen. Misslich ist insoweit, dass die Vorstellung, personenbezogene Daten könnten abgesondert und ausgespart werden, weit verbreitet ist. Das wird der Realität der Datenerhebung und -verarbeitung nicht gerecht: Die Nutzungsdaten einer Heizung in einem Privathaushalt lassen sich als personenbezogene Daten i.S.v. Art. 4 Nr. 1 DS-GVO lesen. Selbst wenn sie anonymisiert sind, können solche Daten durch Kombination mit anderen Daten (z.B. Straße, Alter der anonymisierten Person usw.) rasch wieder re-identifizierbar werden. Eine Aggregierung und Anonymisierung der Daten ist zwar denkbar, geht aber einher mit einem Qualitätsverlust des Datenmaterials und damit möglicherweise auch mit Innovationseinbußen.

Wird die Weitergabe personenbezogener Daten in IoT-Netzwerken angestrebt, um dort durch weitergehende Analyse („big data") Muster zu erkennen oder Innovationen hervorzubringen, dürfte die Vereinbarkeit mit DS-GVO-Regeln grundsätzlich schwierig sein. Der Branchenverband Bitkom hat in einer repräsentativen Umfrage 2020 unter den für Datenschutz verantwortlichen Personen in Unternehmen die DS-GVO als „Bremse für Innovationen" identifiziert.[241] Demnach gaben 56 % der Befragten an, die DS-GVO bremse innovative Projekte, z.B. Datenpools, aus. Interessanterweise drückten viele der Befragten eine rechtliche Unsicherheit aus – sie fürchteten, gegen die DS-GVO zu verstoßen. Ge- und Verbote sind möglicherweise zu wenig erkennbar. Dann treten „chilling effects", also eine

---

239 Näher *Tombal*, GDPR as shield to a data sharing remedy, 2020, S. 6 ff.
240 *Wolff*, in BeckOK DatenschutzR, 34. Ed. 1.8.2020, Syst. A. Prinzipien des Datenschutzrechts Rn. 19 ff.
241 Bitkom, Pressemitteilung vom 29.9.2020, https://www.bitkom.org/Presse/Presseinformation/Jedes-2-Unternehmen-verzichtet-aus-Datenschutzgruenden-auf-Innovationen.

entmutigende Wirkung für Unternehmertum und Innovation, ggf. sogar ein, ohne dass dies dem Normtext nach erforderlich wäre. Klarstellungen und die Herausarbeitung dessen, was positiv möglich ist, seitens der Europäischen Kommission sind vor diesem Hintergrund unerlässlich.

In Fällen, die nicht eindeutig zulässig sind, muss entweder eine weitreichende Einwilligung des Betroffenen eingeholt werden. Das dürfte angesichts der Anforderungen an eine wirksame Einwilligung[242] jedoch häufig schwierig sein, da die genauen Zwecke und Folgen nicht immer von vornherein feststehen dürften.[243] Alternativ müssten die Daten durch Clearingstellen übertragen werden, so wie sie in Modellen der Europäischen Kommission vorgesehen sind.[244] Das hat den Nachteil, dass durch das Clearing, also die Anonymisierung, Informationen verloren gehen, Bürokratien und Kosten entstehen und eine Zeitverzögerung einsetzt.

Der Zielrichtung der DS-GVO dürfte es entsprechen, wenn vorgesehen wird, dass die Weitergabe in entsprechenden Netzwerken nicht genutzt werden darf, um individuelle Nutzerprofile aufzubauen oder um persönliche Ansprache zu ermöglichen. Es muss also der allgemeine Innovationszweck gegenüber dem kommerziellen Interesse am Direktgeschäft im Vordergrund stehen. Eine Ausnahme für derartige Innovationszwecke ist in der DS-GVO freilich gegenwärtig nicht vorgesehen. Art. 6 Abs. 1 lit. f und Art. 6 Abs. 4 DS-GVO dürften dafür jedenfalls nicht genügen.

Das Datenschutzrecht stellt also durchaus eine Hürde bei der Weitergabe und Nutzung von Daten dar und muss bei jeder Verarbeitung berücksichtigt werden.[245] Aufgrund der Ausnahme zur Vertragserfüllung und der Möglichkeit der Einwilligung handelt es sich insofern jedoch nicht um unüberwindliche rechtliche Grenzen. Insbesondere sollte das Datenschutzrecht die Macht der großen Datenkonzerne über die bei ihnen gespeicher-

---

242 Vgl. Artikel-29-Datenschutzgruppe, Leitlinien in Bezug auf die Einwilligung gemäß Verordnung 2016/679, WP259 rev. 01, 10.4.2018.

243 Siehe zu verbesserten Möglichkeiten der Einwilligung („Einwilligungsmanagement-System") den Bericht von ConPolicy/*Kettner*/*Thorun*/*Spindler*, Innovatives Datenschutz-Einwilligungsmanagement, 2020; sowie *Hacker*, Datenprivatrecht, 2020, S. 618 („technologische Einwilligung").

244 Europäische Kommission, Vorschlag für eine Verordnung über europäische Daten-Governance (Daten-Governance-Gesetz), 25.11.2020, COM(2020) 767 final.

245 Vgl. *Spiecker gen. Döhmann* in: BMJV/MPI, Data Access, Consumer Interests and Public Welfare, 2021, S. 175 ff.

ten Daten verringern und diesen nicht im Gegenteil auch noch weitere Gründe liefern, die Daten für sich zu behalten.[246]

2. Kartellrechtliche Grenzen

Beim Teilen von Daten müssen kartellrechtliche Grenzen beachtet werden, die für den Austausch von wettbewerbsrelevanten Informationen zwischen Wettbewerbern gelten. Ausgehend von der EuGH-Entscheidung *Asnef-Equifax* und weiter konkretisiert in den sog. Horizontalleitlinien der Kommission gelten für die Informationsweitergabe strenge Vorgaben.[247] Der Austausch aktueller, kommerziell relevanter Daten kann den Wettbewerbsdruck vermindern und zu gleichförmigem Verhalten im Markt führen. Zudem kann der Austausch unter einigen Marktteilnehmern den Markt für andere abschotten. Unternehmen laufen bei freimütigem Datenteilen Gefahr, für einen illegalen Informationsaustausch oder für Diskriminierung haftbar gemacht zu werden, wenn sie nicht alle Unternehmen an Datapools teilnehmen lassen. Kartellbehörden waren in den vergangenen Jahren sehr kritisch beim Informationsaustausch. Im Big-Data-Zeitalter, in dem die Zusammenführung von Daten als großer Fortschrittsbringer gilt, mutet das anachronistisch an.

Das hat auch die Europäische Kommission erkannt, die die Förderung des Datenzugangs als politisches Ziel benannt hat.[248] Die Position der Kommission bleibt jedoch ambivalent. Zeitgleich mit dem Versuch, die Schaffung von Datenpools zu fördern, wurde eine Ausnahmeregelung für Datenpools im Versicherungswesen abgeschafft.[249] Ein Abrücken von den

---

246 *Tombal*, GDPR as shield to a data sharing remedy, 2020, S. 3. Vgl. auch *Kerber*, GRUR Int. 2016, 639.

247 Vgl. EuGH, 23.11.2006, Rs. C-238/05, ECLI:EU:C:2006:734 – *Asnef-Equifax*; Europäische Kommission, Leitlinien zur Anwendung von Artikel 81 Absatz 3 EG-Vertrag (2004/C 101/08), Rn. 56; siehe auch *Grave/Nyberg* in: Loewenheim/Meessen/Riesenkampff/Kersting/Meyer-Lindemann, Kartellrecht, 4. Auflage 2020, Art. 101 AEUV Rn. 315 ff.; *Drexl*, Designing Competitive Markets for Industrial Data in Europe, Max Planck Institute for Innovation & Competition Research Paper, No. 16–13, 2016, S. 70 ff.

248 Europäische Kommission, Communication „Building a European Data Economy", 10.1.2017, COM(2017) 9 final, S. 4.

249 Die Freistellung in Art. 2 VersicherungsGVO ist weggefallen, stattdessen wurde auf die allgemeinen Horizontalleitlinien verwiesen, siehe Europäische Kommission, Commission Staff Working Document, Impact Assessment – HT.4012 – IBER, SEC(2016) 536, S. 65.

Aussagen der Horizontalleitlinien ist – trotz politischer Lippenbekenntnisse – seitens der Kommission bislang nicht erkennbar.

Das Bundeskartellamt hat ein Gemeinschaftsunternehmen in der Automobilindustrie akzeptiert, bei dem es um den Austausch großer Datenmengen geht. Der Fall betraf die Übernahme des Kartierungsdienstes HERE, dessen Daten zum Ausgangspunkt für das vernetzte Fahren dienen sollen. HERE wurde von Daimler, BMW und Audi, führenden deutschen Automobilherstellern, gekauft.[250] Später schlossen sich Intel, NavInfo und Tencent (aus Singapur) der Investorengruppe HERE an.[251] Das Bundeskartellamt war bereit, die wettbewerbsfördernden Auswirkungen des Datenaustausches in diesem Fall zu akzeptieren, ohne es ausdrücklich zur Bedingung zu machen, Tesla, Google oder Toyota oder Zulieferbetrieben und Kfz-Mechanikern Zugang zu gewähren. Hier hätte das Kartellamt möglicherweise schon frühzeitig, im Rahmen der Prüfung einer Fusion, die Märkte für spätere Zeiten durch eine Auflage offenhalten können.

Wie oben dargestellt gelten kartellrechtliche Grenzen auch für die Möglichkeiten der Unternehmen, Bedingungen zu setzen. So darf beispielsweise nicht im Rahmen einer Zugangsvereinbarung eine Preisvorgabe gemacht werden. Den grundsätzlichen Zugangsanspruch stellt das aber gerade nicht in Frage, im Gegenteil, insoweit wirken kartellrechtliche Grenzen wettbewerbsbelebend.

Es bleibt aber ein kartellrechtliches Restrisiko beim Teilen von Daten, wenn sich im Einzelfall die Lesart durchsetzt, dass es sich um den Austausch nicht-anonymer, aktueller, kommerziell relevanter Daten zwischen Wettbewerbern handelt.

3. Immaterialgüterrecht

Gegebenenfalls können Immaterialgüterrechte bestehen.[252] Wie gesehen, können solche etwa an Computerprogrammen oder Datenbanken gegeben sein. Auch Marken- und Kennzeichenrechte oder andere Schutzrechte

---

250 Bundeskartellamt, 6.10.2015, Pressemitteilung https://www.bundeskartellamt.d e/SharedDocs/Meldung/EN/Pressemitteilungen/2015/06_10_2015_HERE.html (keine veröffentlichte Entscheidung).

251 Bundeskartellamt, 24.1.2017, Pressemitteilung, https://www.bundeskartellamt.d e/SharedDocs/Meldung/EN/Pressemitteilungen/2017/24_01_2017_HERE.html (keine veröffentlichte Entscheidung).

252 Vgl. allgemein *Leistner* in: BMJV/MPI, Data Access, Consumer Interests and Public Welfare, 2021, S. 209 ff.

können im Einzelfall betroffen sein, wenn ein Handwerksunternehmen auf den Datensatz oder die Vorarbeiten eines IT-Unternehmens zugreifen will. Die immaterialgüterrechtliche Ausschlusswirkung kann zwangsweise durchbrochen werden. Verfahren in dieser Richtung sind allerdings oft aufwändig und dauern lange – zu denken ist nur an Auseinandersetzungen wie *IMS Health* oder *Huawei*. Das Beharren auf dem Schutzrecht liegt in der Hand des Schutzrechtsinhabers. Sobald es für diesen einen Mehrwert durch die Lizenzeinräumung gibt, wird eine Zugangslösung gefunden werden. Eigentums- und Immaterialgüterrechte können notfalls auch durch Zwangslizenzen aufgebrochen werden. Das System dafür ist allerdings ebenfalls eher schwierig.

4. Geschäftsgeheimnisschutz und Datensicherheit

Häufig werden auch Bedenken geäußert, Zugangsansprüche könnten mit dem Schutz der Geschäftsgeheimnisse unvereinbar sein. In der Tat wäre es wohl unverhältnismäßig, einem Schreiner, der im Google-Ranking besser erscheinen will, den geheimen Suchalgorithmus anzuvertrauen. Dem stünde ggf. das GeschGehG entgegen. Das Gesetz soll jedoch kein Ausschließlichkeitsrecht an den Informationen begründen. Bereits in den Erwägungsgründen der zugrundeliegenden EU-Richtlinie wird dies ausdrücklich abgelehnt.[253] Vielmehr sollen bestimmte Arten und Weisen eines unerwünschten Geheimnistransfers unterbunden werden. Es soll eine Schutzlücke für solche Informationen geschlossen werden, für deren Erlangung die Unternehmen den Einsatz von Innovationskraft oder Investitionen benötigen und an welchen deshalb ein wirtschaftliches Interesse besteht, die jedoch nicht durch das Immaterialgüterrecht schutzfähig sind.

Ebenso sollen ausdrücklich die Wettbewerbsvorschriften, insbesondere Artikel 101 und 102 AEUV, unberührt gelassen werden und der Geheimnisschutz nicht dazu genutzt werden, den Wettbewerb einzuschränken.[254] Ein pauschaler Geheimnisschutz existiert also nicht.

Doch auch unabhängig vom GeschGehG besteht grundsätzlich ein rechts- und wirtschaftspolitisches Interesse daran, Geschäftsgeheimnisse zu schützen. Es muss gewährleistet werden, dass Unternehmen, die unter Einsatz von Ressourcen erlangten Informationen auch selbst verwerten können. Andernfalls entfiele ein Anreiz für Innovationen. Solche Konstellatio-

---

253 Erwägungsgrund 16, RL (EU) 2016/943.
254 Erwägungsgrund 38, RL (EU) 2016/943.

nen werden im Zweifel durch die Abwägung von Geheimhaltungs- und Informationsinteressen aufgelöst. Ob allerdings überhaupt der Geschäftsinhaber stets ein legitimes Interesse an seinen Geschäftsgeheimnissen hat, sei in Zweifel gezogen. Die für das Handwerk relevanten Nutzungsdaten einer Anlage etwa werden schließlich primär durch die tagtägliche Nutzung des Kunden und nicht mehr aufgrund einer Leistung des Herstellers generiert. Wenn der Wert der Daten auf der Leistung eines Dritten beruht, ist der Geheimnisschutz zum Zwecke der Innovationssicherung also nicht in gleicher Intensität geboten, und es können weitergehende Zugangsansprüche geschaffen werden. Da für die Beurteilung der Schutzbedürftigkeit viele Faktoren des konkreten Marktes zu berücksichtigen sind, bietet sich in solch weitergehenden Fällen die Regelung mittels sektorspezifischer Ansprüche an.

Bestehende Gesetze zum Geheimnisschutz stehen einer weitergehenden Zugangsgewährung nicht entgegen. Meist wird es gar nicht um echte Geschäftsgeheimnisse gehen. Der Zugang darf jedoch auch nicht zu freizügig gewährt werden. Ein Vergleich mit den Anforderungen der essential facilities-Doktrin erscheint hierbei grundsätzlich angemessen. Im Einzelnen können aber auch geringere Anspruchsschwellen geschaffen werden, wenn der Anreize für Innovationen dadurch nicht gefährdet werden.

Bedenken können sich auch hinsichtlich der Datensicherheit ergeben. Es ist legitim, wenn beispielsweise der Operator eines Smart Homes von Handwerksunternehmen verlangt, dass diese die Datensicherheit nicht gefährden. Sicherheitsaspekte (z.B. Schließmechanismus der Türen) dürfen nicht nach außen dringen, Schadsoftware darf nicht ins System geschleust werden, es darf nicht zu Abstürzen kommen. Entsprechende technische Vorgaben, die das absichern, sowie Haftungsregeln können selbstverständlich einbezogen werden.

5. Zusammenfassung

In diesem Kapitel wurden Gestaltungsparameter für eine Neuregelung bestimmt. Zunächst gilt, dass die Zielbestimmung nicht unreflektiert sein darf, dass „Zugang zu Daten" erforderlich ist. Für das Handwerk muss es vor allem darum gehen, die Leistung beim Kunden noch erbringen zu können und die enge Bindung zum Kunden aufrecht erhalten zu können, ohne dass sich ein Dritter in diese Kundenbeziehung einmischt. Die bloße Möglichkeit der Leistungserbringung genügt freilich auch nicht. Sicherzustellen ist auch, dass vom Handwerk Innovationen ausgehen können.

Entsprechende Forderungen lassen sich in verschiedene „Regelungsrationalitäten" einbinden. Damit soll verdeutlicht werden, dass je nach dominantem Regelungsmotiv unterschiedliche Ausgestaltungen möglich sind. Für eine Erweiterung von Zugangsregeln ergeben sich Ansatzpunkte sowohl aus ökonomischer Überlegung heraus (Regelungsstandort: Wirtschaftsrecht), auf Ebene der Fairness von Verträgen und aus einer Wertbindung der Wirtschaftsordnung heraus.

Der Gestaltung von Zugangsregeln könnten Hürden in anderen Rechtsgebieten gegenüberstehen. Diesbezügliche Befürchtungen erweisen sich aber als teilweise unbegründet. Gerade das Datenschutzrecht weist hier eine gemischte Bilanz auf: Stellenweise ist die DS-GVO durchaus offen für eine Verarbeitung von personenbezogenen Daten. Die Rechtsunsicherheit ist jedoch groß, und für einige innovative Projekte, die den Bereich nichtpersonenbezogener Daten überschreiten, ist in der DS-GVO keine Ausnahme vorgesehen. Eine Hürde bleibt auch das Kartellrecht mit seinen Begrenzungen für den Informationsaustausch.

Die substantiellen rechtlichen Hürden für die Zugangseröffnung bleiben überschaubar. Wer die Daten tatsächlich hat, kann sich nur selten auf eine gesicherte Rechtsposition zur exklusiven Zuweisung der jeweiligen Information berufen. Entscheidend ist für Zugangspetenten das Aufbrechen einer faktischen Zuordnung. Diese faktische Datenmacht folgt schlicht aus der Sammlung der Daten: Wer den Sensor anbringt, erfährt die Daten; wer die Plattform betreibt, sammelt die Informationen, die über die Plattform ausgetauscht oder die auf dieser generiert werden. In diesen Akten der „Datensicherung" sind Investitionen erkennbar, die zu respektieren sind. Sie führen aber nicht dazu, dass die in diesem Kapitel dargestellten Prinzipien des Wirtschaftsrechts obsolet werden: Wo es wirtschaftlich notwendig ist, die Daten anders zu verteilen; wo der faire Interessenausgleich gestört ist; wo Leistungswettbewerb und Konsumentensouveränität als Grundwerte der Wirtschaftsordnung bedroht sind; wo die rechtliche Dogmatik eine andere Zuweisung gebietet – da ist nach rechtlichen Lösungen für einen erweiterten Zugang zu suchen. Das ist eine rechtspolitische Aufgabe.

D. Rechtliche Lösungen für erweiterten Zugang

Der Gesetzgeber kann eine Erweiterung des Zugangs auf verschiedenen Ebenen und mit verschiedenen Instrumenten fördern. Im Folgenden werden dazu unterschiedliche Optionen vorgestellt, die auch untereinander kombiniert werden können.

Es bedarf kaum der Erwähnung, dass für neue Regeln grundsätzlich zu verlangen ist, dass diese klar und handhabbar sind. Rechtliche Konflikte um die Auslegung sollten von Anfang an minimiert werden. Das bedeutet auch, dass die Regeln praktisch umsetzbar sein müssen und technische Lösungen stets mitzudenken sind. Die Regeln sollten auch schnell durchsetzbar sein: In der digitalen Welt ist niemandem mit einem Zugangsanspruch nach einem mehrjährigen Gerichtsverfahren gedient. Die Regeln sind darauf ausgerichtet, Handlungsmöglichkeiten zu erweitern. Innovationen sollen incentiviert, nicht erschwert werden.

Auch den Gesetzgebern ist längst offenbar, dass die europäische Datenwirtschaft nicht durch Abschottung oder das Einziehen monopolistischer Zugangsentgelte geschwächt werden darf. Das wäre ein Standortnachteil und würde gerade KMU sowie Verbraucherinnen und Verbraucher in der EU schädigen. Die Europäische Kommission hat 2017 in einer Mitteilung über den „Aufbau einer europäischen Datenwirtschaft"[255] und 2020 in der „Europäischen Datenstrategie"[256] mehrere Maßnahmen vorgeschlagen, um dieser Gefahr vorzubeugen. Genannt wurden 2017 Leitlinien für die gemeinsame Nutzung von Daten, technologische Verbesserungen und Musterverträge. Als gesetzgeberische Maßnahmen wurden Änderungen des Vertragsrechts, Zugangsverpflichtungen im öffentlichen Interesse, das Recht eines Datenerzeugers auf nicht-personenbezogene oder anonymisierte Daten sowie Zugangsverpflichtungen gegen Entgelt angeregt. In der europäischen Datenstrategie wird drei Jahre später der Fokus auf gemeinsame europäische Datenräume in strategisch besonders wichtigen Sektoren gelegt. Die Umsetzung ist bislang defizitär. Allerdings scheinen die struk-

---

255 Europäische Kommission, Kommunikation „Building a European Data Economy", 10.1.2017, COM(2017) 9 final.
256 Europäische Kommission, Mitteilung „Eine europäische Datenstrategie", 19.2.2020, COM(2020) 66 final.

turellen und flächendeckenden Probleme, die hier thematisiert werden, weniger im Blick zu sein als bestimmte Leuchtturmprojekte.

I. Abbau technischer Barrieren

Das Zugangsproblem stellt sich schon gar nicht, wenn es keine technischen Einschränkungen beim Zugang gibt. Es ist daher eine Option, offene Schnittstellen, frei zugängliche Formate oder Standardisierungen zu fördern, sodass das Ausschließungspotenzial geringer wird. Würden beispielsweise alle Smart Homes mit einer gleichartigen, standardisierten Software gesteuert, würde dies allen Handwerkern den Zugang zu diesem Smart Home erleichtern, ohne dass sie zunächst Lizenzverträge mit dem Operator schließen müssten. Eine abgeschwächte, aber weiterhin radikale Lösung wäre eine Verpflichtung für Gatekeeper, bei größeren Anlagen oder Projekten offene Schnittstellen zu gewährleisten, sodass zumindest alle anderen Unternehmen mit eigenen „Werkzeugen" andocken könnten, ohne zuvor einen Lizenzvertrag abschließen zu müssen.

Die Vorstellung ist nicht abwegig: Auch die Werkzeuge mit denen Handwerker klassisch arbeiten, sind zum Teil genormt oder standardisiert, etwa wenn die Schraubwerkzeuge zu Steckschlüsseleinsätzen passen sollen. Normung und Standardisierung schließen nicht aus, dass Einzelne mit abweichenden Anfertigungen spezielle Aufgaben lösen. Volkswirtschaftlich und in der Alltagspraxis erleichtert die Standardisierung aber das Vorgehen. Für den Finanzsektor wurde mit der PSD2-Richtlinie eine offene Schnittstelle verpflichtend eingerichtet, die die Arbeit von FinTech-Unternehmen ermöglicht.

Gerade im Bereich Smart Home zeigt eine Initiative der relevantesten Plattformbetreiber, dass Standardisierung im Grundsatz möglich ist. Apple, Amazon, Google und andere Unternehmen entwickeln einen gemeinsamen quelloffenen Kommunikationsstandard für Smart Home-Geräte. So soll es den Herstellern von Smart Home-Geräten vereinfacht werden, sich in die Systeme der Plattformen einzugliedern.[257] Nach Vorbild dieser Vereinheitlichung ist gleichermaßen denkbar, eine derartige Schnittstelle auch für den Zugriff auf relevante Wartungsinformationen und Protokoll-

---

257 Apple, Pressemitteilung vom 18.12.2019, abrufbar unter https://www.apple.com/de/newsroom/2019/12/amazon-apple-google-and-the-zigbee-alliance-to-develop-connectivity-standard/.

daten zu gewähren, welche auf den Geräten oder den Plattformen gespeichert sind.

1. Interoperabilität, Portabilität, Standardisierung und Normung

Der Abbau technischer Barrieren bedeutet, dass Interoperabilität, Portabilität und Standardisierung in den relevanten Praxisfeldern gestärkt werden müssen.[258]

- Interoperabilität bedeutet, dass verschiedene Dienste oder Formate bruchlos miteinander verknüpft werden können, also auf technischer Ebene miteinander kommunizieren können, obwohl sie verschiedenen Systemen entspringen.[259]
- Portabilität bedeutet, dass Informationen ohne Schwierigkeiten von einem Gerät oder einer Plattform zu einem/einer anderen mitgenommen werden können.[260]
- Standardisierung bedeutet, dass sich ein bestimmtes technisches Format in einer Branche durchsetzt (ggf. auch auf rein faktischer Basis).[261]
- Normung bedeutet, dass der Standard zur Norm erhoben wird, also im Wege eines offiziellen Vorgangs durch Einigung in einem Normungsgremium durchgesetzt wird.[262]

Allen vier Verfahren ist gemein, dass technische Barrieren reduziert werden. Die Gatekeeping-Problematik wird also technisch gelöst. Das könnte für ein Smart Home beispielsweise funktionieren: Warum sollen nicht Anbieter verschiedener Lösungen sich auf einen Standard einigen, sodass auch Wettbewerb um die besten Anwendungen im Smart Home entstehen kann? Interoperabilität oder gemeinsame Standards sind in der Datenökonomie durchaus bekannt: E-Mails können von einem Anbieter zum anderen zugestellt werden (anders als Messenger-Nachrichten von WhatsApp

---

258 Europäische Kommission, Kommunikation „Building a European Data Economy", 10.1.2017, COM(2017) 9 final.
259 Vgl. *Wegner*, 28(1) ACM Computing Surveys 1996, S. 285.
260 Vgl. *Engels*, 5(2) Internet Policy Review 2016, S. 3. Siehe auch *Busch*, Der Mittelstand in der Plattformökonomie, WISO Diskurs 8/2019, S. 14; *Gill/Kerber*, Data Portability Rights: Limits, Opportunities, and the Need for Going Beyond the Portability of Personal Data, 2020.
261 Vgl. *Blind*, The impact of standardisation and standards on innovation, Nesta Working Paper No. 13/15, S. 6 ff.
262 ZDH, Positionspapier Handwerk und Normung, 2020, S. 2.

zu Signal). Eine Einigung auf solche Standards würde den Zugang erheblich vereinfachen.

Dem entgegengesetzt ist proprietäre, nicht offen zugängliche Software, die nur bei Preisgabe von Schnittstelleninformationen zugänglich ist. Die geschützte Schnittstelle wird dadurch zur Zollstelle für die Zugangsgewährung. Solche Systeme sind durchaus bekannt – und sogar rechtlich sanktioniert: Im Urheberrecht sind abschottende Schutzmaßnahmen anerkannt worden. Das ist für die Entwicklung einer freien Zugangskultur kontraproduktiv. In § 95a UrhG werden technische Schutzmaßnahmen definiert, deren Verletzung verboten ist. Es dürfen auch keine Geräte vertrieben werden, um solche Schutzmaßnahmen zu durchbrechen. Die Regelung, die aus dem Jahr 2003 stammt, sollte etwa den Kopierschutz von CDs sichern. Für die entstehenden IoT-Netzwerke wäre eine entsprechende Regelung, die technische Schutzmaßnahmen positiv sanktioniert, allerdings eine hohe Belastung. Es besteht allerdings auch kein Anlass, für Daten oder Plattformen eine vergleichbare Regel zu schaffen, da sie keine Schöpfungshöhe aufweisen, wie es bei künstlerischen Schutzgütern der Fall sein mag.[263]

2. Rechtliche Einflussmöglichkeiten

Mit den Mitteln des Rechts kann der Abbau technischer Schranken incentiviert werden. In der Europäischen Union wurde beispielsweise mit der INSPIRE-Richtlinie 2007/2/EG versucht, Geodaten dadurch zu standardisieren, dass für Geodaten des öffentlichen Sektors Konformitätsregeln erlassen wurden.[264]

Hoheitsträger können sich auch an privaten Normungsinitiativen beteiligen, diese fördern oder ihre Vorgaben in Rechtsakten verwenden. Die private Non-profit-Initiative OASIS Open beispielsweise setzt sich unter Beteiligung führender IT-Unternehmen, aber auch von Regierungsstellen dafür ein, offene Standards zu definieren und nicht-proprietären Code zu entwickeln, sodass technische Barrieren gering sind.[265] Beispiele für OASIS-Entwicklungen sind der freie Dokumentenstandard OpenDocument,

---

263 Software könnte ggf. urheberrechtlich geschützt sein, siehe Kap. B.I.2. Ggf. wäre eine Schranke vorzusehen, um Beeinträchtigungen des freien Zugangs durch urheberrechtliche Abschottungsmechanismen aufzubrechen.

264 Vgl. die Liste der Rechtsakte bezüglich der INSPIRE-Rahmenbedingungen unter: https://inspire.ec.europa.eu/inspire-directive/2.

265 OASIS steht für Organization for the Advancement of Structured Information Standards, vgl. https://www.oasis-open.org/.

der Standard TOSCA für Cloud-Operationen oder das Kommunikationsprotokoll MQTT, das als Standard für die Kommunikation zwischen IoT-Geräten genutzt wird und als ISO-Standard registriert ist.[266] Für derartige Standards ist der Code frei lesbar. Soweit Lizenzierungen erforderlich sind, haben sich die Unternehmen dazu verpflichtet, zu RAND-Bedingungen (reasonable and non-discriminatory) zu lizenzieren. Die Standards, die von OASIS gesetzt werden, können durch Normung in das hoheitliche Regelungsvokabular überführt werden. Dies kann auch dadurch geschehen, dass bestimmte Standards als Sorgfaltspflichten im Rahmen von Haftungstatbeständen anerkannt werden.[267]

Hoheitliche Interventionen können auch vorsehen, dass gerade keine Zugangsschranken errichtet werden dürfen, sondern dass Schnittstellen offen sein müssen. Damit wäre ein regulatorischer Ansatz geschaffen, wie er in einigen Sektoren bereits verwirklicht wurde, z.B. bei der PSD2-Richtlinie im Finanzsektor. Dies führt mittelfristig zu programmiertem Zugang: So lässt es sich bezeichnen, wenn bereits in der Programmierung zu Beginn des Prozesses eine Zugangslösung eingebaut wird, die offen zugänglich ist. Eine Zulassung wichtiger smarter Hubs könnte dann davon abhängig gemacht werden, dass die Schnittstellen offen sind oder wenigstens Zugangsmöglichkeiten hinterlegt sind.

Die Entwicklung interoperabler Formate und Standards liegt typischerweise nicht in den Händen eines hoheitlichen Gesetzgebers, sondern wird weitgehend der Selbstregulierung der Industrie überlassen und vom Gesetzgeber sodann nur für verbindlich erklärt. Finden derartige Aushandlungsprozesse statt, ist es essentiell, dass Vertreter aller Gruppen beteiligt werden, die in der Zukunft ggf. betroffen sind. Initiativen, in denen allein Gatekeeper vertreten sind oder die unter Ausschluss des Handwerks beraten, werden keine Lösungen finden, die die spezifischen Interessen des Handwerks berücksichtigen. Hier kann es z.B. für Handwerksunternehmen darauf ankommen, dass die Lösungen auch für KMU einfach zugänglich sind, dass Reparatur- und Wartungsfragen von vornherein berücksichtigt werden, dass kein hoher bürokratischer Aufwand durch Registrierung, Dokumentation oder ähnliches entsteht, den sich kleinere Unternehmen nicht erlauben können, oder dass individuelle Materiallösungen berücksichtigt werden können.

---

266 Siehe https://www.iso.org/standard/69466.html.
267 Vgl. *Wagner* in MüKo-BGB, Band 7, 8. Auflage 2020, § 823 BGB Rn. 489.

3. Vor- und Nachteile des Abbaus technischer Schranken

Die Vorteile technischer Lösungen liegen nicht nur darin, dass Handwerksbetriebe vereinfachten Zugang erhalten. Eine Standardisierung ermöglicht, dass die Kosten für unterschiedliche technische Lösungen, die sonst ggf. erforderlich sind, um Daten bei verschiedenen Anbietern auszulesen, gesenkt werden. Das Spektrum potentieller Arbeitsfelder wird ausgeweitet, weil Hürden wegfallen. Dadurch kann effizienter angeboten werden. Auch der Wettbewerb zwischen Anbietern wird hierdurch verbessert: Wenn alle Unternehmen die Leistung erbringen können, ohne von der Zugriffsgewährung abhängig zu sein, entsteht damit auf ihrer Ebene wieder ein Leistungs- und Qualitätswettbewerb, der sich auf andere Aspekte fokussieren kann und damit die Leistung steigern wird.

Mit einer Öffnung der Schnittstellen können freilich auch Gefahren einhergehen. Standardisierung birgt immer die Gefahr, dass überlegene technische Lösungen sich nicht mehr am Markt durchsetzen können, weil die Wechselkosten von einem Standard weg zu einem neuen Format zu hoch sind. Standardisierung kann so zur Zementierung eines minderwertigen oder überkommenen Zustands führen.[268] Zudem ist nicht ausgeschlossen, dass die Standardsetzung einzelnen Unternehmen in die Hände spielt und andere erheblich benachteiligt, die zuvor möglicherweise in ein anderes System investiert haben.

Offene Schnittstellen und Interoperabilität können auch zum Auslesen von Daten führen, die nicht offengelegt werden sollten. Schließlich kann Portabilität dazu führen, dass opportunistisches Verhalten von Marktteilnehmern so stark wird, dass negative Wirkungen entstehen. Investitionen sind schwieriger zu kalkulieren, wenn es keine Möglichkeit gibt, Kunden langfristig technisch zu binden.

Der Standard muss weiterentwickelt und abgesichert werden, auch das verursacht Kosten, für die im Zweifel mangels Gewinnaussichten kein Unternehmen aufkommen mag.

Trotz dieser Nachteile überwiegen in der spezifischen Situation des Handwerks 4.0 die Vorteile: Offene Schnittstellen und Interoperabilität würden den Einflussbereich der digitalen Gatekeeper zurückdrängen. Voraussetzung für das Funktionieren derartiger Systeme ist aber, dass eine Governance-Architektur geschaffen wird, die sicherstellt, dass die offenen Schnittstellen nicht einseitig zugunsten bestimmter Marktteilnehmer ausgestaltet und die technischen Lösungen weiterentwickelt werden.

---

268 Vgl. TT-GVO-Leitlinien, EU-Kommission, 2014/C 89/03, Rn. 180.

II. Konsensuale Lösungen

Immer wieder wird es zu Verträgen zwischen verschiedenen Parteien kommen müssen, z.B. Gatekeepern und Handwerkern. Wenn diese eine für beide Seiten zufriedenstellende vertragliche Lösung finden, ohne dass es eines hoheitlichen Eingriffs bedarf, ist das eine vorzugswürdige Lösung. Solche konsensualen Vorgehensweisen können durch die Rechtsordnung incentiviert werden. Als „Marktlösungen" sind sie häufig effizient.[269] Demgegenüber besteht bei zu harten hoheitlichen Eingriffen die Gefahr, dass Innovationen gehemmt werden.

1. Selbstregulierung

Anreize zum Vertragsschluss können sich aus einer (staatlich geförderten oder geforderten) Selbstregulierung der Marktakteure ergeben. Dass eine Selbstregulierung des Marktes gegenüber staatlicher Regulierung alleine schon aus grundrechtlicher Sicht grundsätzlich zu befürworten ist, liegt auf der Hand. Einige Stimmen in der Wissenschaft bevorzugen die Erleichterung von freiwilligem Datentausch gegenüber gesetzlichen Zugangsansprüchen, zumindest zum jetzigen Zeitpunkt.[270] Eine Selbstregulierung der Industrie kann durch freiwillige Maßnahmen wie Selbstverpflichtungen oder Codes of Conduct realisiert werden. Dadurch können Anreize zum Datenteilen geschaffen und Transaktionskosten gesenkt werden.[271] Damit kann zudem größere Transparenz geschaffen werden, was insbesondere neuen Marktteilnehmern zugutekommt, denen die Branchenstandards bisher nicht bekannt sind.[272]

a) Beispiel Automobilwirtschaft

Die Entwicklungen in der Automobilwirtschaft stehen dafür beispielhaft. Das Problem, dass Daten in vernetzten Fahrzeugen vielfach erhoben wer-

---

269 *Schweitzer/Welker*, A legal framework for access to data – a competition policy perspective, 2020, S. 6.
270 Siehe etwa *Schlinkert*, ZRP 2017, 222, 224; *Richter/Slowinski*, IIC 2019, 4, 17; *Staudenmayer*, IWRZ 2020, 147, 154.
271 *Richter/Slowinski*, IIC 2019, 4, 18.
272 *Richter/Slowinski*, IIC 2019, 4, 18.

den und Zugang dazu für zahlreiche wirtschaftliche Tätigkeiten unerlässlich ist, ist bereits bekannt. In Verhandlungen, die im Wesentlichen in Brüssel geführt werden, werden Data-Governance-Modelle entwickelt und durchgesetzt, durch welche Zugriffsrechte verteilt werden.[273] Modellhaft stehen diese Prozesse für die Themen, die eine IoT-Wirtschaft lösen muss. In die Verhandlungen schalten sich auch Verbände ein, die beispielsweise Autowerkstätten repräsentieren, also die sog. Aftermarkets im Blick haben.[274]

Die erste Erkenntnis aus diesem Prozess der geförderten Selbstregulierung ist, dass sehr frühzeitig die Weichen für den zukünftigen geschäftlichen Erfolg gestellt werden. Es sind schon die ersten Programmierungen, an denen sich das Schicksal ganzer Branchen entscheiden kann. Die Pfadabhängigkeit, die durch technische Vorfragen ausgelöst werden kann, ist enorm.

In den Verhandlungen zeigt sich auch, wie wichtig eine Beteiligung der relevanten Kreise ist, damit nicht einzelne Stakeholder ihre Interessen absprechen und durchsetzen können. In den Diskussionen um connected cars sind es zunächst die Automobilhersteller, die die Agenda setzen können. Kleinere und mittlere Unternehmen, zudem wenn sie auf nachgelagerten Märkten tätig sind, die zunächst nicht im Blickpunkt stehen, haben häufig geringere Verhandlungsmacht, sodass die Organisatoren und Vermittler entsprechender Gespräche, z.B. aus dem politischen Raum, ihre Belange besonders stützen müssen.

Die Lösung für die Zuordnungsprobleme im vernetzten Auto wird überwiegend in Datenplattformen gesucht. Entscheidend wird die technische Ausgestaltung solcher zentraler Daten-Hubs.

Leitprinzipien für die rechtliche Gestaltung werden nur selten explizit formuliert. Es muss aber darum gehen, einen freien und fairen Leistungswettbewerb zu ermöglichen und die Konsumentensouveränität zu wahren. Das bedeutet: Alle Unternehmen müssen in der Lage sein, ihre Leistungen am Markt anzubieten. Marktzutrittsschranken dürfen nicht entstehen, Abhängigkeiten dürfen nicht in unfairer Weise ausgenutzt werden. Am Ende sollen es die Verbraucher sein, die über Erfolg oder Misserfolg der Unter-

---

273 Siehe *Specht/Kerber*, Datenrechte, 2017, S. 163 ff.; *Kerber/Gill*, JIPITEC 10 (2019), 244 ff.; *Kerber*, JCLE 15(4) 2019, 381 ff., *Falkhofen*, CRi 2018, 165 ff.

274 Siehe beispielhaft das Papier der Verbände ADPA, AIRC, CECRA, EGEA, ETRma, FIA, FIGIEFA und Leaseurope, Secure On-board Telematics Platform Approach, Feb. 2021.

nehmen entscheiden, nicht digitale Gatekeeper, die sich zu Beginn des Verteilungsprozesses geschickt die „Pole Position" gesichert haben.

Eine Vorbedingung dafür ist, dass die Plattform zur Sammlung der Daten, zu ihrem Austausch und zu ihrer Bereitstellung technisch neutral und für alle zugänglich gestaltet wird. Ein unabhängiger Betreiber würde dies am ehesten garantieren können. Die Pläne der Autohersteller würden diesen hingegen eine Gatekeeper-Position bescheren – Kritiker sprechen von „control by technical design".[275]

Gerade für kleinere Unternehmen muss dann aber auch faktisch ein einfacher Zugang gewährleistet werden. Die Möglichkeit, Rohdaten abzufragen, ist im Zweifel nicht zielführend. Hier sind eigene Anstrengungen des Handwerks notwendig. Unabhängige Dienstleister, die ggf. Anwendungen entwickeln, die an offene Schnittstellen angeschlossen werden können, können unterstützen.

Die datenschutzrechtliche Einwilligung, die ggf. einzuholen ist (typischerweise wohl vom Autohersteller/-verkäufer), muss die Interessen der übrigen Unternehmen wahren und darf nicht zum Marktausschluss missbraucht werden. In der Folge stellen sich Haftungs- und Vergütungsfragen. Das Ausarbeiten sämtlicher Details wird im Vorfeld kaum gelingen. Wichtig ist daher die Bereitstellung eines Governance Boards und Streitschlichtungsmechanismus. Der Fortgang der Diskussionen im Automobilsektor wird weitere Elemente, die einer (Selbst-)Regulierung bedürfen, erkennen lassen.

b) Vorbild FRAND-Lizenz?

Ein etabliertes Beispiel für Selbstregulierung sind die Selbstverpflichtungen von Patentinhabern, die im Rahmen von Standardisierungsverfahren typischerweise angeben, ihre standardessentiellen Patente zu FRAND-Bedingungen zu lizenzieren.[276] Standardisierungs- oder Normierungsvorhaben sind im Hinblick auf das Kartellverbot aus Art. 101 Abs. 1 AEUV grds. unproblematisch.[277] Die Bedingungen dieses Zugangs müssen „fair, rea-

---

275 ADPA/AIRC u.a., Secure On-board Telematics Platform Approach, Feb. 2021, S. 3.
276 Vgl. für den Telekommunikationssektor ETSI, Rules of Procedure Annex 6: ETSI Intellectual Property Rights Policy, 2020, abrufbar unter: https://www.etsi.or g/images/files/IPR/etsi-ipr-policy.pdf, Rn. 6.1. ff.
277 Vgl. Kommission, Leitlinien zur Anwendbarkeit von Artikel 101 des Vertrags über die Arbeitsweise der Europäischen Union auf Vereinbarungen über hori-

sonable and non-discriminatory" (FRAND) sein.[278] Im Streitfall stellt sich die Frage, welche Bedingungen denn im Einzelfall „FRAND" sind. Dies müssen die Parteien selbst aushandeln.[279] Ob ein Vertragsangebot FRAND-gemäß ist, ist von den Gerichten vollumfänglich überprüfbar.[280]

Könnte sich ein ähnliches Verfahren, wie es sich etwa für die Telekommunikationsbranche ergeben hat, für die Zusammenarbeit in datengetriebenen Wertschöpfungsnetzwerken unter Beteiligung des Handwerks ergeben?

Der Vergleichbarkeit könnte zunächst entgegenstehen, dass an Daten, anders als an Patenten, keine (unmittelbaren) Ausschließlichkeitsrechte bestehen (siehe dazu oben B.I). In den Grenzen bestehender sonstiger Gesetze (etwa des GeschGehG) können Daten also von jedem verwendet werden. Problematisch ist die Erlangung der Daten. Bei Patenten ist es umgekehrt gerade so, dass diese allgemein zugänglich sind, aber aufgrund von Ausschließlichkeitsrechten nicht frei genutzt werden können. Dass bei Daten kein rechtliches Monopol besteht, ändert aber nichts daran, dass tatsächlich dennoch eine Lizenzierung erfolgen muss. Der Inhaber von Daten hat nämlich in der Regel aufgrund technischer Schutzmaßnahmen als einziger Zugriff auf diese und damit ein faktisches Monopol.[281] Dritte bedürfen hier also in vergleichbarer Weise einer Lizenzierung. Das Fehlen von Ausschließlichkeitsrechten steht der Vergleichbarkeit folglich nicht entgegen.

Dennoch bleibt zweifelhaft, dass es ohne Eingriffe des Gesetzgebers branchenübergreifend zu einer Einigung auf bestimmte Vergütungskonzepte kommen würde. Dabei ist die FRAND-Vergütung hier nur ein Beispiel für eine mögliche Regelung. Derartige Modelle wie FRAND könnten sich auch für die Art der Datenbereitstellung, ihren Umfang, die Sicherheitsmaßnahmen und andere typische Regelungsfragen ergeben.

Das FRAND-Konzept wurde allerdings im spezifischen Governance-Kontext von Standardisierungsorganisationen geschaffen, an denen alle beteiligten Unternehmen ein Eigeninteresse hatten, da sie in der Regel eben-

zontale Zusammenarbeit, 2011, abrufbar unter: https://eur-lex.europa.eu/LexUri Serv/LexUriServ.do?uri=OJ:C:2011:011:0001:0072:DE:PDF, Rn. 277 ff.

278 Vgl. für den Telekommunikationssektor ETSI, Rules of Procedure Annex 6: ETSI Intellectual Property Rights Policy, 2020, abrufbar unter: https://www.etsi. org/images/files/IPR/etsi-ipr-policy.pdf, Rn. 6.1.

279 BGH, 5.5.2020, Az. KZR 36/17, GRUR 2020, 961, 969.

280 Vgl. OLG Karlsruhe, 8.9.2016, Az. 6 U 58/16, BeckRS 2016, 17467, Rz. 36; OLG Düsseldorf, 17.11.2016, Az. I-15 U 66/15, BeckRS 2016, 21067, Rz. 14 ff.

281 *Schur*, Die Lizenzierung von Daten, 2020, S. 139.

so abhängig waren von Patenten anderer wie diese von ihnen.[282] Für Daten gilt das nicht in vergleichbarer Weise. Weder gibt es Standardisierungsorganisationen, die sich sektorenübergreifend um derartige Themen kümmern würde, noch besteht bei Gatekeepern ein vergleichbares Interesse am Austausch wie bei der Marktgegenseite. FRAND-Selbstverpflichtungen werden von den Patentinhabern abgegeben, weil andernfalls ihre Produkte nicht zum Standard werden und sie im Zweifel keinen Zugriff auf die von anderen geschützten Standards haben. Die Selbstregulierung bei standardessenziellen Patenten beruht also nicht auf dem guten Willen der Patentinhaber, sondern auf ihren wirtschaftlichen Überlegungen. Bei Patenten werden die Inhaber für die Freigabe einer gesicherten Rechtsposition entlohnt. Die Entlohnung für Daten, an denen kein „Dateneigentum" o.ä. besteht, würde geringer ausfallen können. Abgegolten werden muss nur der Aufwand der Datensammlung, nicht der Wert der Information an sich.

Eine vergleichbare Situation, sowohl materiell (wirtschaftlicher Zwang der Gatekeeper) als auch institutionell (Selbstregulierungsorganisationen), müsste zunächst künstlich herbeigeführt werden, indem den Gatekeepern Pflichten auferlegt werden und eine institutionelle Data Governance-Struktur geschaffen wird.[283]

c) Sonstige Selbstverpflichtungen

Selbstregulatorische Ansätze sind dennoch denkbar. Ein Anfang würde bereits gemacht, wenn Handwerksunternehmen untereinander und mit wichtigen Industriepartnern, also horizontal und vertikal, bestimmte Standards setzen oder Selbstverpflichtungen abgeben. Denn auch das Handwerk kann, mit seiner gebündelten Macht, durchaus ein wichtiger Impulsgeber für Selbstverpflichtungen werden. Codes of Conduct könnten diejenigen, die sich an solche Kodizes binden, gegenseitig berechtigen und verpflichten, bestimmte Zugangsoptionen einander offenzuhalten und keine Abschottungsstrategien zu betreiben. Ein Einschreiten des Gesetzgebers zur Incentivierung solcher Selbstverpflichtungen ist allerdings nicht angezeigt. Der entsprechende Impuls müsste ggf. aus den Branchen selbst kommen.

---

282 *Richter/Slowinski*, IIC 2019, 4, 22.
283 Zu beiden Aspekten siehe unten.

d) Aufbau kollektiver Gegenmacht

Die Zusammenarbeit ist nicht nur wichtig für die Setzung von Standards. Sie kann auch dem Aufbau einer gewissen Verhandlungsmacht gegenüber Gatekeepern dienen. Einzelne Handwerksunternehmen werden in der Verhandlungssituation mit mächtigen Digitalunternehmen stets überfordert sein und lediglich die vorgelegten AGB akzeptieren. Das wird für viele Handwerker sogar im Zusammenspiel mit wichtigen Herstellern gelten. In diesen Situationen sollte eine Bündelung von Verhandlungsmacht ermöglicht werden. Das „collective bargaining", wie bei Arbeitnehmern, die kollektiv Tarifabschlüsse treffen, würde den Plattformbetreibern die Möglichkeit nehmen, ihre Macht einseitig auszuspielen. Hierfür ist eine Anpassung des Kartellrechts erforderlich, die derzeit auch erwogen wird.[284]

2. Datenschuldrecht

Aushandlungsmodelle für Zugang bleiben dominant – immer wird es zu Vereinbarungen zwischen Plattformbetreibern und Gatekeepern kommen.[285] Der Gesetzgeber könnte dabei den breiteren Austausch von Daten durch die Anpassung privatrechtlicher Regelungen und die Unterstützung bestimmter Regeln fördern. Es geht dabei darum, wie die Freigabe von Daten vertraglich ausgestaltet sein soll. Bei der Schaffung eines „Datenschuldrechts" handelt es sich um eine grundrechtsschonende Regulierungsoption, da damit keine zwangsweisen Eingriffe geschaffen werden. Vielmehr kann das freiwillige Teilen von Daten erleichtert und damit gefördert werden. Bislang gibt es jedoch kaum Märkte für den freiwilligen Austausch von Maschinendaten.[286] Solche Märkte kann der Gesetzgeber schaffen oder jedenfalls fördern.

---

284 Europäische Kommission, Initiative „Collective bargaining agreements for self-employed", Inception Impact Assessment, 6.1.2021. Vgl. schon die Diskussionen in Giesen/Junker/Reichold/Rieble (Hrsg.), Kartellrecht und Arbeitsmarkt, 2010; *Bayreuther*, Sicherung der Leistungsbedingungen von (Solo-)Selbständigen, Crowdworkern und anderen Plattformbeschäftigten, 2018; Authority for Consumers and Markets [ACM, Niederlande], Guidelines: Price arrangements between self-employed workers, 2020.
285 *Fries/Scheufen*, MMR 2019, 721.
286 *Schweitzer/Welker*, A legal framework for access to data – a competition policy perspective, 2020, S. 6.

Ein Datenaustausch auf freiwilliger Basis ist insbesondere dann attraktiv, wenn nur geringe Transaktionskosten bestehen. Die Veränderung der vertragsrechtlichen Regelungen kann den Aufwand für den Datenaustausch reduzieren.[287] Auf europäischer Ebene ist in der Verordnung (EU) 2018/1807 über einen Rahmen für den freien Verkehr nicht-personenbezogener Daten in der Europäischen Union ein erster Ansatz zur Förderung des freiwilligen Datenaustauschs zu finden.

Viele der hier zu behandelnden Fragen sind aber nicht nur im Rahmen freiwilliger Datenfreigabe, sondern auch bei Existenz eines gesetzlichen Zugangsanspruchs relevant.[288] Es ist davon auszugehen, dass auch ein gesetzlicher Zugangsanspruch nicht sämtliche Modalitäten des Datenaustauschs abschließend regeln wird, sondern lediglich der erste Schritt in einem Prozess ist, in dem weitere Fragen zu klären sind, die dann der Aushandlung bedürfen. Beim Kontrahierungszwang wird der Dateninhaber in der Regel zum Abschluss eines Vertrags zu angemessenen Bedingungen verpflichtet, die aber im Einzelnen nicht vorgegeben werden, so dass sich auch dann die Frage stellt, wie das Vertragsverhältnis konkret auszugestalten ist.[289] Nach dem Grundsatz der Privatautonomie sind Unternehmen bereits jetzt in der Lage, Verträge über Daten völlig frei auszugestalten. Mit dieser Gestaltungsmöglichkeit geht aber Rechtsunsicherheit einher.[290] Eines der größten Hindernisse für den vertraglichen Austausch von Daten sind hohe Kosten für die notwendige Rechtsberatung.[291]

Die Grenzen dieser Vertragsfreiheit ergeben sich aus zwingendem Recht, wobei in der Praxis vor allem bei Verwendung von Allgemeinen Geschäftsbedingungen (AGB) die Regeln der §§ 305 ff. BGB zu beachten sein dürften.

---

287 *Staudenmayer*, IWRZ 2020, 147; *Schur*, Die Lizenzierung von Daten, 2020, S. 293.
288 Vgl. *Schweitzer/Welker*, A legal framework for access to data – a competition policy perspective, 2020, S. 7.
289 So auch im Falle eines kartellrechtlich begründeten Kontrahierungszwangs im Rahmen der sog. essential-facilities-Doktrin, vgl. *Fuchs* in: Immenga/Mestmäcker, Wettbewerbsrecht, Band 1, 6. Auflage 2019, Art. 102 AEUV, Rn. 333.
290 *Fries/Scheufen*, MMR 2019, 721.
291 Europäische Kommission/Deloitte, Study on emerging issues of data ownership, interoperability, (re-)usability and access to data, and liability, 2018, S. 72 f.

a) Regelungsgegenstand

In Verträgen wird – nach der grundsätzlichen Einigung auf das Ob – vor allem das Wie des Zugangs ausgestaltet. Dabei geht es insbesondere um folgende Fragen: Vergütung/Entgelt, wie Zugang gewährt wird, wie Daten zu sichern sind, ob die Daten zu anderen Zwecken weiterverarbeitet oder ob sie weiterverkauft werden dürfen, ob das Nutzungsrecht zeitlich befristet ist sowie Gewährleistungs- und Haftungsfragen.[292]

Der Nutzungszweck der Daten wird typischerweise möglichst stark beschränkt. Dies führt dazu, dass jedes Mal, wenn die Daten für noch einen anderen Zweck genutzt werden sollen, neue Vertragsverhandlungen erforderlich sind.[293]

Vertragsverletzungen werden in der Regel über Vertragsstrafen sanktioniert, da die hohen Nachweisanforderungen des Schadensrechts für den Datenhandel ungeeignet sind.[294]

b) Derzeit maßgebliche Vorschriften und deren Probleme

Es gibt derzeit nur lückenhaft Vorschriften, die auf Verträge über Daten anwendbar sind.[295] Die für sämtliche Verträge geltenden Vorschriften des allgemeinen Schuldrechts lassen sich teilweise nur mit großer Transferleistung auf die auftretenden Sachverhalte anwenden. Dies führt zu Rechtsunsicherheit.

aa) Rechtliche Einordnung von Datenverträgen

Drei Konstellationen von Datenverträgen lassen sich unterscheiden:

In der ersten gewährt der Dateninhaber einem Dritten Zugang zu einem bereits vorhandenen Datensatz oder fortlaufend Zugang zu Daten, die in diesem Moment generiert werden. Dies können z.B. Rohdaten eines Sen-

---

292 Vgl. *Fries/Scheufen*, MMR 2019, 721, 724; vgl. auch Europäische Kommission/ Deloitte, Study on emerging issues of data ownership, interoperability, (re-)usability and access to data, and liability, 2018, S. 73.

293 Europäische Kommission/Deloitte, Study on emerging issues of data ownership, interoperability, (re-)usability and access to data, and liability, 2018, S. 80.

294 *Fries/Scheufen*, MMR 2019, 721, 724.

295 *Fries/Scheufen*, MMR 2019, 721. Vgl. *Metzger* in: BMJV/MPI, Data Access, Consumer Interests and Public Welfare, 2021, S. 287 ff.

sors an einer Maschine sein. Der Dritte kann diese Daten dann dauerhaft frei und zu jedem Zweck verwenden. Dieses Vertragsverhältnis soll als Datenzugangsvertrag bezeichnet werden.

In der zweiten Konstellation gewährt der Dateninhaber die Daten lediglich zu einem vorher bestimmten Zweck oder zeitlich befristet. Der Dateninhaber behält damit die Kontrolle über die Daten und kann ihren Wert erhalten.[296] Dies wird nachfolgend als Datenlizenzvertrag bezeichnet.[297]

Die Abgrenzung zwischen diesen beiden Verträgen erfolgt maßgeblich danach, ob der Erwerber dauerhaften Zugriff auf die Daten erhält, oder ob die Nutzungsmöglichkeit nur vorübergehender Natur ist.[298]

In der dritten Konstellation geht es um die Fälle, in denen Unternehmen eine bestimmte Software benötigen, um auf einem nachgelagerten Markt tätig werden zu können. Diese Verträge sollen hier als Softwareverträge bezeichnet werden.

(1) Einordnung des Datenzugangsvertrags

Der Datenzugangsvertrag kann in der Regel als (Rechts-)Kaufvertrag i.S.d. §§ 453, 433 BGB qualifiziert werden.[299]

Kaufverträge zeichnen sich durch die Übergabe und Übereignung körperlicher Gegenstände i.S.d. § 90 BGB oder, beim Rechtskaufvertrag nach § 453 BGB, durch die Übertragung von Rechten oder sonstigen Gegenständen aus. Sonstige Gegenstände i.S.d. § 453 Abs. 1 BGB können auch unkörperliche Objekte wie Know-How, Ideen, nicht geschützte Erfindungen oder eben Daten sein.[300] Der Einordnung als Kaufvertrag steht nicht entgegen, dass der Verkäufer ebenfalls weiterhin Zugriff auf die Daten hat.[301] Unbeachtlich ist auch, ob der Verkäufer die Daten an den Käufer übermit-

---

296 *Schur*, GRUR 2020, 1142, 1143.
297 So auch *Schur*, GRUR 2020, 1142, 1143.
298 *Schur*, Die Lizenzierung von Daten, 2020, S. 169.
299 Vgl. *Hilbig*, ITRB 2007, 170; *Hauck*, NJW 2014, 3616; *Hoeren/Pinelli*, JZ 2020, 879, 880; *Schur*, Die Lizenzierung von Daten, 2020, S. 169 f.
300 Vgl. OLG Düsseldorf, 17.2.2010, Az. I-17 U 167/09, BeckRS 2010, 9514; *Beckmann* in: Staudinger-BGB, Neubearbeitung 2013, § 453 BGB Rn. 37. Vgl. auch OLG Brandenburg, 10.1.2013, Az. 5 U 54/11, BeckRS 2013, 1597; *Westermann* in: MüKo-BGB, Band 4, 8. Auflage 2019, § 453 BGB Rn. 6; *Faust* in: BeckOK-BGB, 56. Edition 2020, § 453 BGB Rn. 24.
301 Vgl. *Hilbig*, ITRB 2007, 170.

telt, oder ob dieser die Daten über eine technische Schnittstelle (sog. API) selbst abruft.[302] Entscheidend ist die Zugangsmöglichkeit.

Die Einordnung als Kaufvertrag hat zur Folge, dass die kaufrechtlichen Gewährleistungsvorschriften aus §§ 434 ff. BGB Anwendung finden. Die Gewährleistungsrechte der Nacherfüllung (§§ 437 Nr. 1, 439 Abs. 1 BGB), Rücktritt (§§ 437 Nr. 2 Alt. 1, 323, 326 Abs. 5, 346 ff. BGB), Minderung (§§ 437 Nr. 2 Alt. 2, 441, 323, 326 Abs. 5, 346 ff. BGB) und Schadensersatz (§§ 437 Nr. 3, 280 ff.) scheinen auf Datenzugangsverträge insgesamt sachgerecht anwendbar zu sein.

(2) Einordnung des Datenlizenzvertrags

Im Unterschied zum Datenzugangsvertrag ist der Datenlizenzvertrag nicht auf die dauerhafte Überlassung eines Datensatzes gerichtet, sondern auf die inhaltlich oder zeitlich begrenzte Nutzungsmöglichkeit eines solchen. Bei Verträgen über Daten ist es üblich, den zulässigen Nutzungszweck und insbesondere die Weitergabe der Daten einzuschränken. Darin besteht der wesentliche Unterschied zum Datenzugangsvertrag, bei dem der Erwerber mit dem Datensatz frei verfahren darf.

Zur Einordnung der Datenlizenz existiert soweit ersichtlich bislang keine höchstrichterliche Rechtsprechung. Es kann aber auf die Grundsätze zur Lizenzerteilung aus dem Immaterialgüterrecht zurückgegriffen werden.

Bei der Datenlizenz handelt es sich nicht um eine „echte" Lizenz im immaterialgüterrechtlichen Sinne, da dies ein subjektives Ausschließlichkeitsrecht des Dateninhabers voraussetzt.[303] Mit anderen Worten muss der Rechteinhaber die Nutzung des Rechts durch Dritte untersagen können, so dass er mit einer Lizenzerteilung sein Monopol aufgibt.[304] Der Inhaber eines Datensatzes kann die Nutzung der Daten selbst jedoch gerade nicht untersagen, weil Daten nicht an sich Schutz genießen, sondern allenfalls reflexartig geschützt sind.[305] Der Dateninhaber hat daher ein rein faktisches Monopol.[306]

---

302 *Hoeren/Pinelli*, JZ 2020, 879, 880.
303 *Schur*, Die Lizenzierung von Daten, 2020, S. 132 f.
304 *Schur*, Die Lizenzierung von Daten, 2020, S. 133.
305 *Schur*, Die Lizenzierung von Daten, 2020, S. 108.
306 *Schur*, Die Lizenzierung von Daten, 2020, S. 139.

Dennoch gewährt der Dateninhaber auch bei der hier vorliegenden Datenlizenz ein positives Benutzungsrecht,[307] so dass die Fälle hinreichend vergleichbar sind und die Grundsätze zur Lizenzerteilung aus dem Immaterialgüterrecht herangezogen werden können. Das allerdings löst die Probleme nur teilweise – wie ein Gericht den Vertrag rechtlich einordnet, lässt sich aktuell schwer prognostizieren, da eine klare Regel fehlt und die entwickelten Lösungen allesamt als „Krücken" gelten müssen:

–   Der Datenlizenzvertrag kann eher nicht als Kaufvertrag angesehen werden, da der Zugang nur zeitlich und inhaltlich beschränkt gewährt wird. Das ist mit dem dauerhaften Austausch des Kaufs nicht vergleichbar.[308]

–   Immaterialgüterrechtliche Lizenzverträge werden teilweise als (Rechts-)Pacht i.S.d. §§ 581, 535 BGB angesehen.[309] Das ist freilich schon im immaterialgüterrechtlichen Lizenzvertrag mit zahlreichen Anpassungen verbunden; die Einordnung hängt letztlich vom Einzelfall ab.[310] Die Gebrauchsüberlassung von Daten weist noch einmal nicht unerhebliche Unterschiede zur Lizenzierung von IP-Rechten auf.[311] Insbesondere behält der Dateninhaber Zugriff auf Daten und zieht auch Früchte aus diesen, was für eine Rechtspacht unüblich ist.[312] Daher passt der Pachtvertrag nur schwerlich auf die Lizenzierung von Daten.[313]

–   Aufgrund der Probleme mit der Einordnung als Pachtvertrag wird von Rechtsprechung und Literatur überwiegend wohl eine Behandlung des Lizenzvertrags als Vertrag sui generis befürwortet.[314] Bei der Bestimmung des Pflichtenprogramms dieses Vertrags wird jedoch teilweise

---

307   *Schur*, Die Lizenzierung von Daten, 2020, S. 153.

308   Vgl. *Schur*, Die Lizenzierung von Daten, 2020, S. 139. Vgl. zum Lizenzvertrag im Patentrecht BGH, 23.3.1982, Az. X ZR 76/80, NJW 1982, 2861, 2863.

309   *Cebulla*, Die Pacht nichtsächlicher Gegenstände, 1999, S. 132; *Schaub* in: Staudinger-BGB, Neubearbeitung 2018, § 581 BGB Rn. 83 f.; *Harke* in: MüKo-BGB, Band 5, 8. Auflage 2020, § 581 BGB Rn. 27; *Teichmann* in: Jauernig, BGB, 18. Auflage 2021, § 581 BGB Rn. 2.

310   Vgl. *Fehrenbacher*, JR 2001, 309, 312; *Patzak/Beyerlein*, MMR 2007, 687, 690; *C. Wagner* in: BeckOK-BGB, 56. Edition 2020, § 581 BGB Rn. 9; *Weidenkaff* in: Palandt, 80. Auflage 2021, Einf v § 581 BGB Rn. 7.

311   *Schaub* in: Staudinger-BGB, Neubearbeitung 2018, § 581 BGB Rn. 58; *Bartenbach*, Die Patentlizenz als negative Lizenz, 2002, S. 88 f.

312   *Schaub* in: Staudinger-BGB, Neubearbeitung 2018, § 581 BGB Rn. 58.

313   *Schaub* in: Staudinger-BGB, Neubearbeitung 2018, § 581 BGB Rn. 58.

314   BGH, 15.6.1951, Az. I ZR 121/50, NJW 1951, 705, 706; BGH, 28.6.1979, Az. X ZR 13/78, GRUR 1979, 768, 769; *Fezer*, Markenrecht, 4. Auflage 2009, § 30

wieder auf pachtrechtliche oder kaufrechtliche Vorschriften rekurriert.[315] Die Rechte und Pflichten der Vertragsparteien sind also nicht klar am Gesetz ablesbar, sondern werden von den Gerichten jeweils im Einzelfall danach bestimmt, was wohl sachgerecht wäre. Es ist davon auszugehen, dass die Rechtsprechung so auch bei Datenlizenzverträgen verfahren würde.

Es zeigt sich: Die Rechtslage bei Datenlizenzverträgen ist unklar. Es ist bei Vertragsschluss kaum vorhersehbar, wie ein Gericht den Vertrag einordnen wird, welche Pflichten bestehen und welches Leistungsstörungsrecht Anwendung findet. Dies führt zu erheblichen Rechtsunsicherheiten und veranlasst die Parteien im Zweifel dazu, sämtliche Aspekte selbst vertraglich zu regeln. Dies führt aber zu erhöhten Transaktionskosten und zu Asymmetrien; der freie Austausch von Daten und die Gewährung von Zugang werden unattraktiver.

(3) Einordnung des Softwarevertrags

Beim hier sog. „Softwarevertrag" geht es darum, über Software Zugang zu erhalten. Alle Geräte, die mit einem „Bordcomputer" ausgestattet sind, ob Fahrzeuge, Maschinen oder Energieanlagen setzen in der Regel die Nutzung einer Software voraus, mit der auf das System zugegriffen werden kann. Dem Handwerker kommt es auf die Nutzungsmöglichkeit an. Nicht entscheidend ist, wie die Software zur Verfügung gestellt wird. Besonders interessant ist die Möglichkeit, über eine technische Schnittstelle auf das System zugreifen zu können. Das ermöglicht es beispielsweise einfach, das Betriebssystem zu aktualisieren, neue Funktionen freizuschalten oder Fehler (sog. „Bugs") zu beheben. Möglich ist so aber auch das Auslesen von Daten, die von Sensoren erfasst wurden. So können etwa Werkstätten mögliche Fehlerquellen und defekte Teile identifizieren. All das setzt aber Zugriff auf die Software voraus, die ggf. gegen Entgelt zur Verfügung gestellt wird.

MarkenG Rn. 1; *Ingerl/Rohnke*, MarkenG, 3. Auflage 2010, § 30 MarkenG Rn. 52; *Schulze* in: Dreier/Schulze, UrhG, 6. Auflage 2018, Vor § 31 UrhG Rn. 6; *Schur*, Die Lizenzierung von Daten, 2020, S. 181; *Taxhet* in: BeckOK-MarkenR, 23. Edition 2020, § 30 MarkenG Rn. 9; *Loth/Hauck* in: BeckOK-PatentR, 18. Edition 2020, § 15 PatG Rn. 40.

315 *Ingerl/Rohnke*, MarkenG, 3. Auflage 2010, § 30 MarkenG Rn. 52.

Für eine derartige Konstellation im Kfz-Gewerbe hat der europäische Gesetzgeber bereits den oben dargestellten sektorspezifischen Zugangsanspruch geschaffen (siehe dazu C.III.2). Aus diesem ergibt sich ein Anspruch von Werkstätten gegen die Fahrzeughersteller auf Zugang zur notwendigen Wartungssoftware zu angemessenen Bedingungen. Allerdings besteht auch in vergleichbaren Fällen für das Handwerk die Gefahr entsprechender Abschottungskonstellationen – etwa wenn der „Betreiber" eines Smart Homes sich die Instandhaltungsmaßnahmen exklusiv selbst vorbehalten will.

Softwareverträge sind als (Rechts-)Kaufverträge i.S.d. §§ 453, 433 BGB einzuordnen, sofern die Software auf Dauer überlassen wird und sie auch dauerhaft verwendet werden kann.[316] In der Praxis wird die Software häufig gegen monatliches Entgelt lizenziert und laufend aktualisiert, etwa um neue Modelle einzupflegen. Bei fortlaufender Aktualisierung und Nutzung nur auf Zeit ist in der Tendenz eher ein Rechtspachtvertrag i.S.d. § 581 BGB anzunehmen.[317]

bb) Vertragsgemäßheit der Daten

Neben der Einordnung zu einem bestimmten Vertragstypen stellt sich im Kaufrecht, im Pachtrecht und auch im allgemeinen Schuldrecht die Frage, wann ein überlassener Datensatz vertragsgemäß bzw. mangelfrei ist.

Im Rahmen eines als Rechtskaufvertrag zu behandelnden Datenzugangsvertrags (s.o.) stellt sich nach § 434 Abs. 1 BGB im Zweifel die Frage nach der „gewöhnlichen Beschaffenheit" der gekauften Daten. Dieser gemischt subjektive-objektive Mangelbegriff, wonach es vorrangig auf eine vertragliche Beschaffenheitsvereinbarung, hilfsweise auf die gewöhnlich zu erwartende Beschaffenheit ankommt, ist auch im Mietrecht[318] und damit nach § 581 Abs. 2 BGB auch im Pachtrecht maßgeblich.

Im Hinblick auf die Qualität der Daten wird in der Regel zwischen fünf Qualitätsebenen differenziert: „availability, usability, reliability, relevance, and presentation quality".[319] Es kommt nämlich gerade nicht nur auf die

---

316 Vgl. BGH, 22.12.1999, Az. VIII ZR 299/98, NJW 2000, 1415; *Heydn*, CR 2010, 765, 772; *Czychowski/Siesmayer* in: Kilian/Heussen, Computerrechts-Handbuch, 35. EL Juni 2020, 20.4 Urheberrecht Rn. 121.

317 Vgl. *Heydn*, CR 2010, 765, 773; *Czychowski/Siesmayer*, in: Kilian/Heussen, Computerrechts-Handbuch, 35. EL Juni 2020, 20.4 Urheberrecht Rn. 121.

318 Vgl. *Schüller*, in BeckOK-MietR, 22. Edition 2020, § 536 BGB Rn. 2.

319 *Hoeren/Pinelli*, JZ 2020, 879, 883.

Korrektheit der Daten an, sondern für eine wertschöpfende Verwendung müssen diese auch richtig dargestellt und lesbar sein.[320] Diskussionen zur Festlegung von Standards sind allerdings bisher im Sande verlaufen.[321] Hier könnte der Gesetzgeber gemeinsam mit Vertretern der Unternehmen beraten, wie der Mangelbegriff für Daten gesetzlich oder in Branchenvereinbarungen definiert werden sollte.[322] Allerdings ist fraglich, ob eine Konkretisierung die genaue Analyse im Einzelfall ersetzen kann.[323]

cc) Rückabwicklung

Klärungsbedarf besteht hinsichtlich der Frage, wie Verträge über Daten rückabgewickelt werden können, etwa wegen eines Rücktritts oder im Rahmen des Bereicherungsrechts. Die Rückgewähr, d.h. Rückübertragung der erhaltenen Datensätze dürfte häufig nicht erforderlich sein, da der Verkäufer oder Lizenzgeber diese regelmäßig noch in seinem Bestand haben sollte. Damit der Erwerber oder Lizenznehmer auf diese keinen Zugriff mehr hat, ist er stattdessen zur Löschung verpflichtet.[324] Auf einem anderen Blatt steht, wie das vollständige Löschen sämtlicher Kopien sicherzustellen ist.[325] Allerdings wird der Erwerber die Daten regelmäßig bereits ausgewertet oder in anderer Form verwertet haben. Dann ist es mit der bloßen Löschung der Daten beim Erwerber nicht getan, um eine Rückabwicklung des Vertrags, also die Herstellung des vorherigen Zustandes, zu verwirklichen. In Betracht kommt hier ein Anspruch auf Wertersatz für die gezogenen Nutzungen gem. § 346 Abs. 1, Abs. 2 Nr. 1 BGB.[326] Zu beachten ist aber, dass der Gesetzgeber bei § 346 BGB keine nichtgegenständlichen Leistungen vor Augen hatte und der hier nach dem Wortlaut anfallende Nutzungsersatz sehr weitgehend ist.[327] Der Wertersatz wäre nach § 346 Abs. 2 S. 2 BGB wohl auf die Höhe der vertraglich vereinbarten Ge-

---

320 *Hoeren/Pinelli*, JZ 2020, 879, 883.

321 *Hoeren/Pinelli*, JZ 2020, 879, 882.

322 *Hoeren/Pinelli*, JZ 2020, 879, 883.

323 Vgl. dazu im Kontext der Digitale Inhalte-Richtlinie (EU) 2019/770 *Faust*, Gutachten zum 71. Deutschen Juristentag, 2016, S. 27.

324 Vgl. zur Rückgewähr von Software schon *von Gravenreuther*, BB 1989, 1925, 1926 und *Redeker*, IT-Recht, 7. Auflage 2020, B. Der Erwerb von Soft- und Hardware, Rn. 392.

325 *Hoeren/Pinelli*, JZ 2020, 879, 881.

326 Vgl. *Hoeren/Pinelli*, JZ 2020, 879, 881.

327 *Hoeren/Pinelli*, JZ 2020, 879, 881 f.

genleistung begrenzt, da sämtliche Nutzungen, die gezogen werden können, im Kaufpreis eingepreist sein werden.[328] Damit kann das Problem umgangen werden, den Wert der Daten bzw. der Nutzungsmöglichkeit der Daten berechnen zu müssen, was schwer fallen dürfte.

Auch bei einer bereicherungsrechtlichen Rückabwicklung würden sich Probleme der Herausgabe und des Wertersatzes stellen.[329]

c) Legislative Möglichkeiten

Durch den Gesetzgeber könnte der Abschluss von Zugangsverträgen erleichtert werden.

aa) Neue Vertragstypen

Denkbar ist die Ergänzung neuer Vertragstypen in BGB oder HGB, bei denen, vergleichbar mit dem Kauf-/oder Werkvertragsrecht, vertragstypische Pflichten für Zugangs- und Datenverträge niedergelegt werden. Ebenso wäre es sinnvoll, mehrseitige Plattformverträge als Regelungsthema im Privatrecht zu verankern.[330]

Durch eigene Vertragstypen würden die neuartigen Erscheinungen einen rechtlichen Ankerpunkt erhalten. Einige rechtliche Ungewissheiten würden beseitigt, gesetzliche Leitbilder würden etabliert. Von diesen könnte zwar abgewichen werden, das würde aber zumindest Transaktionskosten senken und eine Orientierung bei der Überprüfung – etwa im Rahmen einer AGB-Kontrolle nach § 307 Abs. 2 Nr. 1 BGB – bieten.[331] Eine solche Regelung wäre auch ein starkes Signal an die Wirtschaft pro Zugang und Datenteilung.

Die gesetzliche Regelung müsste klarstellen, dass die erforderliche Leistungshandlung des Dateninhabers in der Verschaffung einer Zugangsmöglichkeit besteht, denn nur dies ist für den Zugangspetenten relevant. Aufgenommen werden sollten vor allem Regelungen zu den Modalitäten der

---

328 *Hoeren/Pinelli*, JZ 2020, 879, 881 f; vgl. auch *Gaier* in: MüKo-BGB, Band 3, 8. Auflage 2019, § 346 BGB Rn. 27.

329 Vgl. *Sprau* in: Palandt, BGB, 80. Auflage 2021, § 818 BGB Rn. 23.

330 Vgl. *Podszun*, Gutachten F zum 73. Deutschen Juristentag, 2020, S. F20 f.

331 Vgl. *Fries/Scheufen*, MMR 2019, 721, 725 f.; *Schur*, GRUR 2020, 1142, 1149; *Richter/Slowinski*, IIC 2019, 4, 25.

Bereitstellung, zum Mangelbegriff, zu den Gewährleistungsrechten, zur Rückabwicklung bei Rücktritt und zur Datensicherheit.

Darüber hinaus könnten bestimmte inhaltliche Vorgaben, Klauselverbote oder Optionen im Gesetz vorgesehen werden. So wäre etwa denkbar, dass ein gesetzliches Rahmenwerk die Anforderung enthält, dass Zugang technisch so ermöglicht wird, dass keine erheblichen Zusatzkosten anfallen oder exotische Dateiformate verwendet werden müssen. Solche Verpflichtungen enthalten beispielsweise die Regeln für den Kfz-Sektor oder die DS-GVO. Untersagt werden könnte beispielsweise, die Zugangseröffnung an Exklusivität oder an Beschränkungen im Kundenkontakt zu knüpfen. Optionen könnten etwa für die Vergütung vorgesehen werden, indem der Gesetzgeber drei verschiedene Wege der Kompensation zur Wahl stellt. Der Gestaltungsspielraum ist hier – in Abstimmung mit dem europäischen Recht – groß, setzt aber voraus, dass Gesetzgeber und betroffene Parteien sich überhaupt dazu durchringen, die Zugangseröffnung und den Datenaustausch zu einer politischen Priorität zu machen.

bb) Erleichterung der AGB-Kontrolle

Mit der Einführung eines gesetzlichen Vertragstypus würde die AGB-Kontrolle in rechtssicherer Weise ermöglicht. Es läge ein normatives Leitbild vor, an dem sich Gerichte orientieren könnten, um die Auswüchse von Machtasymmetrien bei der Vertragsverhandlung auszugleichen. Bislang sind für Zugangsverträge zwischen gewerblichen Nutzern keine Standards etabliert, an denen sich Justiz und Vertragspraxis orientieren könnten.

Zwar ist umstritten, ob der deutsche Weg, AGB-Kontrolle auch im unternehmerischen Rechtsverkehr durchzuführen, nicht zu weit führt.[332] Dies ist jedoch nicht der Ort, um diese Diskussion zu führen. Es mag der Hinweis genügen, dass gerade das Ungleichgewicht zwischen Big Tech-

---

332 Vgl. *Staudenmayer*, IWRZ 2020, 147, 154, *Schlinkert*, ZRP 2017, 222, Europäische Kommission, Mitteilung zum Aufbau einer europäischen Datenwirtschaft, 2017, abrufbar unter: https://eur-lex.europa.eu/legal-content/DE/TXT/PDF/?uri=CELEX:52017DC0009&from=DE, S. 14; *Schweitzer/Welker*, A legal framework for access to data – a competition policy perspective, 2020, abrufbar unter: https://ssrn.com/abstract=3693874, S. 7; Bitkom, Stellungnahme Rechtliche Rahmenbedingungen von Industrie 4.0, 2016, S. 14; *Berger*, NJW 2010, 465, 466; *Schlinkert*, ZRP 2017, 222; *Leuschner*, NJW 2016, 1222; *Maier-Reimer*, NJW 2017, 1, 3 f.; *Pfeiffer*, NJW 2017, 913, 917, *Wurmnest* in: MüKo-BGB, Band 2, 8. Auflage 2019, § 307 BGB Rn. 80 f.

Konzernen einerseits und kleinen Handwerksbetrieben andererseits ein gutes Beispiel dafür sein kann, dass auch Unternehmen sich öfter in einer „Friss-oder-stirb"-Situation wiederfinden können, in der eine gewisse Kontrolle doch angemessen scheint. Fatal wäre es, mangels normativer Leitbilder für Datenverträge schlicht die bisherige Praxis zum Leitbild zu erheben. Die Interessengerechtigkeit bei dem, was aktuell branchenüblich sein mag, muss mit Fug und Recht bezweifelt werden.[333]

cc) Musterverträge und Standardklauseln

Anstelle oder zumindest komplementär zur Einführung dispositiver gesetzlicher Vorschriften könnten einige der zuvor skizzierten Probleme auch durch die Etablierung von Musterverträgen oder zumindest einzelner Standardklauseln abgefangen werden.[334] Musterverträge können die Transaktionskosten erheblich senken und Hold-up-Probleme, also das Zurückhalten von Innovationen wegen rechtlicher Unsicherheiten, auflösen. Rechtsberatungs- und damit Transaktionskosten fallen in geringerem Umfang an, wenn die Parteien auf Musterverträge für sämtliche Aspekte oder zumindest auf Standardklauseln für einzelne Fragestellungen zurückgreifen können. Solche Vertragsmuster könnten durch Branchenvertreter ausgehandelt und zur Verfügung gestellt werden. Das Bundeskartellamt (etwa im Rahmen einer Kontrolle nach §§ 24 ff. oder § 32c GWB) oder andere staatliche Stellen könnten entsprechenden Musterverträgen durch eine Kontrolle oder Zertifizierung einen gewissen offiziellen Status verleihen. Wie gut das in der Praxis funktioniert, zeigt das Mietrecht, wo Standardverträge den Vertragsschluss erheblich vereinfachen. Solche Standardverträge sind auch im Handelsverkehr mit Daten oder beim Zugang zu Plattformen denkbar. Wesentlich ist aber, dass das in der Konstellation angelegte Ungleichgewicht bei der Aushandlung nicht perpetuiert wird. Hier müssten also die Verbände des Handwerk (und anderer Zugangspetenten) auf Augenhöhe am Tisch mit denjenigen sitzen, die Zugang gewähren sol-

---

333 *Graf von Westphalen* in: Lohsse/Schulze/Staudenmayer, Trading Data in the Digital Economy: Legal Concepts and Tools, 2017, S. 255; *ders.*, IWRZ 2018, 9, 16.

334 Befürwortend auch Europäische Kommission, Mitteilung zum Aufbau einer europäischen Datenwirtschaft, 2017, abrufbar unter: https://eur-lex.europa.eu/le gal-content/DE/TXT/PDF/?uri=CELEX:52017DC0009&from=DE, S. 14. Siehe auch *Schur*, Die Lizenzierung von Daten, 2020, S. 294.

len. Erste Versuche zur Formulierung von Standardverträgen für Daten sind bereits in der Literatur zu finden.[335]

Anreize dafür könnten durch die finanzielle Förderung von Modellprojekten gesetzt werden. Der Staat selbst könnte für seine Bereiche sein eigenes Verhandlungsgewicht in die Waagschale werfen, um entsprechend faire Musterverträge zu entwickeln.

Noch weitergehend könnte eine gesetzliche Verpflichtung für bestimmte Anbieter vorgesehen werden, solche Vertragsmuster zur Verfügung zu stellen. So könnten Gatekeeper etwa verpflichtet werden, Vertragsmuster für den Zugang bereitzustellen, die einer Vorab-Kontrolle unterliegen. Hier wären, unter Zuhilfenahme ökonomischer Modelle, verschiedene Anreize denkbar, um die Fairness solcher Vertragsmuster zu steigern.

Eine derartige Verpflichtung würde freilich nur für besonders mächtige Anbieter in Betracht kommen. Sie wären als große Gatekeeper damit verpflichtet, qualifizierten Zugangspetenten zu einheitlichen Bedingungen, die öffentlich bekannt sind, Zugang zu gewähren.

In den Mustervereinbarungen sollten dann auch die Modalitäten der Bereitstellung geklärt werden, etwa hinsichtlich der Aktualität und des Formats von Daten, der technischen Modalitäten des Zugangs, der Vergütung, der einzuhaltenden Sicherheitsstandards und der Haftung. Wenn über diese neuralgischen Punkte Klarheit besteht und sich auch kleinere Unternehmen darauf verlassen können, dass ihre schwache Position nicht ausgenutzt wird, lassen sich zahlreiche Probleme lösen. Allerdings basiert das Modell, das ist der Haken, auf der freiwilligen Teilnahme der Parteien.

3. Zusammenfassung

Die Förderung vertraglicher Lösungen des Zugangsproblems ist als eine relativ wenig invasive Regulierungsoption zu befürworten. Die derzeitige Rechtslage insbesondere zu Datenlizenzverträgen ist mit erheblichen Unsicherheiten verbunden und stellt ein Handelshemmnis dar. In neuen Regelwerken oder in Musterverträgen sollten die Modalitäten des Zugangs geklärt werden.

Eine Option ist es, dies ganz der Selbstregulierung zu überlassen. Die Erfahrungen damit, etwa im Patentbereich, sind allerdings gemischt.

---

335 *Apel* in: Beck´sche Online-Formulare IT- und Datenrecht, 4. Edition 2020, 3.5 Vertrag über die Nutzung von bereitgestellten Daten ("Datenlizenzvertrag"), 3.6. Datenkaufvertrag.

Der Gesetzgeber sollte für die neueren Phänomene (mehrseitige Plattformverträge, Zugang, Datennutzung) Verträge gesetzlich typisieren. Das
würde abweichende Vereinbarungen nicht ausschließen, gäbe aber einen
normativen Ankerpunkt und würde das Zivilrecht an die Wirtschaft des
21. Jahrhunderts anpassen. Durch Verpflichtungen, Optionen und Verbote könnten entsprechende Verträge in vom Gesetzgeber vorgesehene Bah-
nen gelenkt werden und extreme Auswüchse bekämpft werden. Das würde
auch mit der AGB-Kontrolle besser gelingen, wenn ein Vertragstypus nor-
miert ist.

Eine Erleichterung fände die Praxis bereits, wenn für die entsprechenden Vereinbarungen faire Muster vorlägen. Bei deren Aushandlung ist auf
eine Beteiligung der unterschiedlichen Gruppen zu achten. Auch hierfür
kann der Staat Anreize setzen.

III. Zugangsansprüche

Wenn technische Barrieren fortbestehen und vertragliche Lösungen nicht
funktionieren, ist den Petenten ggf. mit einem rechtlich verankerten Anspruch Zugang zu gewähren. Ein Zugangsanspruch, der ggf. zwangsweise
durchgesetzt werden kann, kann technische und vertragliche Lösungen
auch anreizen. In der öffentlichen Diskussion wurde bislang der Fokus auf
den Zugangsanspruch als solchen gelegt. In der Reform des Kartellrechts,
die 2021 mit der 10. GWB-Novelle abgeschlossen wurde, sind Datenzugangsansprüche – wie gesehen – verstärkt worden. Es stellen sich aber viele
Folgefragen, die der Klärung zugeführt werden müssen. An deren Ausgestaltung entscheidet sich erst der Erfolg eines Zugangsanspruchs, der aus
der Wettbewerbslogik heraus gewährt wird. Ein allgemeiner, branchen-
übergreifender Zugangsanspruch ist nicht undenkbar, müsste aber klare
Begrenzungen haben, um genügend Investitions- und Innovationsanreize
zu belassen. Eine realistische und sinnvolle Möglichkeit sind sektorspezifische Zugangsansprüche.

1. Kartellrechtliche Ansprüche

Im Kartellrecht sind inzwischen explizit verschiedene Zugangsansprüche
vorgesehen: In § 20 Abs. 1a GWB geht es um den Zugang zu Daten, aus
§ 19 Abs. 2 Nr. 4 GWB kann sich ein Zugangsanspruch zu „Infrastruktu-
ren" ergebe, womit auch Plattformen erfasst sind. Auch aus § 20 Abs. 3a

GWB und aus § 19a GWB können sich branchenübergreifende Zugangsansprüche ergeben. Allerdings wurde bereits betont, dass der kartellrechtliche Zugangsanspruch kein Selbstläufer ist, sondern regelmäßig eine aufwändige Einzelfallprüfung unter Abwägung verschiedener wettbewerblicher Interessen voraussetzt.

Zentral bleibt im Kartellrecht die Abhängigkeit des Zugangspetenten von einem anderen Unternehmen. Das mag auf den ersten Blick einleuchtend erscheinen, ist doch sonst auch gar keine Notwendigkeit gegeben, einen Anspruch vorzusehen. Allerdings meint Abhängigkeit das Fehlen ausreichender und zumutbarer Ausweichmöglichkeiten.[336] Das bedeutet, dass zum einen der Nachweis zu erbringen ist, dass es keine derartigen Ausweichmöglichkeiten gibt. Es wird mit Blick auf die bisherige Rechtsprechung zur Abhängigkeit (die sich freilich noch nicht mit § 20 Abs. 1a GWB auseinandersetzen musste) nicht genügen, wenn in einem einzelnen Fall der Auftrag nicht erfüllt werden kann. Es dürfte vielmehr erforderlich sein, dass keine gleichwertigen Möglichkeiten bestehen, andere Aufträge auszuführen. Wenn die Rechtsprechung sich in eine solche Richtung entwickelt, kommt § 20 Abs. 1a GWB (ebenso wie die anderen Missbrauchstatbestände) vor allem in Betracht, wenn eine starke Abhängigkeit von einem einzelnen Anbieter vorliegt (z.B. Abhängigkeit eines Handwerkers von einem führenden Industriehersteller) oder wenn ein Bündel gleichartiger Verweigerungshaltungen letztlich den gesamten Markt sperrt.

In den übrigen Fällen würde es hingenommen, dass sich ein Plattformbetreiber zwischen den Kunden und den Handwerker drängt. Damit schafft der kartellrechtliche Zugangsanspruch in vielen Fällen keine Abhilfe; die konkrete Kundenbeziehung würde auseinandergerissen. Der verdrängte Handwerker muss sich, wie ein vom Hof geprügelter Hund, ein neues Revier suchen. Das mag eine Folge von aggressivem Verdrängungswettbewerb sein. Ob es aber ein fairer Leistungswettbewerb ist, mag bezweifelt werden.

Eine Auslegung der Norm, wie sie hier skizziert wird, ist nicht zwingend. Die bisherige Rechtsprechung aber und die vorsichtigen Worte in der Gesetzesbegründung zu den neu geschaffenen Datenzugangsansprüchen lassen nicht erwarten, dass im Rahmen der kartellrechtlichen Würdigung ohne weitergehenden gesetzgeberischen Eingriff eine erhebliche Ausdehnung der Zugangsrechte erfolgt. Das Grundproblem des kartellrechtlichen Anspruchs, seine hohen Voraussetzungen und der hohe Aufwand des

---

336 Vgl. *Loewenheim* in: Loewenheim/Meessen/Riesenkampff/Kersting/Meyer-Lindemann, Kartellrecht 4. Auflage 2020, § 20 Rn. 13.

Nachweises jeweils im Einzelfall, kann innerhalb dieses Rechtsgebiets nicht gelöst werden. Der Gesetzgeber hat mit der 10. GWB-Novelle schon einen – im Rahmen dieser Regelungsrationalitäten – sehr weitgehenden Schritt gemacht.

2. Alternativer Zugangsanspruch

Ein noch weitergehender Zugangsanspruch müsste einen Anspruch auf Zugang zu digitalen Systemen vorsehen, wenn dieser Zugang erforderlich ist, um auf nachgelagerten Märkten tätig zu werden oder den Kontakt zu aktuellen und potentiellen Kunden zu halten.

Weitergehend wäre dieser Anspruch gegenüber dem Kartellrecht nur dann, wenn er unterschiedslos, ohne aufwändige Analyse im Einzelfall, gegebenenfalls gestützt auf Vermutungen gewährt würde.

Allerdings sind auch die Schattenseiten eines solchen Anspruchs zu sehen: Für diejenigen, die Daten sammeln oder Plattformen aufbauen, wäre der Investitionsanreiz erheblich gemindert, wenn in der Folge jedermann Zugang beanspruchen könnte. Das würde digitale Innovationen in Deutschland oder Europa gefährden. Wird der Zugangsanspruch weit geöffnet, müssten deshalb an anderen Stellen die Stellschrauben so justiert werden, dass dennoch ein Investitions- und Innovationsanreiz erhalten bleibt. Das ließe sich zum Beispiel über die Anspruchsberechtigung oder eine gesetzliche Einschränkung der Voraussetzungen erreichen.

a) Anspruchsberechtigte Personen

Der Anspruch wird im Verhältnis von Leistungserbringer (Handwerksunternehmen) und Inhaber des digitalen Schlüssels geltend zu machen sein. Der ebenfalls beteiligte Kunde sollte aus diesem Verhältnis herausgehalten werden, auch wenn der Kunde erst die beiden Seiten miteinander verbindet. Die Einbeziehung des Kunden (die einem mehrseitigen Markt ja grundsätzlich entsprechen würde) ist aus Servicesicht abzulehnen – die Kunden sollen mit der Organisation der Leistung nicht behelligt werden.

Mit Blick auf die Anspruchsberechtigung ist festzuhalten, wer Zugang erhalten soll. In der vorliegenden Untersuchung wird insbesondere das Handwerk in den Blick genommen. Es ist aber keineswegs gesagt, dass alle Handwerksunternehmen in gleicher Form eine Zugangsberechtigung erhalten sollen, und es ist auch nicht gesagt, dass der Kreis auf Handwerksunternehmen beschränkt sein soll. Die Zugangsprobleme stellen sich für sehr viele verschiedene Unternehmen, auch solche, die nicht dem Handwerk zugehörig sind. Eine eigene Regelung für das Handwerk scheint derzeit weder geboten, noch durchsetzbar.

Mit Blick auf eine nötige Eingrenzung des Anspruchs könnte an Größenkriterien auf beiden Seiten angeknüpft werden. Bei besonders hoher Marktmacht oder besonders hohen Umsätzen des Inhabers des digitalen Schlüssels ist eine Pflicht zur Zugangseröffnung leichter zu bejahen als bei anderen Unternehmen. Kleine Unternehmen könnten eher Zugang erhalten als größere.

b) Identifikation des Zugangsziels

Der Zugangsanspruch muss auf ein Zugangsziel gerichtet sein. Es muss also klar zu erkennen sein, worauf sich der Zugang richtet. Wie gesehen ist dies nur in einer Minderheit der Fälle ein „Zugang zu Daten" im Sinne von Rohdaten. Die Rohdaten, die nicht verarbeitet, nicht veredelt oder sortiert sind, dürften im Regelfall wertlos für den Handwerker sein, insbesondere wenn sein Unternehmen nicht auf die Datenanalyse spezialisiert ist. Vielmehr wird es häufig um eine Eröffnung des Zugangs zum Gerät, zur Programmierung oder, noch treffender: zum Kunden gehen. Die wirtschaftliche Zielrichtung ist darauf gerichtet, den Kunden ansprechen zu können, die Kundenbeziehung aufzubauen und die Leistung, die der Kunde nachfragt, zu erbringen.

In den bestehenden wettbewerblichen Ansprüchen ist der Fokus auf den Zugang zu Daten gerichtet. Damit werden einige wichtige Konstellationen verfehlt oder jedenfalls auf ein Zugangsziel gelenkt, das dem Handwerk im Zweifel nicht immer nutzt. Als Zugangsziel eines allgemeinen Zugangsanspruchs wäre das Ziel in den Mittelpunkt zu rücken, Zugang zum Kunden zwecks Leistungserbringung zu erhalten. Technische Hürden dürften dem nicht entgegenstehen, ein rechtlicher oder technischer Ausschluss dürfte nicht erlaubt sein.

c) Materielle Voraussetzungen

Ein Zugangsanspruch setzt in quasi allen Szenarien, die im Recht bekannt sind – vom Notwegerecht über die Zwangslizenz bis zur PSD2-Richtlinie – eine Art „Notlage" voraus. Es müssen gewisse materielle Voraussetzungen gegeben sein, sodass die Zugangseröffnung eigentlich der einzige Weg ist, will man nicht dem Petenten das Tätigwerden verunmöglichen. In den kartellrechtlichen Fällen wird dies typischerweise durch das Minimal-Kriterium der Unerlässlichkeit gewährleistet, wenn nicht – wie etwa bei der sog. „new product rule" im *IMS Health*-Fall – sogar weitergehende materielle Voraussetzungen gestellt werden.[337]

Im privaten Wirtschaftsverkehr, der vom allgemeinen Wettbewerbsrecht geregelt wird, ist eine allgemeine Zugangsgewährungspflicht unüblich. So kann etwa ein Marktbetreiber den Zugang zum Markt ebenso von Voraussetzungen abhängig machen wie der Inhaber eines Patents.

Die möglichen materiellen Voraussetzungen lassen sich aber in gewisser Weise verallgemeinern. Diese Verallgemeinerung könnte die Kriterien für einen Zugangsanspruch vorgeben, wenn man die bisherigen Ansprüche in §§ 19, 20 GWB für unzureichend hält. Mit folgenden Kriterien, die an die bisherige Praxis angelehnt sind, aber weniger schwierig zu erfüllen sind, ließe sich einfacherer Zugang erlangen:
– Liegt zwischen den Parteien ein Ungleichgewicht vor? (Asymmetrie)
– Hat der Zugangspetent keine alternativen Möglichkeiten, um weiterhin geschäftlich tätig zu bleiben? (Unerlässlichkeit)
– Ist die Zugangseröffnung volkswirtschaftlich oder rechtlich geboten? Werden so beispielsweise Effizienzgewinne, Innovationen, eine bessere Befriedigung der Nachfrage oder eine faire Chancenverteilung ermöglicht? (normatives Kriterium)
– Wird der Wettbewerb geschädigt, wenn der Zugang nicht eröffnet wird? (Wettbewerbsbeeinträchtigung)
– Liegt eine objektive Rechtfertigung für die Zugangsverweigerung vor? (Ausnahmen)

Das Kriterium der Asymmetrie ist eher nachweisbar als Abhängigkeit oder Marktmacht. Das normative Kriterium geht über das hinaus, was bislang in vergleichbaren Fällen verlangt wird.[338] Das ist insofern gerechtfertigt als, anders als im Immaterialgüterrecht, keine mit Verfassungsrang ausgestatteten eigentumsartigen Rechtspositionen zur Debatte stehen: Weder Daten, noch Kundenkontakte genießen eine derartige Stellung. Vielmehr ist die Zuordnung von Daten zu einem tatsächlichen Inhaber häufig Resultat einer zufälligen Position oder Folge einer vertraglichen Konstellation, die aber nur in seltenen Fällen Gegenstand von Verhandlungen mit

---

337 EuGH, 29.4.2004, Rs. C-418/01, ECLI:EU:C:2004:257 – *IMS Health*.
338 Vgl. *Schweitzer/Haucap/Kerber/Welker*, Modernisierung der Missbrauchsaufsicht für marktmächtige Unternehmen, 2018, S. 187 f.

Leistung und Gegenleistung war, und die auch nicht immer auf hohen Investitionen beruht. Hat sich beispielsweise ein Fahrzeughersteller eine Einwilligung zur Nutzung personenbezogener Daten beim Kauf des Autos einräumen lassen, wird das im Regelfall nicht auf einem Aushandlungsprozess beruhen, bei dem der Käufer im Gegenzug einen erheblichen Nachlass auf den Kaufpreis erhalten hat und sich bewusst dagegen entschieden hat, der Werkstatt ebenfalls Zugang zu diesen Daten zu geben. Die vom Hersteller dann gesammelten Daten werden nicht vom Hersteller kreiert oder generiert, sondern bestenfalls festgehalten. Die Investitionen für einen entsprechenden Sensor sind abzugelten, sie dürften aber überschaubar sein.

Im Immaterialgüterrecht (das für die Kriterien hier Pate stand) ist es gerade Kern der Sache, dass der Inhaber des Schutzrechts darüber entscheidet, wer in der Verwertungskette zum Zuge kommen soll, damit die Investitionen amortisiert oder seine berechtigten persönlichen Interessen am Schutzgegenstand angemessen gewahrt werden. Damit nimmt das Immaterialgüterrecht eine Ausnahme vom Wettbewerbsgedanken vor. Diese Ausnahme soll sich aber gerade nicht in anderen Bereichen fortsetzen. Der übliche Gang des Wettbewerbs ist, dass der Verbraucher zum Schiedsrichter wird und entscheidet, wer eine Leistung erbringen soll. Dieses Recht soll der Verbraucher auch im digitalen Zeitalter weiter innehaben – und die Schiedsrichterposition im Wettbewerb nicht an einen Vermittler verlieren. Der Gatekeeper entscheidet im Zweifel, wie dargelegt, auch nicht im Sinne des Kunden, sondern hat die Möglichkeit, seine Position als vermittelnder Agent zu mehreren Marktseiten hin missbräuchlich auszunutzen und in erster Linie seine eigenen Interessen zu befördern. Angesichts der fehlenden Informationen für den Verbraucher und der mangelnden Transparenz gelingt dies. In dieser Verdrängung des Verbrauchers aus seiner Schiedsrichter-Position liegt aber gerade eine korrekturbedürftige Fehlentwicklung.

Das hat auch der Bundesgerichtshof in seiner *Facebook*-Entscheidung 2020 deutlich gemacht: Der BGH hat entschieden, dass die mangelnde Einflussmöglichkeit des Verbrauchers auf die Datennutzung bei Facebook ein Missbrauch von Marktmacht durch das Netzwerk ist. Entscheidungssouveränität des Konsumenten ist demnach ein zentrales Element der Marktwirtschaft – auch im digitalen Zeitalter.[339] *Drexl* hat mit seiner Schrift zur „wirtschaftlichen Selbstbestimmung des Verbrauchers" nachge-

---

339 BGH, Beschl. v. 23.6.2020 – KVR 69/19; GRUR 2020, 1318; vgl. *Podszun*, GRUR 2020, 1268.

wiesen, dass es in einer modernen Marktwirtschaft gerade darauf ankommt, die Entscheidungshoheit des Verbrauchers zu sichern.[340] Anderenfalls funktioniert der Mechanismus Wettbewerb, der die Zusammenführung (und damit Auswahl) der Leistungspartner steuert, nicht mehr. Die Verbraucherentscheidung darf somit nicht durch eine Steuerung seitens der Vermittler ersetzt werden.

Das Kriterium der Wettbewerbsbeeinträchtigung ist der marktwirtschaftlichen Ordnung eingeschrieben. Eine Schädigung des Wettbewerbs sollte freilich genügen. Dafür spricht, dass gerade Plattformmärkte zur Monopolisierung neigen, also eine wettbewerbliche Gefahrenlage vorliegt. Wird stets erst eingegriffen, wenn der Markt bereits „gekippt" ist, ist das Wettbewerbsziel nicht mehr erreichbar.

Eine objektive Rechtfertigung für die Zugangsverweigerung könnte beispielsweise bei Sicherheitsbedenken oder Datenschutzfragen berücksichtigt werden.

Weiterführend wären solche Kriterien freilich nur, wenn gesetzliche Vermutungen etabliert würden. Andernfalls würden langwierige Auseinandersetzungen im Einzelfall die Zugangserlangung faktisch erheblich erschweren – gerade für strukturell unterlegene Parteien, die schlechter Rechtsschutz suchen können.

3. Sektorspezifische Zugangsansprüche

Wettbewerbliche Ansprüche knüpfen an die Marktmacht der Hersteller/ Plattforminhaber an und greifen sodann an dem sich daraus ergebenden Machtgefälle zwischen den Marktteilnehmern ein. Ein allgemeiner Zugangsanspruch hat den Nachteil, dass er möglicherweise zu weitgehend eingreift. Eine Zwischenstellung könnten sektorspezifische Zugangsansprüche einnehmen. Darin läge wohl eine effektive Lösung der Zugangsproblematik, zumal sektorspezifisch auch Lösungen für technische Zugangsautomatismen gefunden werden könnten.[341]

---

340 *Drexl*, Wirtschaftliche Selbstbestimmung des Verbrauchers, 1998.
341 Vgl. *Drexl*, NZKart 2017, 339 und 415.

a) Vorbild-Regelungen

Bereits jetzt ist, wie dargestellt, etwa für die Kfz-Branche in einer eigenen EU-Verordnung ein Zugangsanspruch geregelt. So werden Kfz-Hersteller verpflichtet, den unabhängigen Marktteilnehmern die Reparatur- und Wartungsinformationen zu ihren Fahrzeugen in einem Standardformat leicht zugänglich diskriminierungsfrei zur Verfügung zu stellen.[342] Effektiv wird dieser Anspruch dadurch, dass er nicht von einer Einzelfallprüfung abhängig ist. Es muss nicht zuerst die besondere Marktmacht der Hersteller festgestellt werden, wofür langwierige Verfahren erforderlich sein können. Vielmehr wird der Zugang strukturell verankert, sodass die Nutzung des Anspruches als Standardprozedere automatisch abläuft und nicht als eine Art Sonderfall behandelt wird, der gesondert durchgesetzt werden muss. In den Kfz-Regelungen wird dem dadurch Sorge getragen, dass die Typengenehmigung der Fahrzeuge in der Regel erst dann erteilt wird, wenn der Zugang nachgewiesen wurde.[343]

Die sogenannte PSD-II Richtlinie[344] zeigt für den Sektor der Zahlungsdienste, dass auf diesem Wege auch allgemeine Schnittstellen für Drittbieter geschaffen werden können. So verlangt Art. 66 Abs. 1 S. 1 RL (EU) 2015/2366, dass Drittanbieter die Möglichkeit haben müssen, durch das Konto des Bankkunden eine Zahlung auszulösen. Hierdurch wird ermöglicht, den Kunden neuartige Zahlungsservices anzubieten, die Zahlung selbst aber technisch über das „alte" Konto des Kunden durchzuführen. Im Gegenzug sind die Drittanbieter dazu verpflichtet, eine sichere Übermittlung der Zugangsdaten des Kunden zu gewährleisten und sich bei der Bank authentisch zu identifizieren.[345] Die Bank darf auch keine anderen Bedingungen oder Entgelte fordern, wenn ein Drittanbieter die Zahlung auslöst, als wenn dies der Kunde direkt tut.[346]

Die PSD-II Richtlinie führt dazu, dass eine für alle Drittanbieter offene Schnittstelle geschaffen wird und diese ihre Markthandlungen durchführen können. Wenn der Endkunde also einen solchen Drittanbieter nutzen möchte, kann er dies tun. Auf dem Markt können sich die Zahlungsauslösedienstleister durchsetzen, die die beste Leistung erbringen. Der sektor-

---

342 Siehe oben B.III.2.a.
343 Art. 6 Abs. 7 VO 715/2007.
344 Art. 66 f. VO (EU) 2015/2366. Siehe dazu oben B.III.2.b.
345 Art. 66 Abs. 3 b)-d) RL (EU) 2015/2366.
346 Art. 66 Abs. 4 c) RL (EU) 2015/2366.

spezifische Zugangsanspruch fördert also die Konsumentensouveränität und den Leistungswettbewerb.

b) Begrenzung

Die beiden genannten Regelungen sind auf kleine Anwendungsfelder und bestimmte Branchen begrenzt. Es handelt sich nicht um umfassende Zugangseröffnungen, sondern um Lösungen für konkrete Probleme in konkreten Wertschöpfungsketten. Genau das hat es ermöglicht, auf Einzelfallprüfungen zu verzichten und das Verfahren schlank zu halten. Zudem konnte nur eine solche Begrenzung des Zugangs zu technischen Lösungen führen, die automatisieren oder standardisiert Zugang gewähren, ohne dass es wesentlicher Umsetzungsschritte bedarf. Eine Negativwirkung für Innovation oder Investition geht angesichts der Begrenztheit des Anspruchs von diesem nicht aus. Insofern mahnen die genannten Modelle möglicherweise zur Bescheidenheit: Statt auf eine große Lösung zu pochen, die mit Innovationswirkungen und Bürokratie auch Probleme aufwirft, sollte zunächst die Lösung konkreter kleinerer Probleme verfolgt werden. Der Anspruch auf notwendige Reparaturinformationen wäre immerhin Nukleus für eine umfassende Lösung des Zugangsproblems.

Allerdings haben derartig eingegrenzte Lösungen auch einen Nachteil: Die Begrenzung auf bestimmte Branchen fördert deren Abschottung gegenüber Unternehmen, die nicht in der Branche aktiv sind. Die Vernetzung der Märkte, ihre Konvergenz, die ein Kennzeichen der Datenökonomie ist, wird so nicht abgebildet. Die adressierten Probleme sind im Umfang letztlich begrenzt – so ist das Kfz-Modell letztlich nur gedacht und geeignet, um Reparaturen zu ermöglichen. Dass die Kfz-Branche mit anderen Diensten zusammenwächst und Teil eines immer stärker datengetriebenen Mobilitätssektors ist, wird so nicht erfasst.

Gleichwohl ist das Modell ein wesentlicher Anfang, der praktikabler scheint als der Weg über allgemeinere Zugangsansprüche, die nur stumpfe Schwerter sind. Über sektoral begrenzte Zugangsautomatismen und Schnittstellenoffenlegungen können die Lernprozesse angestoßen werden, die erforderlich sind, damit in einem späteren Schritt echte übergreifende „Datenräume" geschaffen werden können.

c) Automatisierung des Zugangs

Wesentliches Element dieser sektoralen Zugangsansprüche ist die Automatisierung des Zugangs, also der Verzicht auf eine Einzelfallprüfung.

Das entspricht zwar nicht der wettbewerblichen Lehre, doch lassen sich dafür Gründe finden: Erstens ist die wettbewerbliche Situation vielfach im Begriff zu kippen („tipping"). Die Erfahrungen bisher zeigen, dass eine Situation, in der eine Plattform oder der Inhaber eines digitalen Schlüssels sich durchgesetzt haben, im Nachhinein kaum mehr auflösbar ist. Dem ist durch eine frühzeitige Öffnung entgegenzutreten, damit auf nachfolgenden Marktstufen noch Wettbewerb entfaltet werden kann. Der automatisierte Zugangsanspruch ist damit der Schutzwall gegen das Abrutschen ins Monopol. Zweitens bedürfen auch die Hersteller und Datenoperatoren der Leistungen des Handwerks, z.B. weil Geräte eben einbau- oder reparaturbedürftig sind. Sie nutzen aber das strukturelle Übergewicht, das sie dank der digitalen Zugangskontrolle haben, aus, um Leistungserbringer in Abhängigkeitssituationen zu bringen. Hier ist ein Interessenausgleich angemessen. Dass damit auch die Werte der Konsumentensouveränität, des Leistungswettbewerbs und der Marktwirtschaft abgesichert werden, ergibt sich von selbst.

Neben etwaigen formellen Voraussetzungen sollten keine inhaltlichen Einzelfallentscheidungen erforderlich sein. Diese bergen Potenzial für Streitigkeiten und lange Verfahren.

d) Öffnung von Schnittstellen

In Wertschöpfungsnetzwerken, wie sie für das Internet of Things (IoT) typisch sind, sind Konstellationen denkbar, in denen zahlreiche Unternehmen, Dienstleister, Handwerker usw. an einem zentralen Operator hängen, der den Zutritt zur Leistungserbringung im Wertschöpfungsnetzwerk digital kontrolliert. In solchen IoT-Netzwerken steht dann nicht die individuelle Leistungserbringung im Vordergrund (wie etwa bei der Reparatur eines Autos), sondern die Mitwirkung in einem komplexen, vernetzen System. Als Beispiel kommen das Smart Home oder die Smart Factory in Betracht: Hier hat meist ein Unternehmen, das die zentrale Software steuert, den „digitalen Hausschlüssel" in seiner Kontrolle und kann das gesamte Wertschöpfungsnetzwerk steuern. Bei Errichtung, Wartung und Weiterentwicklung können zahlreiche verschiedene Handwerksunternehmen beteilgt sein, die aber allesamt Zugang zur Steuerungssoftware benötigen. Gerade solche Netzwerke können erhebliche Innovationen hervorbringen. Der Zugang dazu sollte nicht durch automatisierte Zugangsansprüche gewährleistet werden, sondern durch offene Schnittstellen. Offene Programmierschnittstellen (APIs) eröffnen am ehesten die Möglichkeit eines unkomplizierten, direkten Zugriffs auf relevante Daten.

Das Vorbild dafür ist die PSD2-Richtlinie, die mit der offenen Schnittstelle den Zahlungsdienstleistermarkt samt seiner Innovationen entscheidend belebt, ja, erst ermöglicht hat. Nur wenn viele verschiedene Unternehmen mit ihren Leistungen andocken können und die Entscheidung nicht an den zentralen Operator delegiert wird (bzw. realistischer: von diesem strategisch nach Eigeninteressen gesteuert wird), können sich Smart Home, Smart Factory oder IoT-Anwendungen zu Foren entwickeln, in denen Innovationen blühen – und wo der eigentliche Nutzer (der Wohnungsinhaber, der Fabrikant, das IoT-Netzwerk) entscheiden kann, welche Leistungen den Wettbewerb gewinnen.

Seine Rechtfertigung findet dieses Modell in Konsumentensouveränität und Leistungswettbewerb. Auch die Innovationskraft wird gesteigert. Die digitalen Schlüsselinhaber bei komplexeren Leistungsnetzwerken dürfen nicht in die Rolle kommen, alle Leistungen zentral zu steuern. Das wäre nicht mehr die europäische Marktwirtschaft, die ihre Stärke gerade aus dem Unternehmergeist des Einzelnen schöpft.

Auch hier wären, wie im Vorbild der PSD2-Richtlinie, bestimmte Vorgaben vorzusehen, damit beispielsweise die Sicherheit gewährleistet bleibt. Selbst mit entsprechenden Einschränkungen würde eine offene Schnittstelle aber noch immer zahlreichen Unternehmen Zugang ermöglichen.

Sektoral spezifisch könnte das konkrete Zugangsziel definiert werden. In der Regel werden es nicht bloße Messdaten sein, sondern im Zweifel Zugang zu einem Dashboard, auf dem diese Daten bereits aufbereitet sind oder Zugang zu einer spezifischen Software. Eine Vergütung ist denkbar.

Alternativ könnten eine Investitionsschutzfrist plus Portabilitätsregelung vorgesehen werden: So ließe sich ein zeitlich begrenzter Schutz der Schnittstelle (z.B. für 2–3 Jahre) vorsehen, der in diesem Zeitraum eine gewisse Steuerung und Monopolisierung erlaubt. Damit könnten die Investitionen und die Innovationskraft des ursprünglichen Betreibers abgegolten werden. Danach wäre dann aber die Leistung des Operators abgegolten, die Schnittstelle wäre zu öffnen, Daten müssten portabel gemacht werden.

Die offene Schnittstelle müsste freilich auch genutzt werden – seitens des Handwerks müsste es Angebote geben, daran anzudocken und in die digitale Struktur der IoT-Netzwerke vertieft einzudringen.

e) Branchenspezifische Ausgestaltung

Den beiden hier hervorgehobenen Modellen ist gemein, dass sie sektorspezifisch ausgestaltet sind. In ihre Ausgestaltung ist das Know How der gesamten Branche eingeflossen, auf Eigenheiten konnte eingegangen werden. Der klare gesetzgeberische Impuls – Eröffnung des Zugangs – wurde so zielgerichtet implementiert.

Je nach den Besonderheiten der Branchen und der Märkte kann ein gesondertes Regime vorzusehen sein. Mal mag ein reiner Datenzugang ausreichend sein, mal mag die Teilhabe an einem komplexen Infrastrukturnetz mit dem Erfordernis eines differenzierten Vergütungsmodells erforderlich werden. Die Reparatur digital gesteuerter Kühlanlagen mag andere Regelungsaspekte mit sich bringen als der Zugang zu einer Augenoptiker-Plattform. Daher sollten derartige Zugangsverpflichtungen branchenspezifisch ausgestaltet werden, damit spezifische Bedingungen und Besonderheiten berücksichtigt werden können – so wie es im Kfz-Bereich auch gelöst ist. Dabei darf aber, insbesondere bei frühzeitiger Regelung, die Macht und künftige Macht, die von digitaler Kontrolle ausgeht, nicht unterschätzt werden. Die Lehre aus den Erfahrungen der letzten Jahre ist gerade, dass die Macht digitaler Player enorm rasch wachsen kann und dann nicht mehr bestreitbar ist.

Um die konkrete Ausgestaltung passgenau zu schaffen, sollten Branchenverbände oder Kammern die Gestaltung federführend übernehmen oder jedenfalls daran beteiligt werden. Auf die Erfordernisse kleiner und mittlerer Unternehmen ist besondere Rücksicht zu nehmen. Dementsprechend dürfen technische Lösungen nicht zu komplex sein oder mit hohen Anfangsinvestitionen verbunden sein. Ggf. muss ein Zugang über Kooperationen und Verbände ermöglicht werden.

4. Realisierung, Bedingungen und Vergütung

Wird Zugang eingeräumt, ist zu klären, wie Zugang gewährt wird, also welche Form der Eröffnung auf technischer Ebene stattfindet, welche Bedingungen gestellt werden und welche Vergütung zu leisten ist. Diese Fragen werden auch durch die Novellierung des Kartellrechts nicht geklärt, sodass sie zu Stolpersteinen in der Praxis werden können, selbst wenn der grundsätzliche Anspruch gewährt wird. Die Fragen stellen sich in allen Zugangsmodellen, egal ob es sich um einen kartellrechtlichen, einen allgemeinen oder einen sektoralen Zugangsanspruch handelt.

a) Modalitäten der Zugangseröffnung

Die Einräumung von Zugang ist ein technischer Vorgang, der eines Umsetzungsakts bedarf. Die Umsetzung kann mit zahlreichen Schwierigkeiten einhergehen. In der Vergangenheit hat beispielsweise die immer wieder erschwerte und verzögerte Öffnung des Fährhafens Puttgarden Geschichte geschrieben – und aufgezeigt, wie kompliziert es ist, Zugang praktisch wirksam werden zu lassen, wenn der Verpflichtete konfrontativ sabotiert.[347] Im *Microsoft*-Fall musste ein Monitoring Trustee eingesetzt werden, bis zur Umsetzung der von der EU-Kommission verlangten Schnittstellenöffnung mussten mehrere hohe Geldbußen gegen Microsoft verhängt werden.[348]

Besonders schwierig ist die Zugangsgewährung, wenn Daten zugänglich gemacht werden sollen. Hier stellt sich die Frage, welche Daten genau erfasst werden müssen, welche Daten benötigt werden und in welchem Format die Daten wann zugänglich zu machen sind. Werden Daten benötigt, ist zu spezifizieren, wie aktuell die Daten zu sein haben und ggf. in welcher Frequenz sie zu aktualisieren sind (Updatepflicht). Es wäre etwa denkbar, dass sich ein Unternehmen, das zur Zugangsgewährung widerwillig verpflichtet worden ist, seiner Verpflichtung entzieht, indem es auf einer CD-Rom einen Datensatz bereitstellt, der den Empfänger zu spät erreicht und der für den Empfänger nicht lesbar oder mangels Aktualität uninteressant ist. Hier stellt sich eine Vielzahl von Sabotagemöglichkeiten, bis Zugang in einer Form gewährt wird, die für die Zwecke des Zugangspetenten sinnvoll ist.

In derartigen Fällen stoßen Gerichte auch an die Grenzen ihrer Tenorierungsmöglichkeiten, da die Verpflichtung einerseits bestimmt genug ausfallen muss, andererseits im Vorhinein kaum zu ermessen ist, welche Daten in welcher Form wie vorgelegt werden müssen.

Häufig wird der Zugang nicht zwingend zu Daten vermittelt, sondern etwa zu einem Dashboard, das weiteren Zugriff in einer lesbaren Form vermittelt oder auf dem die Daten so vorliegen, dass sie einsehbar sind. Zu klären ist, ob dies genügt, um die Leistung zu erbringen. Auch hier ist

---

347 Der Fall dieser "Vogelfluglinie" wird teilweise nachgezeichnet in *Podszun*, ZWeR 2012, 48, 54 m.w.N. Den dort genannten deutschen Entscheidungen waren bereits mehrere EU-Entscheidungen vorgelagert, siehe z.B. Europäische Kommission, 21.12.1993, Entsch. 94/119/EG – *Hafen von Rødby*.
348 Europäische Kommission, 27.2.2008, COMP/34.792 – *Microsoft (periodic penalty payment)*.

denkbar, dass relevante Daten fehlen oder ein erweiterter Zugang erforderlich ist, wenn die Leistungserbringung komplexer wird.

Zum Teil verlangen Gatekeeper, dass bestimmte Software verwendet werden muss, ohne die ein Auslesen von Daten oder ein Zugang nicht möglich ist. Es kann sein, dass diese Software nicht allgemein verfügbar ist oder wiederum ein Lizenzvertrag mit dem Gatekeeper (oder einem verbundenen Unternehmen) abgeschlossen werden muss oder im Gegenzug zahlreiche Daten des Handwerksunternehmens ausgelesen werden können. Dann verbergen sich möglicherweise hinter diesen Hilfsmaßnahmen weitere Wettbewerbsbeschränkungen oder Einschränkungen für den Zugangspetenten.

Denkbar ist auch, dass für die Gewährung des Zugangs der Abschluss eines Lizenzvertrags verlangt wird. Dieser Lizenzvertrag kann dann wiederum Teile enthalten, die erst wieder geprüft werden müssen und die möglicherweise rechtswidrig sind. Dadurch kann sich wiederum eine Verzögerung oder eine Erschwernis des eigentlich bereits erstrittenen Zugangs ergeben.

Der Datenzugang muss auch in zeitlicher Hinsicht determiniert werden. Je nach Bedürfnis kann es genügen, kurz und einmalig Zugang zu gewähren. Es kann aber auch Situationen geben, in denen ein Zugang mehrfach oder dauerhaft eröffnet sein soll. Auch diese zeitliche Schiene mag wiederum zu Verzögerungen und neuen Streitigkeiten führen.

Es gibt keine *one-size-fits-all*-Lösung für das hier aufgezeigte Problem der Modalitäten. Es soll insbesondere verdeutlicht werden, dass der eigentlich zugesprochene Anspruch bei der Geltendmachung zahlreiche Ungewissheiten mit sich bringen kann, die zu Verzögerungen und neuen Rechtsstreitigkeiten führen können, ohne dass dies im Vorhinein im Rahmen eines wettbewerblichen Zugangsanspruchs geregelt werden kann.

Erforderlich ist aber, dass mit Gewährung des Zugangs auch die wesentlichen Modalitäten feststehen. Diese sind:

– Konkretes Zugangsziel,
– Umfang des Zugriffs,
– mit dem Zugang verbundene Rechte (z.B. reine Betrachtung oder auch Bearbeitung),
– Details der technischen Ermöglichung des Zugangs (Schritt für Schritt),
– ggf. erforderliche Hilfsmittel oder Zusatzrechte für den Zugang,
– Mitwirkungspflichten der jeweiligen Parteien für den Zugang,
– Dauer der Zugangseröffnung,
– Frequenz des Zugriffs,

– Aktualität des zur Verfügung gestellten Materials (Livestream oder aktuelle Daten),
– zu beachtende technische oder rechtliche Besonderheiten.

Ein gesetzlicher Zugangsanspruch, der nicht jedes Detail festlegt, wird nicht ohne Code of Conduct der Praxis (siehe oben) oder einen raschen Streitschlichtungsmechanismus (siehe unten) auskommen, wenn der Anspruch wirksam sein soll.

b) Beschränkungen und Bedingungen

Die Zugangsbedingungen können einen erheblichen Einfluss auf das kommerzielle Ergebnis haben. Wenn der Gatekeeper die Möglichkeit hat, Bedingungen zu stellen (sei es auf vertraglicher Basis oder weil ihm dieses Recht nicht verwehrt ist), können sich solche Bedingungen erheblich auswirken. Zu denken ist neben den genannten Modalitäten z.B. an Verwendungsbeschränkungen hinsichtlich der Daten, die Verpflichtung zur Abnahme von Ersatzteilen, das Verlangen einer Zustimmung zur Datensammlung, die Verpflichtung zur Registrierung beim Gatekeeper, die Beschränkung sonstiger Kundenkontakte oder des Ausbaus von Kundenkontakten, die Verpflichtung auf die Einhaltung bestimmter Standards, Dokumentationspflichten, die Verpflichtung zur Nutzung bestimmter Software, das Verlangen nach Preisgabe bestimmter Daten, die Einräumung von Rechten an geschütztem Material – der Phantasie sind kaum Grenzen gesetzt.

Teil der Umsetzung kann etwa sein, dass im Gegenzug der Handwerker, der Zugang erlangt hat, seine Leistungsdaten oder andere Daten an denjenigen abgeben muss, der Zugang vermittelt. Eine entsprechende Übertragung von Informationen kann einen hohen wirtschaftlichen Wert für den datenerhebenden Zugangsgewährer haben, sodass dessen Marktposition wiederum gestärkt wird.

Das ist aber keineswegs zwangsläufig so. Es ist auch eine asymmetrische Datenteilungspflicht denkbar, mit der kleinere Unternehmen privilegiert werden. Die Gegenseitigkeit der Datenoffenlegung könnte so verhindert werden, sodass zwar ein Datenfluss zu den Kleinen, aber kein Datenabfluss zu den Großen stattfindet.

Erlangt der Handwerker Kenntnis von bestimmten Daten, kann ihm diesbezüglich eine weitergehende Verwendungsbeschränkung auferlegt werden, sodass die Daten nicht für weitere Leistungen verwendet werden können. Erhält beispielsweise ein Handwerker in einem Smart Home Zu-

gang zu den notwendigen Servicedaten und erkennt aus den Verbrauchs-
daten, dass neben der angefragten Wartung für Gerät 1 auch Gerät 2 war-
tungsbedürftig ist, dürfte ggf. keine Wartung an Gerät 2 durchgeführt werden, oder es müsste erst erneut Zugang angefragt werden. Damit wird der
Kundenservice beschnitten, dem Handwerker entgehen Zusatzgeschäfte
oder es sind Provisionszahlungen zu leisten.

Bei der Zugangsgewährung selbst und in Folge der Zugangsgewährung
bei Tätigkeiten und Geschäftsabschlüssen kann es zu Fehlern und Schädi-
gungen kommen. Die Frage ist, wer die Haftung dafür übernehmen muss.
Gewährt beispielsweise ein Gatekeeper Zugang zu einem Datensatz, überträgt mit dem Datensatz aber einen Virus, kann dies Folgeschäden für den
Zugangspetenten haben. Repariert der Zugangspetent etwas im Smart Home und stellt dabei die Software falsch ein, sodass es danach zu einem Sys-
temabsturz kommt, kann auch dies Schadensersatzansprüche auslösen.
Eine Vielzahl von Gestaltungen ist denkbar, etwa eine Beschränkung der
Haftung, eine Überwälzung der Haftung auf die andere Partei, eine Versi-
cherungslösung oder eine gesetzliche Haftungslösung.

Die Gerichte werden nur sehr vorsichtig zusätzliche Bedingungen formulieren, solange das im Gesetz nicht angelegt ist. Vielmehr wird typischerweise das Aushandeln der Details auf den Verhandlungsweg verwiesen. Das wiederum kann den einmal erstrittenen Zugangsanspruch aufgrund der denkbaren Bedingungen und der notwendigen Verhandlungen
entwerten. Wenn Zugang nicht zügig und umfassend gewährt wird, bleibt
Zugang wertlos – die Kunden können nicht warten, bis erst höchstrichter-
lich entschieden ist, ob ein Handwerker eventuell Zugang erhält. In der
Zwischenzeit wird es aus Kundensicht immer die bequemere Lösung sein
auf einen Dienstleister zu setzen, den der Gatekeeper bereithält.

Zu klären ist daher, ob mit der Zugangseröffnung weitere Bedingungen
oder Beschränkungen rechtlicher Art verbunden sein sollen. Zudem ist die
Haftung zu klären.

Wiederum gilt, was zu den Modalitäten der Zugangseröffnung gesagt
wurde: Kommt es nicht zu gesetzlichen Vorgaben (dazu oben), sind Codes
of Conduct oder Streitschlichtungsmechanismen unerlässlich. Ein Muster-
vertrag könnte entsprechende Standards, ggf. branchenabhängig, durchsetzen.

c) Vergütung

Ein verpflichtender Zugang muss typischerweise nicht kostenfrei, sondern nur gegen ein angemessenes Entgelt gewährt werden. Der Gatekeeper muss für das Sammeln der Daten oder den Aufbau einer Plattform belohnt werden. Andernfalls wird der Anreiz, digitale Geschäftsmodelle weiterzuentwickeln, Daten zu sammeln und zu analysieren, die bisher noch niemand analysiert hat, oder innovative IoT-Systeme aufzubauen, erheblich geschwächt. Das gilt besonders, wenn mit dem Aufbau einer derartigen Infrastruktur nicht unerhebliche Kosten verbunden sind.

Probleme bereitet naturgemäß, welche Vergütung angemessen ist. Dabei stellt sich zum einen die Frage nach dem Vergütungsmodell. Denkbar ist eine einmalige oder regelmäßig wiederkehrende Zahlung, aber auch eine Bezahlung abhängig vom erwirtschafteten Gewinn, der erst durch die Zugangserlangung möglich wird. Wiederum liegt eine Einzelfalllösung näher als eine allgemeine Regel.

Denkbar ist, auf die aus dem Patentrecht geltenden FRAND-Bedingungen (fair, reasonable and non-discriminatory) zurückzugreifen, die beim sogenannten Zwangslizenzeinwand relevant sind. Dies wurde bereits 2017 von der Europäischen Kommission in ihrer Mitteilung zum Aufbau einer europäischen Datenwirtschaft erwogen.[349] Die FRAND-Grundsätze sind zudem bereits Leitbild für verschiedene Sekundärrechtsakte der Union (vgl. oben B.II.2). Dabei verweisen die Gerichte typischerweise auf den Weg der Aushandlung zwischen den Parteien (ggf. nach einem vorgegebenen Muster).[350] Ob ein Vertragsangebot FRAND-gemäß ist, ist von den Gerichten aber vollumfänglich überprüfbar.[351]

Der Grundsatz, dass die Parteien die Lizenzbedingungen und damit die Vergütung selbst aushandeln müssen, lässt sich auch für die Vergütung in Datenzugangskonstellationen fruchtbar machen.[352] Die Parteien können im Zweifel deutlich besser beurteilen, welches Vergütungsmodell und welche Vergütungshöhe im vorliegenden Fall angemessen ist. Damit bleibt

---

349 Europäische Kommission, Mitteilung zum Aufbau einer europäischen Datenwirtschaft, 2017, abrufbar unter: https://eur-lex.europa.eu/legal-content/DE/TXT/PDF/?uri=CELEX:52017DC0009&from=DE S. 15.
350 Grundlegend EuGH, 16.7.2015, Rs. C-170/13, ECLI:EU:C:2015:477, GRUR 2015, 764 – *Huawei/ZTE*; BGH, 5.5.2020, Az. KZR 36/17, WuW 2020, 478 – FRAND-Einwand m. Anm. *Kellenter*.
351 Vgl. OLG Karlsruhe, 8.9.2016, Az. 6 U 58/16, BeckRS 2016, 17467, Rz. 36; OLG Düsseldorf, 17.11.2016, Az. I-15 U 66/15, BeckRS 2016, 21067, Rz. 14 ff.
352 Befürwortend auch *Staudenmayer*, IWRZ 2020, 147, 156.

zwar die Frage offen, wie die Gerichte die Vergütung bestimmen müssen, wenn sich die Parteien nicht nur hinsichtlich einzelner Fragen wie z.B. der konkreten Summe, sondern über grundlegende Fragen wie das Vergütungsmodell streiten. Dies sollte aber mit zunehmender Fallpraxis auf dem Markt immer leichter werden. Dennoch bleibt die Frage der Vergütung zentral und von enormer Schwierigkeit für die Praxis, da die Maßstäbe noch nicht wirklich konturiert sind.

Die FRAND-Lösungen haben in der immaterialgüterrechtlichen Praxis immer wieder auch zu erheblichen Schwierigkeiten geführt. Letztlich ist bis heute unklar, wie der „gerechte Preis" bestimmt werden sollte. Falls hier keine Brancheneinigung in Sicht ist oder ein rascher Streitschlichtungsmechanismus eingreift, empfiehlt sich ein innovatives Modell der Preisbestimmung: Beide Seiten legen ein Angebot vor, von dem ein unabhängiger Richter nur eines auswählen kann – ohne es verändern zu können.[353] Das zwingt beide Seiten zur Berücksichtigung einer Zumutbarkeitsgrenze.

5. Durchsetzung

Schließlich muss die institutionelle Ausgestaltung eines Zugangsanspruchs geklärt werden. Hier stellt sich die Frage, wie ein entsprechender Anspruch durchgesetzt werden kann. Verschiedene Modelle kommen in Betracht: So ist grundlegend zu trennen zwischen einer behördlichen und einer privaten/zivilrechtlichen Durchsetzung. Denkbar ist, dass die Zugangsverweigerung mit Sanktionen belegt ist (z.B. Bußgeld, erhöhte Haftung). Das Verfahren kann in besonderer Weise ausgestaltet werden, z.B. als Eilverfahren. Über den Erfolg entscheidet auch die Verteilung der Beweislast, die abweichend geregelt werden kann.

a) Ausgestaltung des Anspruchs

Der Anspruch lässt sich grundlegend zivilrechtlich verankern als ein Recht des einzelnen Unternehmers auf Zugangsgewährung (vgl. § 33 Abs. 1 GWB). Eine klassisch-zivilrechtliche Lösung würde bedeuten, dass zunächst Zugang individuell begehrt werden muss, bei Verweigerung aber

---

353 Vgl. *Jakobs*, Standardsetzung im Lichte der europäischen Wettbewerbsregeln, 2012. Siehe auch *Franz/Podszun*, ZWeR 2015, 207.

eine gerichtliche Überprüfung mit der Gewährung eines Zugangsrechts erfolgen kann. Dieses Modell würde stärker auf die individuellen Verhältnisse im konkreten Fall ausgerichtet sein. Es wäre eine ex post-Lösung, die, wie im Kartellrecht üblich, den Fehler nachträglich zu erkennen und zu beseitigen sucht, nachdem dazu ökonomisch umfassend vorgetragen wurde.

Dieses Modell ist in seiner Wirksamkeit für eine Vielzahl kleinerer Fälle kaum geeignet.

In Diskussionen über die Regeln für digitale Märkte (die als besonders schnell und dynamisch gelten) gewinnen daher ex ante-Regelungen an Überzeugungskraft. Solche Regelungen wären eher als „regulatorisch", nicht „wettbewerblich" zu bezeichnen. Dabei wäre von Anfang an ein Zugangsrecht gegeben, das automatisch gilt und keiner weiteren Umsetzung bedarf. Der Zugangsanspruch wäre damit gesetzlich verankert und würde automatisch greifen. Der Digital Markets Act-Vorschlag der Europäischen Kommission geht in diese Richtung.

Das Modell der offenen Schnittstellen ist die Verwirklichung eines umfassenden Automatismus.

Der Unterschied schlägt sich in der Durchsetzung nieder: Eine Norm, deren Verletzung auf der Hand liegt, weil die Vorschrift von vornherein gilt und kaum Auslegungsspielräume lässt, ist stärker als eine Vorschrift, deren Voraussetzungen erst im Einzelfall geprüft und nachgewiesen werden müssen. Hier ist länglichen Argumentationsketten Tür und Tor eröffnet.

b) Rechtsdurchsetzung

Wettbewerbliche Ansprüche, etwa aus § 20 GWB, werden im Zweifel durch das Bundeskartellamt, häufiger aber in Form privater Rechtsdurchsetzung bei Gericht umgesetzt. Diese Verfahren können lang dauern und durch mehrere Instanzen gehen. Der Fall der Jaguar-Vertragswerkstatt, die im Netz der Jaguar-Organisation bleiben wollte, nahm beispielsweise 2013 am Landgericht Frankfurt am Main seinen Ausgang – mutmaßlich nach längeren fruchtlosen Verhandlungen. Der BGH entschied 2016 darüber und verwies zurück ans Oberlandesgericht Frankfurt, das 2017 entschied. Von dort wurde offenbar erneut der Gang zum BGH gegangen, der Fall wurde im Februar 2021 noch als beim BGH unter dem Az. KZR 2/18 „anhängig" gemeldet.[354] So lange kann kein Handwerker warten.

Aber auch beim allgemeinen Zugangsanspruch oder bei sektoralen Ansprüchen, ja, selbst beim Modell offener Schnittstellen ist denkbar, dass sich in der Praxis Streitfragen rund um die Zugangseröffnung ergeben.

Die ungewissen Aussichten bei einem gerichtlichen Verfahren, die Kosten und der Zeitablauf stellen die Betroffenen vor die Entscheidung, ob sie das Prozessrisiko samt Kostenrisiko wirklich tragen wollen. Auch können Konstellationen vorkommen, in welchen solche Verfahren – selbst wenn sie aussichtsreich sind – allein wegen ihrer langen Verfahrensdauer und entsprechend zu späten Entscheidung für den Betroffenen nicht sinnvoll sind und dieser rational davon absehen müsste.

Anstelle einer gerichtlichen Entscheidung sollte für Streitfragen über Ob und Wie des Zugangs eine rasche Streitschlichtung vorgesehen werden. Eine solche könnte etwa durch ein privates Schiedsgericht oder eine Ombudsperson vorgenommen werden.[355] Dies wäre gegenüber einem Gerichtsverfahren schneller und kostengünstiger. Die staatlichen Gerichte leisten eine angemessen schnelle Konfliktlösung in solchen Konstellationen bislang nicht. Daher kann ein Zugangsanspruch – gerade wegen der vielen möglichen Detailfragen zu Modalitäten, Vergütung und Bedingungen, nur wirksam sein, wenn es einen hocheffizienten, raschen Konfliktlösungsmechanismus gibt. Dabei sollte ein solcher allerdings nicht von den Superplattformen vorgegeben und dominiert werden, wie es derzeit zum Teil üblich ist.

Denkbar wäre, die Durchsetzung solcher Ansprüche unter Beteiligung der Selbstverwaltungskörperschaften (z.B. Handwerkskammern) zu lösen. Sie könnten sich mit anderen Institutionen in Branchenvereinbarungen auf ein Streitschlichtungssystem verständigen, das angeboten wird und ggf. auch verpflichtend vorzusehen ist.

Ein gesondertes Problem könnte für die Weitergabe personenbezogener oder sonstiger geschützter Daten entstehen. Für diesen Fall sollten „Datentreuhänder" eingesetzt werden, die als Clearing-Stellen darauf achten, dass besonders sensitive Daten nicht weitergereicht werden. Einen entsprechen-

---

354 Siehe zur Verfahrenshistorie https://dejure.org/dienste/vernetzung/rechtsprechung?Gericht=OLG%20Frankfurt&Datum=21.12.2017&Aktenzeichen=11%20U%206/14.

355 Dazu auch *Podszun*, Gutachten F zum 73. Deutschen Juristentag, 2020, S. F100.

den, aber nicht besonders weitgehenden Vorschlag hat die EU-Kommission im Data Governance Act unterbreitet.[356]

Die Schaffung weiterer Institutionen (Datentreuhänder, Streitschlichtungsstellen, Ombudspanels) ist zunächst mit höheren Kosten und ggf. zusätzlicher Bürokratie verbunden. Die zeitlichen und finanziellen Kosten eines vollen Gerichtsverfahrens sind aber für derartige Streitigkeiten nicht mehr vertretbar.

c) Regelungstechnik

Für die Umsetzung spielen Beweislastregeln eine erhebliche Rolle. Der Zugangspetent ist, nach den allgemeinen Grundsätzen, beweisbelastet für seine Behauptungen. Die Hürde für die Beweiserbringung wird durch die Beweislastverteilung gesteuert. Bei digitalen Geschäftsmodellen fehlt den Parteien häufig der Einblick, was überhaupt passiert und wie sie ggf. Zugang erlangen können. Materielle Voraussetzungen und Rechtfertigungen sind schwer überprüfbar.

Echte Abhilfe kann daher nur geschaffen werden, wenn es Automatismen, gesetzliche Vermutungen oder für den Petenten günstige Beweislastverteilungen gibt. Dazu könnte insbesondere mit dem Instrument der sekundären Darlegungslast gearbeitet werden. Die objektive Rechtfertigung ist schon im bestehenden Modell Sache desjenigen, der die Zugangsstelle besetzt hält. Bei offenen Schnittstellen ist die Anfälligkeit für Beweisschwierigkeiten besonders gering.

IV. Data-Governance-Lösungen

Alternativ zu eher punktuellen Zugangsansprüchen sind Ansätze zu verstehen, die unter dem Schlagwort „Data Governance" diskutiert werden, und die die Regelungsaufgabe, Zugang zu eröffnen, noch grundlegender ange-

---

356 Europäische Kommission, 25.11.2020, Vorschlag für eine Verordnung über europäische Daten-Governance (Daten-Governance-Gesetz), COM(2020) 767 final. Vgl. zum Konzept der Datentreuhänder *Blankertz*, Designing Data Trusts, Stiftung Neue Verantwortung, 2020; siehe auch Kommission Wettbewerbsrecht 4.0, Ein neuer Wettbewerbsrahmen für die Digitalwirtschaft, 2019, S. 43.

hen.[357] Die Regelungen beziehen sich überwiegend auf den Zugang zu Daten, auch wenn – wie dargelegt – die Zugangsziele weiter zu fassen sind.

1. Eigentumslösung mit Zuordnungsmodell

Zunächst könnte auf der Hand liegen, dass durch die Schaffung eigentumsartiger Rechte an Daten Klarheit erzielt werden könnte. Ein solches Recht würde zumindest eine robuste Zuordnung erreichen, sodass bestimmte Gruppen im Ausgangspunkt ein Recht an Daten als „Verhandlungschip" erhalten würden. In einem weiteren Schritt könnten dann Verhandlungslösungen für Zugang entstehen oder gesetzliche Schranken der Rechtsausübung vorgesehen werden.

Hierbei ist jedoch zu beachten, dass aufgrund des dann bestehenden Rechts an den Daten jeder nachfolgende Eingriff kompensations- und rechtfertigungsbedürftig ist. Dieses Problem stellt sich insbesondere, wenn das Dateneigentum dem Sacheigentum mit entsprechend hohem Schutz aus Art. 14 GG bzw. Art. 17 EU-GRCh gleichgestellt ist. Ein Schutz an Daten, wie er unter dem Schlagwort „Dateneigentum" diskutiert wird, würde die Zugangsproblematik daher eher komplizieren denn vereinfachen.

a) Schaffung von Rechten an Daten als Option

Die Schaffung von weitergehenden Rechten an Daten wird in der rechtspolitischen Diskussion als mögliche Lösung der Zugangsproblematik erwogen. Die dahinterstehende Logik folgt der sog. Property Rights-Theorie: Nur wenn Datenrechte normativ einem Inhaber zugewiesen werden, entsteht die für einen florierenden Handel erforderliche Rechtssicherheit, die den Zuordnungswechsel sicher ermöglicht. Das Ergebnis wirkt paradox: Es wird ein Ausschließlichkeitsrecht (wie Eigentum) geschaffen, damit Ausschlusseffekte anschließend rechtssicher durch vertragliche Lösungen abgemildert werden können.

---

357 Vgl. *Kerber*, From (Horizontal and Sectoral) Data Access Solutions towards Data Governance Systems, MAGKS 40–2020, spezifisch zu connected cars *Kerber/Gill*, JIPITEC 10 (2019), 244; *Drexl*, Designing Competitive Markets for Industrial Data, Max Planck Institute for Innovation & Competition Research Paper No. 16–13, 2016, vgl. auch *Zech*, A legal framework for a data economy in the European Digital Single Market: rights to use data, JIPLP 11 (2016), 460.

Beispielhaft für das Modell von „data ownership", einem Dateneigentumsrecht, steht die bereits zitierte Studie, die 2017 für das Bundesministerium für Verkehr und digitale Infrastruktur vorgelegt wurde und mit der eine „Eigentumsordnung" für Mobilitätsdaten vorgeschlagen wurde.[358]
Hinsichtlich der Zuordnung von Rechtspositionen an Informationen wurde vorgeschlagen, diese derjenigen Person zuzuweisen, die die wesentliche Investition vornimmt, um Daten zu generieren. Terminologisch wird hier von einem Skripturakt gesprochen, der von einem Skribenten vorgenommen wird – durch den Skripturakt werde die Datenerzeugung angestoßen (und so die Information festgehalten und damit überhaupt erst zum Datum).[359] Um festzustellen, wer diese Person ist, werden mehrere Kriterien festgelegt:

> „Als wessen Verdienst ist die Generierung eines Datums anzusehen? Wer bewirkt den Skripturakt? Erstellt der Skribent das Datum für jemand anderen (bspw. Im Rahmen eines Arbeitsverhältnisses, Auftragsverhältnisses, etc.)? In Bezug auf maschinengenerierte Daten ist zu ermitteln, wer die Entwicklungs- und Produktionskosten trägt und ob diese gegebenenfalls im Rahmen der Anschaffung durch Dritte mittels einer Gegenleistung vergütet werden. Ebenfalls in Bezug auf den datengenerierenden Gegenstand ist zu ermitteln, wer die laufenden Kosten für die Unterhaltung des datengenerierenden Gegenstands trägt (Wartung, Instandsetzung, etc.). Wer trägt die Kosten für den benötigten Speicherplatz?"[360]

Nach diesen Kriterien werden die Daten, die beim Autofahren generiert werden, in der Regel wirtschaftlich dem Autohalter zugeordnet, der die Investition in den Kauf und Betrieb des Fahrzeugs getätigt hat. Der Kfz-Hersteller wird demgegenüber für seine Kosten durch die Bezahlung des Fahrzeugs entschädigt, wird aber im Wege vertraglicher Übertragung der Daten am Ende wieder der wirtschaftlich Berechtigte.

---

358 Bundesministerium für Verkehr und digitale Infrastruktur, „Eigentumsordnung" für Mobilitätsdaten?, 2017. Siehe auch *Tjong Tjin Tai*, EuCML 2018, 136.
359 Bundesministerium für Verkehr und digitale Infrastruktur, „Eigentumsordnung" für Mobilitätsdaten?, 2017, S. 101 m.w.N.
360 Bundesministerium für Verkehr und digitale Infrastruktur, „Eigentumsordnung" für Mobilitätsdaten?, 2017, S. 104 f.

b) Unterschied zu Sachgütern und immateriellen Leistungen

Bei der Diskussion um die Zuweisung von Daten im Sinne eines eigentumsartigen Ausschließlichkeitsrechts müssen Unterschiede zwischen Sacheigentum und Daten beachtet werden: Daten sind nicht-rivale Güter. Das bedeutet, dass sie ohne Wertverlust von mehreren Personen parallel genutzt werden können. Sie können auch immer wieder genutzt werden, nutzen sich also nicht ab.[361]

Eine schöpferische Idee oder eine spezifische Leistung liegt bei der Generierung von Daten in aller Regel nicht vor. Das unterscheidet Daten von den im Immaterialgüterrecht geschützten Informationen (etwa dem Inhalt eines Buches). Das gilt selbst für die Investition: Zwar müssen manche Daten aufwändig erhoben werden, das Entstehen der Information selbst ist aber häufig nicht mit Aufwand verbunden: Die Zahl der Vorgänge, die von einer Maschine bearbeitet werden, entsteht durch das Arbeiten der Maschine. Die einzige Investition liegt im Anbringen eines Zählers, es ist aber nicht die Information selbst, die Aufwand erfordert. Das liegt in der Natur von Daten als Informationen, die reale Vorgänge abbilden – die Vorgänge passieren nicht, um Informationen zu generieren, sondern Informationen entstehen automatisch durch die entsprechenden Vorgänge.

Erfassung, Sammlung, Analyse, Verwertung von Daten – das ist der Kern der Investition, nicht aber das Entstehen der Daten selbst. Der Schutz dieser Leistungen kann – wie dargestellt – ggf. über Schutzrechte erfolgen, etwa wenn für die Sammlung und Anordnung von Informationen ein Datenbank-Schutzrecht gewährt wird. Davon ist aber der Schutz des Datums selbst zu differenzieren.

c) Kritik an einer Schutzrechts-Lösung

Ein an Eigentumsrechte angelehnter Schutz, der zukünftig geschaffen werden könnte, wäre kontraproduktiv für die Verteilungsprobleme der Wirtschaft und für die Innovationskraft.

Das Münchner Max-Planck-Institut für Innovation und Wettbewerb hat in einer Stellungnahme festgestellt, dass es weder eine rechtliche noch eine wirtschaftliche Rechtfertigung für die Schaffung eines Ausschließlichkeits-

---

361 Es gibt demnach bei Daten nicht das Problem der "Tragik der Allmende" (tragedy of the commons).

rechts an Daten gibt.[362] Es gibt keinen Rechtsgrundsatz, dass Daten ausschließlich einem bestimmten Rechtssubjekt zuzuordnen sind. Aus ökonomischer Sicht warnt das Max-Planck-Institut vor Interventionen, die die Entwicklung von Märkten behindern könnten. Es lässt sich nicht eindeutig vorhersagen, wie sich ein exklusives Recht an Daten in der Praxis auswirken würde. Die Autoren weisen ausdrücklich darauf hin:

> „Nach heutigem Kenntnisstand gibt es auch keine wirtschaftlichen Gründe für die Anerkennung von Ausschließlichkeitsrechten an Daten. Im Gegenteil, dies würde die Gefahr einer Beeinträchtigung der unternehmerischen Freiheit und der Wettbewerbsfreiheit, die Gefahr einer Behinderung der Geschäftstätigkeit anderer Marktteilnehmer, die vom Zugang zu Daten abhängig sind, und negative Auswirkungen für die Entwicklung nachgelagerter Datenmärkte mit sich bringen. Bedenken ergeben sich wegen der Stärkung von vorhandener Datenmacht und der Schaffung neuer Marktmacht auf der Grundlage von Daten, was wettbewerbswidrige Marktzutrittsschranken begünstigen würde."[363]

In dieser Aussage sind die wesentlichen Gründe benannt, die gegen eine exklusive Zuweisung eines Rechts an Daten sprechen. Hier wird die Gefahr der Abhängigkeit derjenigen Unternehmen, die auf nachgelagerten Märkten tätig sind, gesehen.[364] Die Gefahr, dass Wettbewerb durch ausschließliche Zugriffsmöglichkeiten zurückgedrängt wird, wird als schädlich gekennzeichnet. Es kommt durch Exklusivzuweisungen zur Stärkung von Datenmacht, was Asymmetrien mit sich bringt, die einer wettbewerblichen und fairen Entwicklung abträglich sind. Es müsste mit verschiedenen Maßnahmen gegengesteuert werden, um diese Negativfolgen eines Dateneigentums auszubalancieren. Ein generelles Marktversagen, das die Einführung eines Schutzrechts rechtfertigen würde, vermögen die Autoren folglich nicht zu erkennen. Sie bringen vielmehr einen Gedanken aus dem Informationsrecht gegen das Dateneigentum in Stellung: Daten verkörpern Informationen. Informationen aber sollen in einer Gesellschaft frei sein. Der freie Zugriff auf Informationen, der Austausch und die Nutzung

---

362 MPI, Data Ownership and Access to Data, Position Statement 16 August 2016. Kritisch auch *Schöler* in: FS Harte-Bavendamm, 2020, S. 82 ff. m.w.N.
363 MPI, Data Ownership and Access to Data, Position Statement 16 August 2016, S. 2.
364 In der Studie für das Bundesverkehrsministerium waren diese Folgeeffekte, wie oben gesehen, ja gänzlich ausgeblendet geblieben.

von Informationen sind wesentliches Kapital einer offenen Gesellschaft. Informationsmonopole sind weder gesellschaftlich noch wirtschaftlich sinnvoll.

Hinzu treten erhebliche Nachteile für Innovationswirkungen: Die Zusammenführung von Daten, der Blick auf Daten durch verschiedene, diverse Unternehmen eröffnet gerade erst das technologische Potential der Datenökonomie. Gerade das Handwerk, das als besonders innovativ gilt und das einen direkten Anwendungsbezug hat, hat das Potenzial für weitere Entwicklungen und Verbesserungen. Das setzt aber einen relativ ungehinderten Zugang zu Daten voraus. Eine ausschließliche Zuweisung von Daten zu einer Person konterkariert diesen essentiellen Bestandteil der „big data"-Potenziale.

Würde beispielsweise der Halter das ausschließliche Recht an den Daten haben, die beim Autofahren erzeugt werden, wäre das Innovationspotential beinahe gänzlich verschenkt: Die Koordination der Telematik im Straßenverkehr wäre von der Zustimmung der Fahrzeughalter abhängig. Sichert sich der Fahrzeughersteller oder -verkäufer den Zugriff auf die Daten (da er der erste ist, der mit dem Käufer eines Fahrzeugs in Kontakt kommt, hat er auch die besten Möglichkeiten, ein Einverständnis in entsprechende Geschäftsbedingungen zu erhalten), wären Zulieferer, Kfz-Werkstätten, Verkehrsplaner, Forscher, Mobilitätsanbieter und alle anderen, die im Segment Fahrzeug- und Verkehrsentwicklung tätig sind, für eine Nutzung auf die Zustimmung des Herstellers angewiesen. Das würde Innovationsbarrieren aufbauen und die Transaktionskosten in die Höhe treiben: Für jede Nutzung könnte eine Lizenzgebühr verlangt werden, es wären Verhandlungen erforderlich. Der technologische Vorteil der Datenerhebung im Auto würde verpuffen.

Die Einführung eines Eigentumsrechts an Daten würde auch hohe Kosten verursachen. Die zu klärenden Fragen – welche Daten, welche Inhalte, welche Berechtigten, welcher Schutzumfang, welches Schutzniveau, welche Durchsetzung, welche Ausnahmen und Schranken usw. – würden erheblichen politischen und rechtlichen Aufwand voraussetzen, ohne dass auch nur annähernd zu erwarten wäre, dass die Fragen erschöpfend beantwortet werden.

Wesentliches Argument für die Einführung eines Dateneigentumsrechts ist die Überlegung, dass durch die Festlegung eines Inhabers Daten besser greifbar und handelbar und damit verwertbar werden. Die Annahmen einer solchen Property Rights-Theorie greifen allerdings schon nicht: Anders als bei Sachgütern droht bei fehlender Zuweisung keine „Übernutzung" oder „Abnutzung" von Daten, da sie ja gerade nicht-rival sind und vielfach nutzbar sind. Es muss auch keine Leistung belohnt werden (samt entsprechender Anreizwirkung), da die Datenentstehung kollateral/automatisch erfolgt. Andere externe Effekte, die durch eine Rechtszuweisung internalisiert würden, sind nicht erkennbar.

Lehnt man sich an den Schutz des geistigen Eigentums als Vorbild für eine solche Rechtszuweisung an, sollte beachtet werden, dass gerade Schutzsysteme wie das Urheber- und Patentrecht zu Negativwirkungen geführt haben, die immer sichtbarer werden: Im Bereich der Telekommunikation beispielsweise haben die beteiligten Unternehmen kaum mehr Bewegungsfreiheit („freedom to operate"), da sie in einem engen Korsett von Patenten anderer Unternehmen befangen sind. Sperrpatente führen mittlerweile zu Innovationsschranken, obwohl die Idee des Schutzrechts war, Innovation anzureizen.

Es ist leicht ersichtlich, dass bei Daten eine ähnliche Gefahr droht: Einzelne Dateninhaber könnten mit ihren Rechten wichtige Entwicklungen blockieren oder Monopolrenten extrahieren, die für Innovation und Preisentwicklung schädlich wären.

Fritz Machlup hat bereits 1958 in einer berühmten Studie ein kritisches Fazit zu den Auswirkungen des Patentrechts gezogen:

> „Wenn wir kein Patentsystem hätten, wäre es unverantwortlich, auf der Grundlage unseres derzeitigen Wissens über die wirtschaftlichen Folgen dieses Systems die Einführung eines solchen Systems zu empfehlen."[365]

Die Vorbehalte von Ökonomen gegenüber der Schaffung neuer Schutzrechte sind seitdem eher gestiegen. Für den Bereich der Daten ist weder eine Fehlentwicklung dieser Art erkennbar, noch ist auch nur im Ansatz ersichtlich, wie ein Dateneigentumsrecht sinnvoll ausgestaltet werden könnte, ohne dass monopolistische Strukturen entstünden und Innovationspotentiale verloren gingen. Die Schaffung weitergehender Rechte an Daten ist daher gegenwärtig abzulehnen.[366] Die Zugangsthematik würde dadurch erschwert, nicht erleichtert. Das ist auch deshalb stimmig, da es, wie bereits gesehen, nicht zwingend der Zugriff auf bestimmte Rohdaten oder Informationen ist, sondern der Zugang zum Kunden, auf den sich das eigentliche unternehmerische Interesse richtet. Zugang zu Daten ist für Handwerksbetriebe kein Selbstzweck, sondern notwendige Vorbedin-

---

365 *Machlup*, An Economic Review of the Patent System, Study for the US Senate, 1958, S. 80.
366 So auch *Resta* in: Pertot, Rechte an Daten, 2020, S. 244.

gung, um ein Gerät reparieren, eine Heizung warten oder ein Smart Home ausbauen zu können.

Es sollte jedoch noch einmal ins Bewusstsein gerufen werden, dass rein faktisch exklusive Zugriffsrechte bereits bestehen können und zum Teil auch abgesichert werden.[367]

2. Modell der offenen Datenräume

Einige politische Initiativen auf europäischer und deutscher Ebene sind in die Richtung eines Modells offener Datenräume (EU-Kommission) oder eines Daten-für-alle-Modells (SPD) entwickelt worden.

a) EU-Daten-Governance-Verordnung

Auf europäischer Ebene wird der Problematik der heterogenen Regelungslandschaft mit der Datenstrategie Rechnung getragen, die 2020 vorgestellt wurde.[368] Erste Ansätze für ein vielversprechendes Modell offener Datenräume lassen sich erkennen. Sie sind im Vorschlag der Europäischen Kommission für eine Europäische Daten-Governance-Verordnung niedergelegt.[369]

Die Zielsetzung ist durchaus vielversprechend. Die EU-Kommission hat drei Punkte vorgesehen, die sie künftig erleichtern will:

Erstens sollen Daten des öffentlichen Sektors zur Weiterverwendung bereitgestellt werden, auch wenn diese Daten den Rechten anderer unterliegen.[370] Für 2021 wurde ein noch zu entwickelnder „Durchführungsrechtsakt über hochwertige Datensätze" angekündigt, der jedenfalls einen kostenlosen Zugangsanspruch zu Datensätzen der öffentlichen Hand in maschinenlesbarer Form schaffen soll.[371] Der Informationsbestand der öffentlichen Hand kann, so die Idee, durch eine weitergehende Öffnung zum

---

367 Siehe das Beispiel der Automobilwirtschaft unter D.II.1.
368 Europäische Kommission, Mitteilung vom 19.2.2020, Eine europäische Datenstrategie, Dokument COM(2020) 66 final.
369 Europäische Kommission, Vorschlag für eine Verordnung über europäische Daten-Governance (Daten-Governance-Gesetz), 25.11.2020, COM(2020) 767 final.
370 Europäische Kommission, Vorschlag für eine Verordnung über europäische Daten-Governance (Daten-Governance-Gesetz), 25.11.2020, COM(2020) 767 final, Kap. II des VO-Vorschlags.
371 Europäische Kommission, COM(2020) 66, S. 15.

Nukleus neuer Ideen, Erfindungen und Geschäftsideen werden. Schon jetzt gibt es erste Zugangsrechte zu „Public Sector Information".[372]

Es soll außerdem der „Datenaltruismus" gefördert werden, also die Datenspende für nicht-gewerbliche Zwecke.[373]

Für die vorliegende Untersuchung besonders interessant ist, dass die „gemeinsame Datennutzung durch Unternehmen gegen Entgelt in jedweder Form" erleichtert werden soll.[374] Dazu wird ein rechtlicher Rahmen für Datendienstleister gesetzt, aus dem heraus sich Konturen ergeben, wie sich die Kommission die Unterstützung gerade der kleineren und mittleren Unternehmen vorstellt. Die nach den geplanten Vorschriften vorgesehenen Datendienstleister sollen als Mittler agieren, die den Datenaustausch zwischen verschiedenen Personen organisieren und dabei berechtigte Interessen und Rechte wahren, etwa bei personenbezogenen Daten („Datentreuhänder"). Dazu sind eine Anmeldung dieser Mittler (zu denen auch Plattformanbieter, Datenbankdienstleister und Datengenossenschaften gehören können) bei einer Behörde vorgesehen sowie ein Katalog an Bedingungen, die derartige Dienstleister einhalten müssen.[375] Durch die Regulierung dieser Dienste soll offenbar ein Rechtsrahmen geschaffen werden, der das notwendige Vertrauen im B2B-Datenaustausch schafft, um die Nutzung solcher Dienste zu fördern. Dazu muss ein hohes Sicherheitsniveau gewährleistet werden und die Wettbewerbsvorschriften müssen beachtet werden. Dafür darf in gewissem Umfang Interoperabilität hergestellt werden. Einen eigenen Anreiz zur Teilnahme an derartigen Austauschverfahren setzt die Verordnung allerdings nicht.

Weitergehend sieht die Kommission in ihrer Datenstrategie – eher unverbindlich – die Schaffung von „europäischen Datenräumen" in bestimmten Sektoren vor, die durch eine Kombination aus rechtlichen und

---

372 Vgl. die Richtlinie (EU) 2019/1024 des Europäischen Parlaments und des Rates vom 20. Juni 2019 über offene Daten und die Weiterverwendung von Informationen des öffentlichen Sektors.

373 Europäische Kommission, Vorschlag für eine Verordnung über europäische Daten-Governance (Daten-Governance-Gesetz), 25.11.2020, COM(2020) 767 final, S. 1.

374 Europäische Kommission, Vorschlag für eine Verordnung über europäische Daten-Governance (Daten-Governance-Gesetz), 25.11.2020, COM(2020) 767 final, Kap. IV.

375 Europäische Kommission, Vorschlag für eine Verordnung über europäische Daten-Governance (Daten-Governance-Gesetz), 25.11.2020, COM(2020) 767 final, Kap. III.

technischen Rahmenbedingungen geschaffen werden sollen. Die Zielbestimmung lautet:

> „Ziel ist die Schaffung eines einheitlichen europäischen Datenraums, eines echten Binnenmarkts für Daten, der für Daten aus aller Welt offensteht, in dem sowohl personenbezogene als auch nicht-personenbezogene Daten, darunter auch sensible Geschäftsdaten, sicher sind und in dem Unternehmen auch leicht Zugang zu einer nahezu unbegrenzten Menge hochwertiger industrieller Daten erhalten."[376]

Die Umsetzung dieses doch eher hochtrabend formulierten Ziels bleibt einstweiligen wolkig. Offenbar soll durch einen klaren Rechtsrahmen und Governance-Strukturen eine größere Sicherheit beim Datenaustausch geschaffen werden. Der Data Governance Act als erste vorgeschlagene Maßnahme leistet dazu nur einen kleinen Beitrag. Bei den weiteren Schritten ist aus Sicht des Handwerks insbesondere darauf zu achten, dass die entsprechende Rechtsetzung nicht durch solche Unternehmen dominiert wird, die in ohnehin besonders datenmächtig sind.

b) Daten für alle-Gesetz

In Deutschland hatte die damalige SPD-Vorsitzende Andrea Nahles 2019 den Vorschlag eines „Daten für alle-Gesetzes" unterbreitet. Die Forderung besteht aus drei Kernpunkten:

> „Nutzung von nicht-persönlichen Daten als Gemeingut; Aufbrechen von Datenmonopolen durch eine Datenteilungspflicht für marktdominante Unternehmen; Schaffen von Anreizen zum Datenteilen und Etablierung und Ermöglichung eines sicheren europäischen Datenraums unter Wahrung des Datenschutzes."[377]

Damit wird zum einen die oben skizzierte Idee des europäischen Datenraums aufgegriffen. Akzentuiert wird, dass die Sicherheit von Daten, der Schutz personenbezogener Daten, der Respekt vor Geschäftsgeheimnissen und Immaterialgüterrechten sowie eine Verlässlichkeit und Vertrauens-

---

376 Europäische Kommission, 19.2.2020, Eine europäische Datenstrategie, COM(2020) 66 final.
377 *Nahles*, Digitaler Fortschritt durch ein Daten-für-Alle-Gesetz, Diskussionspapier, 12.2.2019, S. 5.

würdigkeit von – behördlich überwachten – Datendienstleistern gewährleistet ist.

Weitergehend sind die beiden anderen Punkte: Die Nutzung nicht-persönlicher Daten als Gemeingut konkretisiert Nahles dahingehend, dass

> „Daten, die als Gemeingut anzusehen sind, grundsätzlich einer Nutzung zugänglich zu machen sind. Dazu zählen Daten in vollständig anonymisierter und aggregierter Form wie Mobilitätsdaten oder Geodaten. Die Daten sollten von öffentlichen und privaten Akteuren zugänglich gemacht und ggfs. auch in vertrauenswürdigen Datenräumen zusammengeführt werden, um sie zivilgesellschaftlichen, aber auch privatwirtschaftlichen Akteuren für soziale oder auch ökonomische Innovationen zur Verfügung zu stellen. Wie das Zusammenführen konkret ausgestaltet wird (Treuhand, Stiftung, etc.) und welcher Aufsichtsbehörden bzw. Institutionen es dazu bedarf, ist zu diskutieren."[378]

Damit werden zwar Zugangsprobleme individueller Art (zu einem konkreten Smart Home z.B.) nicht gelöst, es würde aber ein großes Innovationspotenzial freigesetzt, das von vielen verschiedenen Akteuren genutzt werden könnte. Dieser Vorschlag ist äußerst weitreichend, weil er letztlich die komplette Offenlegung vieler nicht-personenbezogener Daten umfassen könnte. Für datenbasierte Innovationen wäre das ein großer Schritt.[379]

Der andere entscheidende Schritt wäre die Datenteilungspflicht für marktbeherrschende Unternehmen. Die Autorin schlägt vor:

> „Sobald ein Unternehmen einen bestimmten Marktanteil für eine bestimmte Zeit überschreitet, muss es einen Teil seiner Daten anonymisiert öffentlich machen. Andere Unternehmen sollen dann mit diesen Daten arbeiten können und eigene Produkte und Dienste an den Markt bringen."[380]

Diese Lösung würde einen Automatismus beinhalten und würde damit über die Einzelfallgewährung von Zugang, wie im Kartellrecht, hinausgehen. Die Anonymisierung würde wiederum die Signifikanz für den Einzelfall aufheben. Auch sonstige geschützte Daten und Analysedaten würden wegen der darin vorhandenen Wertschöpfung von der Teilungspflicht aus-

---

378 *Nahles*, Digitaler Fortschritt durch ein Daten-für-Alle-Gesetz, Diskussionspapier, 12.2.2019, S. 5.
379 Siehe auch *Busch*, Der Mittelstand in der Plattformökonomie, WISO Diskurs 8/2019, S. 18.
380 *Nahles*, „Die Tech-Riesen des Silicon Valleys gefährden den fairen Wettbewerb", Handelsblatt 13.8.2018.

drücklich ausgenommen. Handwerker brauchen für ihre konkrete Leistungserbringung konkrete, individualisierte Daten.

Der Vorschlag der SPD ist ein weitgehender Impuls, hilft aber für die hier interessierende Problematik nur begrenzt weiter. Es lassen sich daran aber in besonderer Weise interessante Aspekte ablesen: Die DS-GVO mit dem Schutz personenbezogener Daten hat in eine regulatorische Falle geführt, indem kategorisch um die Weitergabe personenbezogener Daten herum ein Problem aufgebaut wird. Ob es überhaupt (angesichts der auch in der DS-GVO vorgesehenen Ausnahmetatbestände) ein Problem gibt, tritt angesichts der Komplexität der DS-GVO in den Hintergrund. Ebenso bleibt unklar, ob beispielsweise die Weitergabe von Heizungsdaten von einem Smart Home-Betreiber an einen Handwerksbetrieb tatsächlich ein Problem darstellt, das durch Datenschutzvorschriften gestoppt werden sollte.

Der Vorschlag wirft aber auch Licht auf die Problematik der Rohdaten: Vielen Handwerksbetrieben würde mit der Öffentlichmachung großer Teile von Rohdaten marktbeherrschender Unternehmen nicht geholfen, sie könnten damit nicht viel anfangen. Datenanalyse ist nicht ihre Kernkompetenz. Auch wenn die Fähigkeiten in diesem Feld wachsen (und von handwerksnahen Verbänden und Dienstleistern angeboten werden können), bleibt der Kern der Leistungserbringung auf anderen Feldern. Dafür sind nicht Rohdaten erforderlich, sondern häufig eher Zugang zu einem Dashboard oder zu bearbeiteten Daten oder zum Kunden. Der Fairness halber ist anzumerken, dass der Fokus des „Daten für alle"-Vorschlags auch nicht in der Abmilderung des hier behandelten Problems liegt, sondern in der Ermöglichung von Innovation auf breiter Basis durch verschiedene Akteure, die Zugriff auf Daten erhalten sollen, die sonst faktisch monopolisiert werden können. Dafür ist der Vorschlag geeignet.

c) Stufenmodelle

Ein weiteres Datenzugangsmodell sieht eine Klassifikation von Daten je nach Art der Daten, nach Schutzbedürfnissen und kommerzieller Bedeutung vor. Daten könnten nach bestimmten Kriterien so geclustert werden. In einer Art Stufenmodell könnte Zugang dann differenziert ausgestaltet werden: Je nach Klassifikation kann dann verschiedenen Gruppen von Anspruchstellern Zugriff auf die Daten gewährt werden.

Dieses Modell kann insbesondere Datenschutzbedenken und anderen berechtigten Interessen Rechnung tragen. Allerdings ist die Aufspaltung von Daten in verschiedene Cluster praktisch wohl nur schwerlich möglich.

3. B2B-Kooperationen als Chance des Handwerks

Zugangsansprüche gegenüber Dritten sind immer nur ein Behelf. Sie sind, wenn das Verfahren konfrontativ läuft, schwierig durchzusetzen, von zahlreichen komplexen Rechtsfragen überlagert, es muss in der Regel eine Vergütung entrichtet werden, die technische Umsetzung ist nicht trivial. Handwerksunternehmen, die Zugangsansprüche geltend machen müssen, sind in der Defensive.

Für das Handwerk mit seiner fragmentierten Struktur ist es deshalb von zentraler Bedeutung, eine eigene Datenmacht oder wettbewerbliche Gegenmacht aufzubauen und so in eine aktiv gestaltende Position in der Datenökonomie zu rücken. Ohne die Leistungserbringung seitens der individuellen Handwerksbetriebe vor Ort funktioniert kein Smart Home und fährt kein Auto. Es gibt daher grundsätzlich auch ein großes Bedürfnis der Datenkonzerne – die ja keinen Tisch schreinern und kein Zahnmodell einpassen können – mit dem Handwerk zusammenzuarbeiten.

Der Aufbau einer entsprechenden Gegenmacht müsste über B2B-Kooperationen oder Datenpool-Lösungen funktionieren. In den Pools wären Daten, Software u.a. essentielle Digitalwerkzeuge zu sammeln und zur Verfügung zu stellen. So könnte Verhandlungsmacht aufgebaut werden, es könnten eigene, interoperable Datenformate entwickelt werden, das Datensharing würde erleichtert.

Die so gebildeten B2B-Plattformen würden die Eigenständigkeit und die kommerziellen Interessen der angeschlossenen Betriebe wahren. Dazu müsste freilich eine gemeinsame Anstrengung der Handwerksunternehmen (ggf. nach Gewerken sortiert) erfolgen. Es wären auch rechtliche Weichenstellungen vorzunehmen, die im Folgenden skizziert werden sollen. Wenn hier von Datenpools die Rede ist, so lassen sich die Ausführungen auch auf IoT-Netzwerke und sonstige B2B-Kooperationen übertragen.

a) Definition von Datenpools

Datenpools sind digitale Infrastruktureinrichtungen, in denen Unternehmen in Bezug auf einen bestimmten Markt oder Dienst, oder genereller in

Bezug auf eine Industrie oder ein digitales Ökosystem Daten austauschen oder digitale Werkzeuge vorhalten.[381] Eine derartige Zusammenführung von Daten kann für bestimmte Innovationen zwingend erforderlich sein, so z.B. um autonom-fahrende Fahrzeuge zu ermöglichen.[382] In anderen Bereichen mag zwar keine zwingende Notwendigkeit bestehen, um eine Ware oder Dienstleistung anbieten zu können, allerdings sind Effizienzvorteile denkbar. So können Kosten für Forschung und Entwicklung gesenkt werden, wenn Daten oder Forschungsergebnisse miteinander geteilt werden.[383]

In Datenpools sollten Daten und digitale Werkzeuge gesammelt und den Pool-Teilnehmern zur Verfügung gestellt werden. Der Datenpool-Betreiber dürfte nicht mit eigenem Gewinnerzielungsinteresse handeln (um den Missbrauch und den Aufbau eines neuen Marktbeherrschers zu vermeiden) und würde im Wesentlichen die Organisation des Datenaustauschs, die Rechtewahrung und die Herstellung von Interoperabilität gewährleisten – ähnlich den Vorstellungen der Europäischen Kommission für Datendienstleister (siehe oben).

In Datenpools vereinbaren Unternehmen und andere Akteure, ihre Daten zu bündeln, d.h. in eine gemeinsame Infrastruktur einzuspeisen. Die Verteilung oder der Zugriff auf den Pool kann auf unterschiedliche Weise organisiert werden, in der Regel über einen Betreiber, der die Interoperabilität der Daten sicherstellt. Teilnehmer des Pools können in der Regel auf die Daten anderer zugreifen und diese in irgendeiner Form nutzen. Datenpools sind vergleichbar mit Patentpools, wie sie in den Leitlinien zum Technologietransfer der EU-Kommission definiert sind.[384] Die im Pool gesammelten Informationen werden in der Regel allen Mitgliedern in der ursprünglichen oder einer modifizierten Form zur Verfügung gestellt.

b) Bedingungen der Pool-Mitgliedschaft

Für jeden Pool müsste eine Satzung ausgearbeitet werden, die die Nutzungsbedingungen darlegt. Solche Satzungen könnten branchenweit Maß-

---

381 Vgl. *Lundqvist*, EuCML 2018, 146.
382 *Lundqvist*, EuCML 2018, 146, 147.
383 *Lundqvist*, EuCML 2018, 146, 147.
384 Europäische Kommission, Leitlinien zur Anwendung von Artikel 101 des Vertrags über die Arbeitsweise der Europäischen Union auf Technologietransfer-Vereinbarungen, ABl. 2014 C 89/03, Rn. 244.

stäbe setzen. Mustersatzungen der Verbände würden die Transaktionskosten senken. Das würde das mühsame Aushandeln oder Festlegen aller Bedingungen im Einzelfall ersparen. Die Modelle sollten auf den folgenden Kernbestimmungen beruhen:

Der Zugang zu Daten wird nicht bilateral, sondern auf Poolbasis gewährt: Die Daten werden in einen Pool eingebracht und müssen auf Gegenseitigkeits-Basis zugänglich gemacht werden. Alle relevanten Unternehmen der Branche können dem Pool beitreten. Ob auch Industrieunternehmen und Datenunternehmen beitreten können, wäre eine wirtschaftliche Überlegung, die zu klären wäre.

Der Pool soll von einem Unternehmen betrieben werden, das nicht in den Märkten tätig ist, für die der Pool gedacht ist. Ein solches Unternehmen könnte sich unparteiisch mit den technischen Fragen der Datenverwaltung, Datensicherheit und Interoperabilität befassen.

Der Betrieb des Pools wird durch die Satzung bestimmt, die auf einem Standardmodell basiert, das von den Wettbewerbsbehörden oder der Europäischen Kommission bestätigt wird. Um Governance-Probleme zu minimieren, wählt der Pool eine Ombudsperson, die anstehende Probleme unbürokratisch entscheidet.

Die Daten im Pool müssen regelmäßig aktualisiert werden, typischerweise in einem Live-Streaming-Szenario. Der Betrieb des Pools sollte zunächst auf eine Laufzeit von ca. drei Jahren begrenzt sein (mit der Möglichkeit der Verlängerung). Damit würde die Bindung angesichts des noch experimentellen Charakters von vornherein begrenzt.

Auf Antrag eines Unternehmens wird die finanzielle Entschädigung für das Einstellen der Daten in den Pool durch einen externen, unabhängigen Gutachter festgelegt, im Übrigen wäre die Vergütung entweder auf Reziprozitätsbasis bereits abgegolten, oder es müsste eine FRAND-artige Lösung gefunden werden. Denkbar wäre alternativ auch, dass jedes Unternehmen die Konditionen für seine Daten im Rahmen einer Auswahl verschiedener Lizenzmodelle selbst bestimmen kann.

Die Bedingungen wären in den Musterlizenzen festgelegt, vergleichbar mit den verschiedenen Lizenzen für Inhalte im Internet (z.B. Creative-Commons-Lizenz). Die Wahl der Bedingungen führt zu Gegenseitigkeit und kann die Vergütung beeinflussen. Falls die Bedingungen das Wettbewerbsziel des Pools unerreichbar machen, kann die Ombudsperson entscheiden.

Die hier skizzierten Bedingungen sollen vor allem gewährleisten, dass eine reibungslose Kooperation in derartigen B2B-Netzwerken möglich ist und Transaktionskosten gering bleiben. Zudem ist darauf zu achten, dass es für alle Unternehmen (auch solche unterschiedlicher Größe) Anreize gibt, am Pool zu partizipieren. Nur dann können sich die Chancen solcher Handwerker-Pools umfassend entfalten.

c) Perspektiven der Kooperation

Das Datenpool-Modell hat auch die Europäische Kommission in den Blick genommen. 2017 hat sie vorgeschlagen, das Problem der standardessentiellen Patente durch eine derartige Lösung zu minimieren – insbesondere durch die Standardisierung der Lizenzierungsvorgaben, sodass Streitpunkte, die zu langwierigen Konflikten führen können, gar nicht erst entstehen könnten.

Die Europäische Kommission sollte beginnen, mit Vertretern der Wirtschaft zusammenzuarbeiten, um Standards für Vereinbarungen zur gemeinsamen Nutzung von Daten oder Datenpools festzulegen. Idealerweise würde die Kommission mehrere „Modelle" für Satzungen von Datenpools vorlegen. Diese Standardmodelle wären der Bezugspunkt in Fällen, in denen der Zugang zu Daten beantragt wird.

Die Kooperation von Handwerksunternehmen dürfte sich nicht nur in einem Datenaustausch-Programm mit standardisierten Lizenzen erschöpfen. Es müsste zugleich der Ausgangspunkt für den Aufbau eigener Dateiformate, Innovationen und Produkte sein – die Zusammenarbeit des Handwerks könnte hier den Anstoß zu ganz neuen, handwerkstauglichen Geschäftsmodellen leisten, die die Vereinzelung aufbrechen und die kollektive Stärke des Handwerks nutzen.

d) Vereinbarkeit mit dem Wettbewerbsrecht

Kooperationsmodelle, wie sie hier zur Schaffung eigener handwerklicher Zugangslösungen angedacht sind, sind kein völlig neues Phänomen. Sie sind auch schon Gegenstand kartellrechtlicher Entscheidungen geworden, da sie durchaus wettbewerbliche Probleme aufwerfen können.

In mehreren Fällen hat das Bundeskartellamt inzwischen über die Bildung von B2B-Plattformen entschieden, bei denen auch der Datenaustausch Thema war. Die kartellrechtlichen Leitlinien aus der *Asnef-Equifax*-Rechtsprechung des EuGH, die sich auch in den sog. Horizontalleitlinien der Europäischen Kommission niedergeschlagen haben, sind nach wie vor ein Stolperstein für derartige Kooperationsmodelle.[385] Gibt es solche Data-Pools erst einmal, sind in den Markt neu eintretende Unternehmen in praktisch gleicher Weise auf den Datenzugang angewiesen, wie dies bei standardessenziellen Patenten der Fall ist.[386]

Der bekannte EU-Wettbewerbsrechtsfall *John Deere*, in dem es um die staatlich veranlasste "UK Agricultural Tractor Registration Exchange" ging, war ein System des Informationsaustausches, das man heute als Datenpool bezeichnen würde. In diesem Fall registrierten die Hersteller und Importeure von Traktoren bestimmte Daten bei einem britischen Verband. Erklärtes Ziel war es, die Dienstleistungen in ländlichen Gebieten zu verbessern. Tatsächlich wurde festgestellt, dass die damalige Vereinbarung über die gemeinsame Nutzung von Daten eine Beschränkung des Wettbewerbs und der Importe darstellte und eine Marktzutrittsschranke für andere Unternehmen bildete. Es kam zur kartellrechtlichen Untersagung.[387]

Das Recht des Informationsaustauschs im Kartellrecht bleibt in permanenter Entwicklung. Heute haben Datenpools eine neue quantitative und qualitative Dimension – und sie können eine enorme Bedeutung für den Wettbewerb erlangen. Datenpools dienen stärker denn je der Innovation. Während der Informationsaustausch im Fall *John Deere* vor allem dem Zweck diente, einzelne Leistungen der beteiligten Unternehmen besser zu verteilen, mag dies bei den heutigen Pools anders sein. Zumindest in einigen Fällen können die Pools Big-Data-Anwendungen ermöglichen, was eine Voraussetzung für eine Freistellung nach Art. 101 Abs. 3 AEUV wäre. Wenn neue Produkte oder Technologien entwickelt werden oder ein Feld für größere datengesteuerte Systeme eröffnet wird, sollte das Kartellrecht nicht im Weg stehen, da es innovationsoffen ist.

Aus wettbewerbsrechtlicher Sicht stellen sich bei der Organisation der Zusammenarbeit von Unternehmen derselben Branche zwei Probleme: Die Rolle des Betreibers der Plattform hat das Potenzial zum Machtmissbrauch. Zudem können Unternehmen die Koordinationsmechanismen nutzen, um sich in wettbewerbswidriger Weise abzusprechen.

Das erste Problem wird in den oben genannten Modellen durch die Verpflichtung zu einem unabhängigen, neutralen Betreiber und einer markt-

---

385 EuGH, 23.11.2006, Rs. C-238/05, ECLI:EU:C:2006:734 – *Asnef-Equifax*; Europäische Kommission, Leitlinien zur Anwendbarkeit von Artikel 101 des Vertrags über die Arbeitsweise der Europäischen Union auf Vereinbarungen über horizontale Zusammenarbeit, ABl. 2011 C 11/1, Rn. *55* ff.; vgl. *Podszun/Bongartz*, BB 2020, 2882, 2888 f.; *Lundqvist*, EuCML 2018, 146, 150.

386 *Richter/Slowinski*, IIC 2019, 4, 22.

387 EuGH, 28.5.1998, Rs. C-7/95 P, ECLI:EU:C:1998:256 – *John Deere*.

unabhängigen Governance-Struktur adressiert. Diese Lösung kommt der Entscheidung des Bundeskartellamts im Fall der Klöckner-Plattform *XOM Metals* nahe, wo es eine Trennung des Poolbetriebs von den anderen mit dem Pool verbundenen Geschäften von Klöckner forderte.[388]

So sollten Gatekeeping-Probleme (z.B. nicht oder zu unlauteren Bedingungen gewährter Zugang zum Pool) vermieden werden, die für andere Fälle typisch sind. Die Unabhängigkeit des Betreibers soll auch das Risiko von Exklusivverträgen, Kopplungsgeschäften oder anderen Praktiken vermeiden, die unter anderen Bedingungen von den so entstehenden Netzwerken ausgehen können.

Das Koordinationsproblem wird von den Wettbewerbsbehörden häufig sehr kritisch gesehen. In den Vorschlägen der EU-Kommission für ein Daten-Governance-Gesetz wird offenbar vorausgesetzt, dass lediglich ein wettbewerblich neutraler Austausch, etwa anonymisierter Daten, stattfindet. Das würde allerdings der Problematik nicht gerecht: Zwar kann ein Datenpool wettbewerbsabschottende Wirkung entfalten. Diese Wirkungen sind jedoch aufzuwiegen mit dem Innovationspotenzial und der Bildung wettbewerblicher Gegenmacht.

Angesichts der besonderen Herausforderungen der digitalen Ökonomie, gerade auch für KMU, scheint es geradezu notwendig, einen stärkeren Datenaustausch und eine vernetzte Zusammenarbeit zu ermöglichen – zumindest zeitlich begrenzt, quasi als Experiment unter den Augen der Wettbewerbsbehörde. B2B-Kooperationen gelten gerade für kleinere Unternehmen als unabdingbar.[389] Will man nicht die Monopolisierung ganzer Geschäftszweige durch Dateninhaber zulassen, muss es auch für KMU Möglichkeiten geben, eine gewisse Datenmacht aufzubauen. Das würde über die Pools organisiert. Hier muss sich die Europäische Kommission rechtspolitisch weiter bewegen. Das gilt auch für das Datenschutzrecht.

---

388 Bundeskartellamt, Fallbericht vom 27.3.2018, Aufbau einer elektronischen Handelsplattform für Stahlprodukte (XOM Metals GmbH), abrufbar unter: https://www.bundeskartellamt.de/SharedDocs/Entscheidung/DE/Fallberichte/Kartellverbot/2018/B5-1-18-01.pdf. Siehe auch *Podszun/Bongartz*, BB 2020, 2882.

389 Vgl. *Haucap/Kehder/Loebert*, B2B-Plattformen in Nordrhein-Westfalen: Potenziale, Hemmnisse und Handlungsoptionen, 2020, S. 68 ff.; Kommission Wettbewerbsrecht 4.0, Ein neuer Wettbewerbsrahmen für die Digitalwirtschaft, 2019, S. 58.

E. Schlussfolgerungen

Ziel dieser Untersuchung war die Beantwortung der Frage, welche Regelungsoptionen sich empfehlen, um den Zugang des Handwerks zu Daten, Software und Plattformen zu sichern.

I. Ausgangssituation

Der Zugang der Handwerksunternehmen zum Kunden, um die nachgefragte Leistung erbringen zu können, wird immer schwieriger: Intermediäre schieben sich mit digitalen Leistungen und technischen Abschottungsmöglichkeiten zwischen Handwerksunternehmen und ihre Kunden. Für die Leistungserbringung wird es von zentraler Bedeutung sein, Zugriff auf Daten, Software oder – über Plattformen – Zugang zum Kunden zu erlangen. Das Phänomen kann in Zukunft zahlreiche Branchen betreffen. Entsprechende Entwicklungen sind schon jetzt sichtbar bei der Reparatur von Kfz, die nicht ohne die erforderliche Software vorgenommen werden kann, oder bei „predictive maintenance", der vorausschauenden Wartung von Geräten. In sog. Smart Homes, in denen zahlreiche Geräte und Einrichtungen miteinander vernetzt sind, wird es ebenfalls nicht möglich sein, ohne den „digitalen Haustürschlüssel" tätig zu werden. Hier droht die Gefahr, dass Handwerksunternehmen in die Rolle von abhängigen Leistungserbringern rutschen, die sich den Zugang zum Kunden teuer vom Inhaber des digitalen Schlüssels erkaufen müssen. Zugleich besteht die Gefahr, dass die innovativen Leistungen von Handwerksunternehmen von Plattformbetreibern ohne angemessene Kompensation abgegriffen werden.

II. Handlungsbedarf

Die Entwicklungen in der Daten- und Plattformökonomie führen dazu, dass nicht mehr der Kunde „Schiedsrichter im Wettbewerb" ist, sondern die wirtschaftliche Macht zunehmend bei den Dateninhabern und den Plattformanbietern zentralisiert wird. Handwerksunternehmen können dadurch in die Gefahr geraten, ihre Kundenbeziehungen zu verlieren und nur noch als abhängige Leistungserbringer zur Erfüllung spezifischer Aufträge lizenziert zu werden. Ihnen entgehen Zusatzgeschäfte und Entfaltungsspielräume als Unternehmer.

Darin liegt eine Verschiebung des Wettbewerbsmodells: Leistungswettbewerb und Konsumentensouveränität, Prinzipien, die bislang das europäische Wettbewerbsverständnis geprägt haben, geraten in die Defensive. Zu fürchten ist insbesondere, dass dynamische Effizienzen verloren gehen.

Geraten kleine und mittlere Unternehmen in die Abhängigkeit von Plattformbetreibern, ist das aber nicht nur eine wettbewerbliche Verschiebung. Vielmehr käme es zum Bedeutungsverlust des selbstständigen Handwerks – einer Säule des deutschen Mittelstands.

III. Die Rolle von Unternehmen, Handwerkskammern und Gesetzgebung

Die Herausforderungen, die sich dadurch stellen, lassen sich nicht einseitig bei den Gesetzgebern verorten. Zunächst ist die Anstrengung der Unternehmen selbst erforderlich: Sie müssen den Sprung ins digitale Zeitalter mitmachen, soweit das noch nicht geschehen ist. Die digitale Entwicklung mit ihren spannenden Innovationen wird nicht zurückzudrehen sein. Immer weitere Bereiche des Handwerks werden davon erfasst sein.

Die Handwerksbetriebe selbst sind aber häufig zu klein, um strukturelle Umwälzungen selbst gestalten zu können. Hier sind sie auf ihre Verbände und die Handwerkskammern angewiesen. Einige der in dieser Untersuchung beleuchteten Maßnahmen werfen die Frage auf, inwieweit die Handwerksorganisation gefordert ist. Hier ist nicht der Ort, um Zuständigkeiten und Mandate der Verbände und Kammern zu bestimmen. Eindeutig ist aber, dass nur mit kollektiven Anstrengungen technische und rechtliche Lösungen gefunden werden können. Die Vertretung des Handwerks ist schon deshalb massiv gefordert, weil Fehlentwicklungen, z.B. im Bereich der Normsetzung darauf hindeuten, dass die Interessen von kleineren und mittleren Unternehmen institutionell nicht ausreichend berücksichtigt werden.[390]

Das ist auch deshalb von entscheidender Bedeutung, da die Gesetzgebung auf deutscher und europäischer Ebene sich als außerordentlich komplex erweist. Digitalisierung und Vernetzung bieten enorme Chancen in unternehmerischer Hinsicht, aber vor allem auch für Innovationen. Es können neue Leistungen entstehen. Daher ist es bei einem gesetzgeberi-

---

390 Siehe ZDH, Positionspapier Handwerk und Normung, 2020.

schen Einschreiten geboten, die Investitions- und Innovationswirkungen stets im Blick zu halten.[391] Zu wichtigen Innovatoren gehören allerdings traditionell gerade auch Handwerksbetriebe, die direkt in der Anwendung beim Kunden tätig sind.

Einzelregelungen für das Handwerk sind kaum zu erwarten. Zahlreiche Interessen spielen in die Gesetzgebung hinein. Welche Regelungsebene überhaupt zuständig und sinnvoll ist, wirft bereits Fragen auf. Die großen europäischen Rechtsakte, die geplant sind, etwa der Digital Markets Act, und die bisherigen Aktivitäten auf nationaler Ebene, vor allem die 10. GWB-Novelle, zeigen, dass viele der Probleme erkannt sind. Dennoch wird Gesetzgebung in der Digitalwirtschaft ein Suchprozess bleiben.

IV. Bestehende Regelungen

Das Zugangsproblem ist bereits erkannt worden und wird durch verschiedene Maßnahmen adressiert. Derzeit werden Lösungen vor allem durch vertragliche Mechanismen gefunden, im Konsens zwischen Herstellern, IT-Operatoren und Handwerksunternehmen. Mit dem zunehmenden Machtgefälle zugunsten der Inhaber des digitalen Schlüssels wird die Verhandlungsposition für Handwerksunternehmen jedoch schwächer. Die Richtigkeitsgewähr des Vertragsmechanismus versagt.

Zugangsansprüche ergeben sich insbesondere aus dem Kartellrecht. Solche Ansprüche bestehen gegenüber marktmächtigen Unternehmen schon lange. Durch die 10. GWB-Novelle, die 2021 in Kraft getreten ist, werden Zugangsansprüche ausgeweitet. Im Grunde ist damit ein Einzelfallanspruch geschaffen, der in seinen materiellen Voraussetzungen weitgehend ist. Allerdings ist die Durchsetzung ggf. sehr aufwändig und langwierig. Als flächendeckende Lösung kann das Kartellrecht nicht helfen.

In einzelnen Branchen gibt es sektorspezifische Zugangsansprüche, etwa für Kfz-Reparaturen. In diesem Fall liegt ein Regime vor, das bestimmte Zugänge eröffnet, das aber erstens im Umfang begrenzt ist, zweitens in der Umsetzung immer noch Schwierigkeiten bereitet und drittens lediglich den Zugang zu bestimmten Reparaturleistungen eröffnet – aber nicht weitergeht, obwohl das weitergehende Geschäft für die Handwerksunterneh-

---

391 Vgl. *Burgi*, Regulierung, Investitionsfreiheit und technischer Fortschritt, in: Schmidt-Preuß/Körber, Regulierung, Investitionsfreiheit und technischer Fortschritt, 2016, S. 143 ff.

men ebenso wichtig werden kann: Die Chancen des Internet of Things beschränken sich nicht auf Wartungs- und Reparaturaufträge.

Die bestehenden Regelungen sind zu schwerfällig und zu wenig umfassend, um die sich abzeichnenden Zugangsprobleme des Handwerks zu mildern.

V. Regelungsoptionen für die Zukunft

Regelungen für die Zukunft können an verschiedenen Punkten ansetzen, wenn das Handwerk besser als bislang gerüstet sein soll.

Reduzierung technischer Barrieren

Es muss sichergestellt werden, dass technische Zugangshindernisse auf ein Minimum reduziert werden. Das bedeutet, dass Interoperabilität, Portabilität und Standardisierung verbessert werden müssen, sodass schon im Ansatz technologische Barrieren gar nicht erst errichtet werden können. In diesem Prozess kann sowohl der Gesetzgeber eine wichtige Rolle spielen, vor allem ist hier aber die Selbstorganisation der Wirtschaft gefragt. Die Volkswirtschaft, aber auch die Unternehmen profitieren weitgehend von einer Standardisierung technischer Formate. Durch Selbstorganisation können hier Standards und Interoperabilitätsvereinbarungen gesetzt werden, die – je nach betroffenem Wirtschaftsbereich – technische Vereinheitlichung schaffen.

Erleichterung vertraglicher Lösungen

Vertragliche Lösungen bieten die überlegene Methode, um interessengerechte Lösungen ohne Einmischung staatlicher Institutionen für den Einzelfall zu entwickeln. Verträge dienen in diesem Kontext insbesondere der Eröffnung von Zugang. Solche Lösungen können gefördert und incentiviert werden, wenn ein schuldrechtliches Regelungsinstrument als Standard zur Verfügung steht. Es wäre der Ankerpunkt für Vertragsverhandlungen und für die Prüfung von Verträgen.

Von Vertretern und Beratern des Handwerks sollten Mustervereinbarungen und Standards sowie Hinweise für Vertragsverhandlungen bereitgehalten werden. Gerade sektorspezifisch gestaltete, angepasste Vertragsmuster könnten in der Praxis helfen, Transaktionskosten zu senken. Damit könnte auch Gegenmacht zu Herstellern und Plattformbetreibern aufgebaut werden, die sonst ihre eigenen Regeln durchsetzen.

E. Schlussfolgerungen

Verstärkte Zusammenarbeit

Der Aufbau kollektiver Gegenmacht gegenüber den Inhabern von Datenmacht und Intermediären, die zunehmend Geschäftsverbindungen kappen, kann durch eine verstärkte B2B-Zusammenarbeit, gerade auch im Handwerk erreicht werden. Dabei sollten Datenpools und die Entwicklung eigener innovativer Lösungen im Vordergrund stehen. Die erforderliche Zusammenarbeit dafür kann staatlich angestoßen und gefördert werden. Möglicherweise sind temporäre Befreiungen vom Kartellrecht und vom Datenschutzrecht hilfreich, die in einer Experimentierphase innovative Lösungen ermöglichen.

Zudem sollte erwogen werden, dass kleinere Unternehmen für die Verhandlungen mit besonders marktmächtigen Unternehmen Absprachen treffen dürfen.

Verfahrensrechtliche Absicherung von Zugangsansprüchen

Wo das Verhandlungsgleichgewicht gestört ist und nicht durch vertragsrechtliche Instrumente (z.B. verbotene Klauseln) gesichert werden kann, können wettbewerblich orientierte Zugangsansprüche helfen. In diesem Feld wurden durch die 10. GWB-Novelle weitgehende Regelungen getroffen. Allerdings bleibt die Durchsetzung defizitär, da diese zu aufwändig, zu komplex und zu langwierig ist. Das gilt auch für andere Zugangsansprüche, etwa solche, die sektoral verankert sind. Daher ist das Regelungsgefüge für Zugangsansprüche zu überprüfen: Ausgehend von den gesetzten materiellen Standards sollte ein Verfahren geschaffen werden, das unbürokratisch und schnell Zugang verschafft, wenn die Voraussetzungen dafür gegeben sind. Gerade die Modalitäten der Zugangseröffnung sind streitanfällig. Erforderlich ist eine Art Streitschlichtung oder ein Ombudsverfahren, sodass schnell und bindend über den Zugang, die Modalitäten des Zugangs und die Vergütung entschieden werden kann. Die entsprechenden Institutionen sollten branchenspezifisch aufgebaut werden. Für die besonders heikle Vergütungsfrage sollte ein an FRAND-Standards angelehntes System gelten.

Weitergehende Regulierung

Die meisten Zugangsansprüche bleiben einzelfallbezogen. Weitergehend ist an regulatorische Eingriffe zu denken, die einem Automatismus des Zugangs verpflichtet sind, so wie es teilweise schon erfolgt. Nach dem Vorbild der Kfz-Branche sollte auch für andere Branchen eine sektorspezifisch ausgestaltete ex ante wirkende Datenteilungspflicht vorgesehen werden. Dazu könnten unabhängige Datendienstleister eingeschaltet werden. Dieses Modell empfiehlt sich insbesondere in offenkundigen vertikalen Abhängigkeitssituationen.

Für IoT-Anwendungen, also größere Wertschöpfungsnetzwerke, in denen eine Vielzahl von Unternehmen involviert sein können – beispielsweise bei einem Smart Home oder einer vernetzten Fabrik, könnte eine verpflichtend offene Schnittstelle vorgesehen werden (etwa wie im Vorbild der PSD2-Richtlinie). Dann wäre der Zugang für alle interoperabel möglich. Alternativ könnte eine Portabilitätsverpflichtung nach einer ersten Amortisationsphase vorgesehen werden. Dieses Modell empfiehlt sich für Netzwerke, an denen zahlreiche Unternehmen partizipieren.

Mit den beiden letztgenannten Regelungsoptionen – Schaffung automatischer, sektorspezifischer Zugangsansprüche; offene Schnittstellen für IoT-Anwendungen – wäre eine weitgehende, flächendeckende Lösung der Zugangsproblematik denkbar. Durch die Einbindung der Selbstverwaltungsorganisationen der Wirtschaft könnten die jeweiligen branchenspezifischen Interessen gewürdigt werden.

Die (vermeintlich) entgegenstehenden Rechte – Geschäftsgeheimnisse, personenbezogene Daten, Urheberrechte – stellen in vielen Fällen keine unüberwindlichen Hindernisse dar. Gerade in Bezug auf das Datenschutzrecht ist allerdings das Spannungsfeld zur Innovationspolitik noch nicht restlos geklärt. Von der Schaffung eigener, neuer Rechte an Daten („Dateneigentum") sollte abgesehen werden.

*

Mit seinem Fokus auf eine innovative, kundenorientierte Leistungserbringung hat das Handwerk Jahrhunderte überdauert. Es wird auch die aktuellen Herausforderungen aus eigener Kraft und Tüchtigkeit meistern. Die deutschen und europäischen Gesetzgeber können diesen Anpassungsprozess konstruktiv begleiten. Das ist im Interesse des Mittelstands, der Verbraucherinnen und Verbraucher und der wettbewerbsorientierten, wertgebundenen Marktwirtschaft europäischer Prägung.

Literaturverzeichnis

Alle Internetquellen wurden zuletzt am 28.2.2021 abgerufen.

ADPA, AIRC, CECRA, EGEA, ETRma, FIA, FIGIEFA und Leaseurope, Secure On-board Telematics Platform Approach, Brüssel 2021, abrufbar unter https://www.figiefa.eu/creating-a-level-playing-field-for-vehicle-data-access-secure-on-board-tel ematics-platform-approach/

Ahlberg, Hartwig/Götting, Horst-Peter (Hrsg.), Beck'scher Online-Kommentar Urheberrecht, 29. Edition, München 2020

Alexander, Christian, Gegenstand, Inhalt und Umfang des Schutzes von Geschäftsgeheimnissen nach der Richtlinie (EU) 2016/943, WRP 2017, S. 1034–1045

Arbeitsgruppe „Digitaler Neustart" der Konferenz der Justizministerinnen und Justizminister der Länder, Bericht vom 15.05.2017, abrufbar unter: https://www.justiz .nrw.de/JM/schwerpunkte/digitaler_neustart/zt_bericht_arbeitsgruppe/bericht_a g_dig_neustart.pdf

Ark, Bart van, The Productivity Paradox of the New Digital Economy, 2016, abrufbar unter: http://www.csls.ca/ipm/31/vanark.pdf

Ax, Christine, Erhalt und Verbesserung der Wettbewerbsfähigkeit des Handwerks – unter besonderer Berücksichtigung der Digitalisierung, 2016

Badura, Peter, Wirtschaftsverfassung und Wirtschaftsverwaltung, 4. Auflage, Tübingen 2011

Bartenbach, Britta, Die Patentlizenz als negative Lizenz, Köln 2002

Bayreuther, Frank, Sicherung der Leistungsbedingungen von (Solo-)Selbständigen, Crowdworkern und anderen Plattformbeschäftigten, Frankfurt a.M. 2018

Beaucamp, Guy, Zum Analogieverbot im öffentlichen Recht, AöR 134 (2009), S. 83–105

Berger, Klaus Peter, Für eine Reform des AGB-Rechts im Unternehmerverkehr, NJW 2010, S. 465–470

Berger, Roland, Turning point for the construction industry – The disruptive impact of Building Information Modeling (BIM), 2017, abrufbar unter: https://ww w.rolandberger.com/de/Insights/Publications/Disruptive-impact-of-Building-Inf ormation-Modelling.html

Bien, Florian, Erleichterungen des privaten Rechtsschutzes im Kartellrecht durch die 8. GWB-Novelle, ZWeR 2013, S. 448–472

Bitkom, Digitale Plattformen, Chartbericht, 2020, abrufbar unter: https://www.bit kom.org/sites/default/files/2020-02/bitkom_digitaleplattformen_2020.pdf

Bitkom, Rechtliche Rahmenbedingungen von Industrie 4.0 Stellungnahme, Berlin 2016, abrufbar unter: https://www.bitkom.org/sites/default/files/file/import/Bitk om-Position-Rechtliche-Rahmenbedingungen-Industrie40.pdf

Blankertz, Aline, Designing Data Trusts, Stiftung Neue Verantwortung, Berlin 2020

Blind, Knut, The Impact of Standardization and Standards on Innovation, Nesta Working Paper No. 13/15, Berlin 2013, abrufbar unter: https://media.nesta.org.uk/documents/the_impact_of_standardization_and_standards_on_innovation.pdf

Bock, Kirsten, Beschränkt Datenschutzrecht die Vertragsgestaltungsfreiheit?, CR 2020, S. 173–178

Boldrin, Michele/Levine, David K., The Case against Patents, 27 (1) Journal of Economic Perspectives 2013, S. 3–22

Borchardt, Knut/Fikentscher, Wolfgang, Wettbewerb, Wettbewerbsbeschränkung, Marktbeherrschung, Stuttgart 1957

Bostoen, Friso, Epic v Apple (1): introducing antitrust's latest Big Tech battle royale, Lexxion Competition Blog, 04.09.2020

Bourreau, Marc/de Streel, Alexandre, Digital Conglomerates and EU Competition Policy, 2019, abrufbar unter: https://ssrn.com/abstract=3350512

Brink, Stefan/Wolff, Heinrich (Hrsg.), Beck'scher Online-Kommentar Datenschutzrecht, 34. Edition, München 2020

Bundeskartellamt, Arbeitspapier – Marktmacht von Plattformen und Netzwerken, 2016, abrufbar unter: https://www.bundeskartellamt.de/SharedDocs/Publikation/DE/Berichte/Think-Tank-Bericht.pdf

Bundeskartellamt, Tätigkeitsbericht 2017/2018, 2019

Bundesministerium für Verkehr und digitale Infrastruktur, „Eigentumsordnung" für Mobilitätsdaten?, Berlin 2017, abrufbar unter http://www.bmvi.de/SharedDocs/DE/Publikationen/DG/eigentumsordnung-mobilitaetsdaten.pdf

Bundesministerium für Wirtschaft und Energie, Arbeitsgruppe Plattform Industrie 4.0, Kollaborative datenbasierte Geschäftsmodelle, Berlin 2020, abrufbar unter: https://www.bmwi.de/Redaktion/DE/Publikationen/Industrie/industrie-4-0-kollaborative-datenbasierte-geschaeftsmodelle.html

Burgi, Martin, Regulierung, Investitionsfreiheit und technischer Fortschritt, in: Schmidt-Preuß, Matthias/Körber, Torsten (Hrsg.), Regulierung und Gemeinwohl, Baden-Baden 2016

Busch, Christoph, Der Mittelstand in der Plattformökonomie, WISO Diskurs, 2019

Cebulla, Mario, Die Pacht nichtsächlicher Gegenstände, Berlin 1999

Clark, Don/McMillan, Robert, Facebook, Amazon and Other Tech Giants Tighten Grip on Internet Economy, Wall Street Journal, 5.11.2015

ConPolicy/*Kettner, Elisa/Thorun, Christian/Spindler, Gerald*, Innovatives Datenschutz-Einwilligungsmanagement, 2020, abrufbar unter: https://www.bmjv.de/SharedDocs/Downloads/DE/Service/Fachpublikationen/090620_Datenschutz_Einwilligung.pdf

Cramer, Georg/Müller, Klaus, Das Handwerk braucht Identität – Hinführung zum Thema in: dies. (Hrsg.), Quo vadis Handwerk?, Duderstadt 2011

Cukier, Kenneth Neil/Mayer-Schönberger, Viktor, The Rise of Big Data: How It's Changing the Way We Think about the World, Foreign Affairs, Vol.92/No. 3, 27–40, New York City 2013

Deloitte, Study on emerging issues of data ownership, interoperability, (re-)usability and access to data, and liability, A study prepared for the European Commission, 2018, abrufbar unter: https://op.europa.eu/en/publication-detail/-/publication/08e03d91-4835-11e8-be1d-01aa75ed71a1/language-en

Dreier, Thomas/Schulze, Gernot, Urheberrechtsgesetz, 6. Auflage, München 2018

Drexl, Josef, Designing Competitive Markets for Industrial Data – Between Propertisation and Access in: Max Planck Institute for Innovation & Competition Research Paper No. 16–13, S. 1–69, München 2016, abrufbar unter https://papers.ssrn.com/sol3/papers.cfm?abstract_id=2862975

Drexl, Josef, Neue Regeln für die Europäische Datenwirtschaft?, NZKart 2017, S. 339 ff. und 415 ff.

Drexl, Josef, Wirtschaftliche Selbstbestimmung des Verbrauchers, Tübingen 1998

Ehlen, Theresa/Brandt, Elena, Die Schutzfähigkeit von Daten – Herausforderungen und Chancen für Big Data Anwender, CR 2016, S. 570–575

Engels, Barbara, Data portability among online platforms, in: Internet Policy Review 5(2), 2016, abrufbar unter https://doi.org/10.14763/2016.2.408

Eucken, Walter, Die Grundlagen der Nationalökonomie, Berlin/Heidelberg 1959

Eucken, Walter, Grundsätze der Wirtschaftspolitik, Hamburg 1967

Evans, David S., The Antitrust Economics of Multi-Sided Platform Markets, Yale Journal on Regulation 2003, S. 325–381

Ezrachi, Ariel/Stucke, Maurice, Virtual Competition: The Promise and Perils of the Algorithm-Driven Economy, Cambridge 2016

Falkhofen, Benedikt, Car Data Platforms and the EU Acquis for Digital Services, CRi 2018, S. 165–174

Faust, Florian, Gutachten zum 71. Deutschen Juristentag 2016: Digitale Wirtschaft, Analoges Recht: Braucht das BGB ein Update?, München 2016

Fehrenbacher, Oliver, Der Lizenzvertrag, Juristische Rundschau 2001, S. 309–315

Fezer, Karl-Heinz, Markenrecht, 4. Auflage, München 2009

Fitzner, Uwe/Lutz, Raimund/Bodewig, Theo (Hrsg.), Beck'scher Online-Kommentar Patentrecht, 19. Edition, München 2021

Franz, Benjamin/Podszun, Rupprecht, Nach Huawei/ZTE: Die kartellrechtliche Zwangslizenz im Patentverletzungsprozess, ZWeR 2017, 205

Fries, Martin/Scheufen, Marc, Märkte für Maschinendaten, MMR 2019, S. 721–726

Fritzsche, Jörg, Zuordnung von und Zugang zu wirtschaftlich relevanten Daten, in: FS Harte-Bavendamm, München 2020, S. 33–48

Fritzsche, Jörg/Münker, Reiner/Stollwerck, Christoph (Hrsg.), Beck'scher Online-Kommentar UWG, 11. Edition, München 2021

Fromm, Friedrich/Nordemann, Wilhelm (Begr.), Urheberrecht, 12. Auflage, Stuttgart 2018

Fuhlrott, Michael/Hiéramente, Mayeul (Hrsg.), Beck'scher Online-Kommentar Ge-schGehG, 5. und 6. Edition, München 2020

Geppert, Martin/Schütz, Raimund, Beck'scher Telekommunikationsgesetz-Kommentar, 4. Auflage, München 2013

Giesen, Richard/Junker, Abbo/Reichold, Hermann/Rieble, Volker (Hrsg.), Kartellrecht und Arbeitsmarkt, München 2010

Gill, Daniel/Kerber, Wolfgang, Data Portability Rights: Limits, Opportunities, and the Need for Going Beyond the Portability of Personal Data, 2020, abrufbar unter: https://papers.ssrn.com/sol3/papers.cfm?abstract_id=3715357

Glasl, Markus/Maiwald, Beate/Wolf, Maximilian, Handwerk – Bedeutung, Definition, Abgrenzung, München 2008

Graef, Inge, Data as Essential Facility: Competition and Innovation on Online Platforms, Alphen aan den Rijn 2016

Graef, Inge/Husovec, Martin/van den Boom, Jasper, Spill-Overs in Data Governance: Uncovering the Uneasy Relationship Between the GDPR's Right to Data Portability and EU Sector-Specific Data Access Regimes, EuCML 2020, p. 3–16

Graf von Westphalen, Friedrich, Contracts with Big Data – The End of the Traditional Contract Concept?, in: *Lohsse, Sebastian/Schulze, Reiner/Staudenmayer, Dirk* (Hrsg.), Trading Data in the Digital Economy: Legal Concepts and Tools, Baden-Baden 2017

Graf von Westphalen, Friedrich, Datenvertragsrecht – disruptive Technik – disruptives Recht, IWRZ 2018, S. 9–20

Gravenreuth, Günter Freiherr von, Probleme im Zusammenhang mit der Minderung oder Wandelung mangelhafter Software, BB 1989, S. 1925–1926

Grünberger, Michael, Data access rules: The role of contractual unfairness control of (consumer) contracts, in: Bundesministerium der Justiz und für Verbraucherschutz/Max-Planck-Institut für Innovation und Wettbewerb, Data Access, Consumer Interests and Public Welfare, Baden-Baden 2021, S. 255-285

Grünwald, Andreas, „Big Tech"-Regulierung zwischen GWB-Novelle und Digital Markets Act, MMR 2020, S. 822–826

Gsell, Beate/Krüger, Wolfgang/Lorenz, Stephan/Reymann, Christoph (Hrsg.), beck-online.Großkommentar zum Zivilrecht, 30. Edition, München 2020

Hacker, Philipp, Datenprivatrecht, Tübingen 2020

Halfmeier, Axel/Rott, Peter/Colombi Ciacchi, Aurelia u.a., Zugang und Ausschluss als Gegenstand des Privatrechts, Jahrbuch Junger Zivilrechtswissenschaftler 2005, Stuttgart 2006

Handwerkskammer Erfurt (Hrsg.), Auswirkungen der Digitalisierung auf das Handwerk, 2018, abrufbar unter: https://www.hwk-erfurt.de/downloads/auswirkungen-der-digitalisierung-auf-das-handwerk-abschlussbericht-4,1302.pdf

Harte-Bavendamm, Henning/Henning-Bodewig, Frauke (Hrsg.), UWG, 4. Auflage, München 2016

Hau, Wolfgang/Poseck, Roman (Hrsg.), Beck'scher Online-Kommentar BGB, 56. Edition, München 2020

Haucap, Justus/Heimeshoff, Ulrich, Google, Facebook, Amazon, eBay: Is the Internet Driving Competition or Market Monopolization?, DICE Discussion Paper No. 83, Düsseldorf 2013

Haucap, Justus/Kehder, Christiane/Loebert, Ina, B2B-Plattformen in Nordrhein-Westfalen: Potenziale, Hemmnisse und Handlungsoptionen, 2020

Haucap, Justus/Rasch, Alexander, Ökonomische Aspekte der Novellierung der HwO 2004, 2019

Hauck, Ronny, Gebrauchthandel mit digitalen Gütern, NJW 2014, S. 3616–3619

Hayek, Friedrich von, Der Wettbewerb als Entdeckungsverfahren, Tübingen 1968

Heydn, Truiken J., Identitätskrise eines Wirtschaftsguts: Software im Spannungsfeld zwischen Schuldrecht und Urheberrecht, Computer und Recht 2010, S. 765–776

Hilbig, Steffen, Informationsabruf aus Onlinedatenbanken, IT-Rechtsberater 2007, S. 170–171

Hoeren, Thomas (Hrsg.), Big Data und Recht, München 2014

Hoeren, Thomas, Datenbesitz statt Dateneigentum, MMR 2019, S. 5–8

Hoeren, Thomas, Dateneigentum – Versuch einer Anwendung von § 303a StGB im Zivilrecht, MMR 2013, S. 486–491

Hoeren, Thomas/Pinelli, Stefan, Daten im Rechtsverkehr – Überlegung für ein allgemeines Datenvertragsrecht, JZ 2020, S. 879–884

Hoeren, Thomas/Sieber, Ulrich/Holznagel, Bernd (Hrsg.), Handbuch Multimedia-Recht, 53./54. Auflage, München 2020

Höppner, Thomas, Plattform-Regulierung light, WuW 2020, S. 71-79

Hoffmann, Jörg, Safeguarding innovation in the framework of sector-specific data access regimes: The case of digital payment services, in: Bundesministerium der Justiz und für Verbraucherschutz/Max-Planck-Institut für Innovation und Wettbewerb, Data Access, Consumer Interests and Public Welfare, Baden-Baden 2021, S. 343-399

Immenga, Ulrich/Mestmäcker, Ernst-Joachim (Hrsg.), Wettbewerbsrecht, Bände 1 und 2, Kommentar zum Europäischen Kartellrecht, 6. Auflage, München 2019/2020

Ingerl, Reinhard/Rohnke, Christian, Markengesetz, 3. Auflage, München 2010

Jakobs, Moritz, Standardsetzung im Lichte der europäischen Wettbewerbsregeln, Baden-Baden 2012

Janakiram MSV, How Machine Learning Enhances The Value Of Industrial Internet of Things, Forbes, 27.08.2017

Janal, Ruth, Data portability under the GDPR: A blueprint for access rights?, in: Bundesministerium der Justiz und für Verbraucherschutz/Max-Planck-Institut für Innovation und Wettbewerb, Data Access, Consumer Interests and Public Welfare, Baden-Baden 2021, S. 319-341

Jones, Alison/Sufrin, Brenda, EU Competition Law, 6. Auflage, Oxford 2016

Katz, Michael/Shapiro, Carl, Systems Competition and Network Effects, The Journal of Economic Perspectives Vol. 8(2), 1994, S. 93–115

Kerber, Wolfgang, Data-sharing in IoT Ecosystems and Competition Law: The Example of Connected Cars in: Journal of Competition Law & Economics 15(4) 2019, S. 381–426

Kerber, Wolfgang, Datenzugangsansprüche im Referentenentwurf zur 10. GWB-Novelle aus ökonomischer Perspektive, WuW 2020, S. 249–256

Kerber, Wolfgang, Digital Markets, Data and Privacy: Competition Law, Consumer Law and Data Protection, GRUR Int. 1016, S. 639–646

Kerber, Wolfgang, From (Horizontal and Sectoral) Data Access Solutions towards Data Governance Systems, Marburg 2020, abrufbar unter https://papers.ssrn.co m/sol3/papers.cfm?abstract_id=3681263

Kerber, Wolfgang/Gill, Daniel, Access to Data in Connected Cars and the Recent Reform of the Motor Vehicle Type Approval Regulation, 10 (2019) JIPITEC 244–256

Kersting, Christian/Podszun, Rupprecht (Hrsg.), Die 9. GWB-Novelle, München 2017

Knauff, Matthias, Öffentliches Wirtschaftsrecht, 2015

Köhler, Helmut/Bornkamm, Joachim/Feddersen, Jörn, UWG, 39. Auflage, München 2021

Kommission Wettbewerbsrecht 4.0, Ein neuer Wettbewerbsrahmen für die Digitalwirtschaft, Berlin 2019

Körber, Torsten, „Digitalisierung" der Missbrauchsaufsicht durch die 10. GWB-Novelle, MMR 2020, S. 290–295

Kronberger Kreis, Neue Diskriminierungsverbote für die digitale Welt, Berlin 2017

Krönke, Christoph, Öffentliches Digitalwirtschaftsrecht, Tübingen 2020

Kur, Annette/von Bomhard, Verena/Albrecht, Friedrich (Hrsg.), Beck'scher Online-K ommentar Markenrecht, 24. Edition, München 2021

Lagemann, Bernhard et al., Determinanten des Strukturwandels im deutschen Handwerk, Band I (Schlussbericht), 2004

Landtag NRW (Hrsg.), Enquetekommission zur Zukunft von Handwerk und Mittelstand, Abschlussbericht, 2017

Langen, Eugen/Bunte, Hermann-Josef (Hrsg.), Kommentar zum deutschen und europäischen Kartellrecht, 13. Auflage, München 2018

Leistner, Matthias, The existing European IP rights system and the data economy, in: Bundesministerium der Justiz und für Verbraucherschutz/Max-Planck-Institut für Innovation und Wettbewerb, Data Access, Consumer Interests and Public Welfare, Baden-Baden 2021, S. 209–253

Leuschner, Lars, Die Kontrollstrenge des AGB-Rechts, NJW 2016, S. 1222–1225

Liebhart, Daniel, Die glorreichen sieben Datenarten, Netzwoche 13/2010

Loewenheim, Ulrich/Leistner, Matthias/Ohly, Ansgar (Hrsg.), Urheberrecht, 6. Auflage, München 2020

Loewenheim, Ulrich/Meessen, Karl/Riesenkampff, Alexander/Kersting, Christian/Meyer-Lindemann, Hans-Jürgen (Hrsg.), Kartellrecht, Kommentar zum Deutschen und Europäischen Recht, 4. Aufl., München 2020

Louven, Sebastian, Datenmacht und Zugang zu Daten, NZKart 2018, S. 217–222

Lundqvist, Björn, Competition and Data Pools, EuCML 2018, S. 146–154

Machlup, Fritz, An Economic Review of the Patent System, Study for the US Senate, Washington 1958, abrufbar unter: https://mises.org/library/economic-review -patent-system

Maier, Thomas, Der Zugang zu den Daten der Telefondienstkunden im novellierten deutschen und europäischen Telekommunikationsrecht, Berlin/Münster 2006

Maier-Reimer, Georg, AGB-Recht im unternehmerischen Rechtsverkehr – Der BGH überdreht die Schraube, NJW 2017, S. 1–6

Marsden, Philip/Podszun, Rupprecht, Restoring Balance to Digital Competition – Sensible Rules, Effective Enforcement, Berlin 2020

Max Planck Institute for Innovation and Competition, Data Ownership and Access to Data, Position Statement, München 2016

Metzger, Axel, Digitale Mobilität – Verträge über Nutzerdaten, GRUR 2019, S. 129–136

Metzger, Axel, Access to and porting of data under contract law, in: Bundesministerium der Justiz und für Verbraucherschutz/Max-Planck-Institut für Innovation und Wettbewerb, Data Access, Consumer Interests and Public Welfare, Baden-Baden 2021, S. 287-317

Montag, Frank/Säcker, Franz Jürgen/Bien, Florian/Meier-Beck, Peter (Hrsg.), Münchener Kommentar zum Wettbewerbsrecht, Bände 1 und 2, 3. Auflage, München 2020

Nägele, Thomas/Apel, Simon, Beck'sche Online-Formulare IT- und Datenrecht, 5. Edition, München 2020

Nahles Andrea, Die Tech-Riesen des Silicon Valleys gefährden den fairen Wettbewerb, Handelsblatt v. 13.08.2018, abrufbar unter: https://www.handelsblatt.com /meinung/gastbeitraege/gastkommentar-die-tech-riesen-des-silicon-valleys-gefaeh rden-den-fairen-wettbewerb/22900656.html

Nahles, Andrea, Digitaler Fortschritt durch ein Daten-für-Alle-Gesetz, Berlin 2019, abrufbar unter: https://www.spd.de/aktuelles/daten-fucr-alle-gesetz

Paal, Boris P./Pauly, Daniel A., Datenschutz-Grundverordnung Bundesdatenschutzgesetz, 3. Auflage, München 2021

Palandt, Bürgerliches Gesetzbuch, 80. Auflage, München 2021

Parker, Geoffrey G./Van Alstyne, Marshall W./Choudary, Sangeet Paul, Platform Revolution: How Networked Markets Are Transforming the Economy and How to Make Them Work for You, New York City 2016

Patzak, Andrea/Beyerlein, Thorsten, Adressdatenhandel zu Telefonmarketingzwecken – Vertragstypologische Einordnung unter Berücksichtigung der Haftungsfragen, MMR 2007, S. 687–691

Peukert, Alexander, Das Sacheigentum in der Informationsgesellschaft, in: FS Schricker, München 2005, S. 149–164

Pfeiffer, Thomas, Entwicklungen und aktuelle Fragestellungen des AGB-Rechts, NJW 2017, S. 913–918

Podszun Rupprecht/Bongartz Philipp, B2B-Marktplätze und IoT-Plattformen in der kartellbehördlichen Praxis, BB 2020, S. 2882–2891

Podszun, Rupprecht, Der Verbraucher als Marktakteur: Kartellrecht und Datenschutz in der „Facebook"-Entscheidung des BGH, GRUR 2020, S. 1268–1276

Podszun, Rupprecht, Gutachten F zum 73. Deutschen Juristentag 2020/2022: Empfiehlt sich eine stärkere Regulierung von Online-Plattformen und anderen Digitalunternehmen?, München 2020

Podszun, Rupprecht, Paradigmenwechsel in der kartellbehördlichen Befugnisausübung: Grundlagen, Gefahren, Grenzen, ZWeR 2012, S. 48–70

Podszun, Rupprecht, The Arbitrariness of Market Definition and an Evolutionary Concept of Markets, The Antitrust Bulletin, Vol. 61 (1), 2016, S. 121–132

Podszun, Rupprecht/Bongartz, Philipp/Langenstein, Sarah, Proposals on how to improve the Digital Markets Act, 2021, abrufbar unter https://papers.ssrn.com/sol3/papers.cfm?abstract_id=3788571

Podszun, Rupprecht/Kreifels, Stephan, Digital Platforms and Competition Law, EuCML 2016, S. 33–39

Porter, Michael/Heppelmann, James, How Smart, Connected Products Are Transforming Competition, Harvard Business Review Vol. 92(11), 2014, S. 64–88

Prüfer, Jens/Schottmüller, Christoph, Competing with Big Data, TILEC Discussion Paper 2017–006, 2019, abrufbar unter https://papers.ssrn.com/sol3/papers.cfm?abstract_id=2918726

Puppe, Ingeborg, Kleine Schule des juristischen Denkens, 4. Auflage, Göttingen 2019

Raue, Benjamin, Die Rechte des Sacheigentümers bei der Erhebung von Daten, NJW 2019, S. 2425–2430

Redeker, Helmut, IT-Recht, 7. Auflage, München 2020

Redeker, Helmut, Wer ist Eigentümer von Goethes Werther?, NJW 1992, S. 1739–1740

Resta, Giorgio, Towards a unified regime of data-rights? Rapport de synthèse, in: Rechte an Daten, Pertot,Tereza (Hrsg.), Tübingen 2020

Richter, Heiko/Slowinski, Peter R., The Data Sharing Economy: On the Emergence of New Intermediaries in: International Review of Intellectual Property and Competition Law 2019, S. 4–29

Rifkin, Jeremy, Access – Das Verschwinden des Eigentums, Frankfurt am Main 2000

Rifkin, Jeremy, Zero Marginal Cost Society: The Internet of Things, the Collaborative Commons, and the Eclipse of Capitalism, New York City 2015

Rochet, Jean-Charles/Tirole, Jean, Platform Competition in Two-Sided Markets, Journal of the European Economic Association 2003, S. 990–1029

Rochet, Jean-Charles/Tirole, Jean, Two-sided markets: a progress report, RAND Journal of Economics 2006, S. 645–667

Rodenstock, Randolf/Sevsay-Tegethoff, Nese (Hrsg.), Werte – und was sie uns wert sind. Eine interdisziplinäre Anthologie, München 2018

Roth, Alvin E., Who Gets What — and Why: The New Economics of Matchmaking and Market Design, Boston 2015

Säcker, Franz/Rixecker, Roland/Oetker, Helmut/Limperg, Bettina (Hrsg.), Münchener Kommentar zum Bürgerlichen Gesetzbuch, Bände 1–7, 8. Auflage, München 2018–2020

Sassenberger, Thomas/Faber, Tobias (Hrsg.), Rechtshandbuch Industrie 4.0 und Internet of Things, 2. Auflage, München 2020

Sattler, Andreas, Personenbezogene Daten als Leistungsgegenstand, JZ 2017, S. 1036–1046

Schach, Klaus/Schultz, Michael/Schüller, Peter (Hrsg.), Beck'scher Online-Kommentar Mietrecht, 23. Edition, München 2021

Schlinkert, Hans-Jürgen, Industrie 4.0 – wie das Recht Schritt hält, ZRP 2017, S. 222–225

Schmalz, Dieter, Methodenlehre für das juristische Studium, 3. Auflage, Baden-Baden 1992

Schmidt, Stefan A., Zugang zu Daten nach europäischem Kartellrecht, Tübingen 2020

Schmidt-Rimpler, Walter, Zum Vertragsproblem, in: FS Raiser, 1974, S. 3–26

Schöler, Karoline, Brauchen wir ein Eigentumsrecht an Daten?, in: FS Harte-Bavendamm, München 2020, S. 81–91

Schur, Nico, Die Lizensierung von Daten, GRUR 2020, S. 1142–1152

Schur, Nico, Die Lizenzierung von Daten, Tübingen 2020

Schwacke, Peter, Juristische Methodik, 5. Auflage, Stuttgart 2011

Schwarz, Jesko, Zugang zu App Stores, Baden-Baden 2017

Schweitzer, Heike/Haucap, Justus/Kerber, Wolfgang/Welker, Robert, Modernisierung der Missbrauchsaufsicht für marktmächtige Unternehmen, Baden-Baden 2018

Schweitzer, Heike/Welker, Robert, A Legal Framework for Access to Data – A Competition Policy Perspective, 2020, abrufbar unter: https://ssrn.com/abstract=3693874

Sieber, Ulrich, Informationsrecht und Recht der Informationstechnik, NJW 1989, S. 2569–2580

Specht, Louisa, Ausschließlichkeitsrechte an Daten – Notwendigkeit, Schutzumfang, Alternativen, CR 2016, S. 288–296

Specht, Louisa/Kerber, Wolfgang, Datenrechte – eine rechts- und sozialwissenschaftliche Analyse im Vergleich Deutschland – USA (ABIDA-Studie), Berlin 2017

Spiecker genannt Döhmann, Indira, The legal framework for access to data from a data protection viewpoint – especially under the GDPR, in: Bundesministerium der Justiz und für Verbraucherschutz/Max-Planck-Institut für Innovation und Wettbewerb, Data Access, Consumer Interests and Public Welfare, Baden-Baden 2021, S. 175-207

Staudenmayer, Dirk, Die Anpassung des Privatrechts an die digitale Wirtschaft in: Zeitschrift für internationales Wirtschaftsrecht 2020, S. 147–157

Staudinger, Julius v. (Begr.), Kommentar zum Bürgerlichen Gesetzbuch mit Einführungsgesetz und Nebengesetzen – Buch 2: Recht der Schuldverhältnisse: §§ 433–480 (Kaufrecht), 15. Auflage, Berlin 2013; Buch 2: Recht der Schuldverhältnisse: §§ 581–606 (Pacht, Landpacht, Leihe), 18. Auflage, Berlin 2018

Stucke, Maurice/Grunes, Allen, Big Data and Competition Policy, Oxford 2016

Stürner, Rolf (Hrsg.), Jauernig Bürgerliches Gesetzbuch Kommentar, 18. Auflage, München 2021

Taeger, Jürgen/Pohle, Jan (Hrsg.), Computerrechtshandbuch, 35. Ergänzungslieferung, München 2020

Thalhofer, Thomas, Recht an Daten in der Smart Factory, GRUR-Prax 2017, S. 225–227

Thiel, Peter, Competition is for Losers, Wall Street Journal, 12.9.2014, abrufbar unter https://www.wsj.com/articles/peter-thiel-competition-is-for-losers-1410535536

Tjong Tjin Tai, Eric, Data ownership and consumer protection, EuCML 2018, S. 136–140

Tombal, Thomas, GDPR as shield to a data sharing remedy, 2020, abrufbar unter: https://ssrn.com/abstract=3516718

van Gorp, Nicolai/Batura, Olga, Challenges for Competition Policy in a Digitalised Economy, Studie für das ECON Komitee, 2015

Vezzoso, Simonetta, Fintech, Access to Data, and the Role of Competition Policy, in: Bagnoli, Vicente (Hrsg.), Competition and Innovation, 2018, S. 30–41

Voß, Jakob, Was sind eigentlich Daten?, LIBREAS. Library Ideas, Heft 23, 2013

Wandtke, Artur-Axel/Bullinger, Winfried (Hrsg.), Praxiskommentar Urheberrecht, 5. Auflage, München 2019

Weber, Jan Markus, Zugang zu den Softwarekomponenten der Suchmaschine Google nach Art. 102 AEUV, Baden-Baden 2017

Wegner, Peter, Interoperability in: ACM Computing Surveys, Vol. 28, No. 1, Providence 1996

Wiebe, Andreas/Schur, Nico, Ein Recht an industriellen Daten im verfassungsrechtlichen Spannungsverhältnis zwischen Eigentumsschutz, Wettbewerbs- und Informationsfreiheit, ZUM 2017, S. 461–473

Wiedemann, Gerhard (Hrsg.) Handbuch des Kartellrechts, 4. Auflage, München 2020

Wielsch Dan, Zugangsregeln, Tübingen 2008

Wolk, Michael, The iPhone Jailbreaking Exemption and the Issue of Openness, Cornell Journal of Law and Public Policy Vol. 19(3), 2010, S. 795–828

Würdinger, Markus, Die Analogiefähigkeit von Normen. Eine methodologische Untersuchung über Ausnahmevorschriften und deklaratorische Normen, AcP 206 (2006), S. 946–979

Zahrte, Kai, Neuerungen im Zahlungsdiensterecht, NJW 2018, S. 337- 341

Zech, Herbert, A Legal Framework for a Data Economy in the European Digital Single Market: Rights to Use Data, Journal of Intellectual Property Law & Practice 2016, S. 460–470

Zech, Herbert, Information als Schutzgegenstand, Tübingen 2012

Zentralverband des deutschen Handwerks (Hrsg.), Jahrbuch 2018/19: Ist das noch Handwerk?, 2019, S. 32

Zentralverband des Deutschen Handwerks, Positionspapier Handwerk und Normung, 2020